Gonzalo Fernández de la Mora

Der gleichmacherische Neid

Aus dem Spanischen übersetzt
von Peter Matthes

Matthes & Seitz

© 1987 Matthes & Seitz Verlag GmbH, Mauerkircher Straße 10, 8000 München 80. Alle Rechte vorbehalten. Originalausgabe *La envidia igualitaria*, Editorial Planeta, Barcelona 1984. Herstellung und Umschlaggestaltung: Bettina Best, München, unter Verwendung eines Gemäldes von Caravaggio. Satz: Auer GmbH, Donauwörth. Druck und Bindung: Kösel, Kempten. ISBN 3-88221-750-2

INHALT

Das Größte will man nicht erreichen,
Man beneidet nur seinesgleichen.
Der schlimmste Neidhart ist in der Welt,
Der jeden für seinesgleichen hält.

Goethe

DIE GESCHICHTE DES PROBLEMS

Aus allen geschichtlichen Epochen und allen Kulturen gibt es
Zeugnisse, die die Existenz des Neides belegen. Ist der Neid eine
angeborene Veranlagung oder eine erworbene Eigenschaft? Handelt es sich um eine ausschließlich dem Menschen eigene Neigung oder teilt er sie mit anderen Lebewesen («Futterneid»)?
Warum gehört eine so allgemeine Empfindung zu den am selten-
sten eingestandenen? Der Neid wird durch alles erregt, was als
Quelle des Glücks gilt – bis zum Neid auf Gott, seine Position
und Idee. Gibt es Werte, die stärker geneidet werden als andere?
Wechselt etwaiger Vorrang mit den gesellschaftlichen Gegebenheiten? Was sich durch Beruf oder Nachbarschaft in der Nähe
befindet, wird gewöhnlich mehr geneidet als Fernstehendes.
Welche Umstände verstärken die Empfindung? Der Neid ist
ebenso schmerzhaft für den, der ihn empfindet, wie für den,
gegen den er gerichtet ist. Er ist ein sozialer Faktor. Erfüllt er
auch eine gesellschaftliche Funktion? Dies sind nur einige der
vielen Fragen, die diese einzigartige Leidenschaft aufwirft.
Aber es wäre unzulässig, dieses Problem anzugehen, ohne, und
sei es nur aus der Vogelschau, die zur psychologischen und
moralischen Bewältigung des Themas bereits angestellten Bemühungen zu sichten. Die Quellen in Literatur und Wissenschaft sind sehr verstreut. Es geht nicht darum, sie erschöpfend
zu behandeln, wohl aber die wichtigsten mit kritischem Respekt
heranzuziehen. Diese geschwinde, bisher leider noch nie unter-

nommene Reise zu einigen Gipfeln der Weisheit wird Aspekte des Problems sichtbar machen, Lösungen beitragen und etwas Unverzeihliches vermeiden, das immer wieder vorkommt: die Entdeckung von längst Bekanntem. Und schließlich gilt auch für das Denken, daß wer die Tradition bereichern will, sie sich zuvor aneignen muß.

Die Vorsokratiker

Die Griechen waren sich von den Anfängen an bewußt, daß der Neid eine so grundlegende und allgemeine Empfindung ist, daß ein jeder sich mit ihm auseinanderzusetzen hat. Periander (627–585 v. Chr.), Herr über Epidauros und einer der legendären sieben Weisen, empfiehlt nachdrücklich: «Verbirg Deine Mißhelligkeiten, um nicht die Hasser zu erfreuen (echthrós)»[1]. Es ist die Verteidigung gegen die stete Gefährtin des Neides, die Schadenfreude. Es genügt nicht, das Glück zu verbergen, man muß es auch mit dem Unglück tun. Weder das eine noch das andere kann vom Nächsten geteilt werden. Der Schutzwall der persönlichen und familiären Intimität ist die erste Erwiderung der Väter des griechischen Geistes auf den unerbittlichen Ansturm des allgegenwärtigen Neides.

Thales, Vater der Philosophie und auch er einer der sieben Weisen, sagte: «Lieber beneidet als bemitleidet (oíktrós)»[2]. Dieser Satz läßt sich nicht in dem aktiven Sinne verstehen, daß es weniger schlecht wäre, zu neiden als mitzuleiden, sondern im passiven, denn beneidet werden setzt den Besitz bestimmter Glücksgüter voraus, während Mitleid einflößen ein Zeichen dafür ist, daß irgend etwas uns fehlt oder uns bekümmert. Es handelt sich also nicht um eine Definition, sondern um einen Ratschlag für glückliches Leben.

Der größte Lyriker des archaischen Zeitalters, der edle Pindar (522–470 v. Chr.), klagt darüber, daß der «Geist des Menschen sich so leicht vom Neid fortreißen lasse»[3]; über die Verhältnismäßigkeit dieser Leidenschaft zur Qualität: «je größer das Glück, um so mehr erregt es den Neid»[4], und darüber, daß tatsächlich «die Werke des Geistes (lògos) Beute der Neider (phtonerós) sind, die nicht die Schlechten, sondern die Guten angrei-fen»[5]. Und er spricht aus eigener Erfahrung, da doch die Mittelmäßigen in ihrem Unvermögen, seine Größe als Dichter anzutasten, zu dem gemeinen Mittel griffen, ihn anzuklagen, er widme sich mehr dem Hierón, Tyrann von Syrakus, als seinen Lands-

1. Perinander, Fr. 18, ed. Diels, I, 6, 3
2. Thales, Fr. 17, ed. Diels, I, 64, 9
3. Pindar, Isthm. II
4. Ders., Pyth., XI
5. Ders., Neme., VIII

leuten, den Thebanern[6]. Eine gute Verteidigung ist die Flucht: «Den Schlägen des Neides läßt sich wehren, lebt man zurückgezogen, fern verderblicher Hoffahrt»[7]. Es ist, wie die des Periander, eine resignierende Lösung.

Gorgias (etwa 485–380 v. Chr.), unschlagbarer Redner, feiner Stilist und gewandter Dialektiker, formuliert den folgenden grundlegenden Wunsch: «Möge ich wagen zu sagen, was ich will, und möge ich sagen wollen, was ich sagen muß, und dabei der göttlichen Nemesis (némesis) und dem Neid der Menschen (phthónos) entgehen.»[8] Was ihn hemmt und knebelt, ist nicht die Furcht vor dem Tyrannen und den Oligarchen, sondern vor den Neidern. Ihnen zu entrinnen und sich vor ihnen zu verbergen ist die beherrschende Sorge seines Lebens. Jenen schöpferischen, trotzigen Geist verlangt es vor allem nach der Freiheit, der erstickenden gesellschaftlichen Umklammerung durch den Neid zu entkommen. Der Neid erweist sich als die für den höheren Menschen abstoßendste Empfindung.

Der Sophist Hippias von Elis, ein Pädagoge und Botschafter, erwähnte «zwei Arten von Neid (phthónos): den gerechten (dikaios) derer, die die Schlechten beneiden, wenn sie Ehrungen empfangen, und den ungerechten (ádikos) derer, die die Guten beneiden.»[9] Dies ist eine erste – terminologisch verkehrte – Formulierung der genauen, später von Aristoteles verankerten Unterscheidung zwischen dem Unwillen und dem eigentlichen Neid. Hippias unterstreicht auch das selbststrafende Wesen des Neides: «Der Neider leidet nicht nur an seinen eigenen Übeln, sondern auch am Wohlsein der Übrigen.»[10]

Den Hispasos (5. Jhdt. v. Chr.), Mathematiker und Entdecker der Inkommensurabilität, fragten seine Schüler, was die Leitschnur seines Verhaltens sei. Und er antwortete mit diesem pessimistischen Rezept: «Nichts tun, um das mich irgendwer beneiden könnte (nihil quidem mihi invidetur)».[11] Stellen wir uns diesen Geistesmenschen vor, der schließlich das Haupt der pythagoreischen Schule wurde, wie er auf die Reaktion des Nachbarn, auf jede Geste lauert, unaufhörlich bedrängt von der Furcht vor der Eifersucht der übrigen. Zuflucht bei der Einsamkeit, der Heim-

---

6. Ders., Pyth., IX
7. Ders., a. a. O., XI
8. Gorgias, Fr. 6, ed. Diels, II, 285
9. Hippias, Fr. 13, ed. Diels, II, 332
10. Ders., a. a. O.
11. Hippasos Fr. 6, ed. Diels, I, 109

lichkeit oder der Untätigkeit? Vielleicht erklärt diese Angst vor dem Neid, warum die antiken Weisen, immer darauf bedacht sich zu verbergen, so wenig Auskunft über ihr Leben hinterlassen haben.

Die Autoren des 5. Jahrhunderts

Laut Herodot (etwa 484–425 v. Chr.), dem Vater der Geschichtswissenschaft, «offenbarte sich der Neid im Menschen von Anbeginn an»[12]. Sein Zeitgenosse Äsop, sei er nur eine Person oder ein Kollektiv, widmet drei seiner Fabeln dem Neid. In einer von ihnen sagt er, daß wie die Bienen den Stachel beim Stechen verlieren so «die Neider selbst leiden».[13] In einer anderen hebt er das subjektive Wesen des Neides hervor: «Die Mächtigen und die Reichen sind von Gefahren umlauert (kíndynos) und darum ist ihre Stellung nicht begehrenswert».[14]

Und in der letzten, der pessimistischsten, rät er, «nicht aus Neid mit den Besten zu wetteifern (kreítton)».[15] Die erste Feststellung hat in der Literatur über das Thema Bestand, die zweite erscheint mit geringerer Häufigkeit und die letzte erlangt – wenn auch aus anderen Gründen – zentrale Bedeutung für den Stoizismus.

Kallimachos (etwa 300–um 240 v. Chr.), der bedeutendste Dichter der hellenistischen Zeit und hochgebildeter Konservator der riesigen Bestände der Bibliothek von Alexandria, schlägt das folgende Gleichnis vor, um die stentorhafte Gewalt einer Stimme zu beschreiben: «Sie war stärker als der Neid»[16]. Die drei Schriftsteller bezeugen die weltumfassende Herrschaft des Neidgefühls.

Verschlossenheit im Privaten angesichts des empfindlichen und wachsamen Nachbarn, aber konnte man selbst sich nicht vom Neide versucht fühlen? Auch der edle Mensch entging nicht diesem Hang seiner Gattung, und darum hatte der geniale Demokrit (460–370 v. Chr.) keine Bedenken, ihm zu raten: «Verbanne aus Deinem Leben den Neid und die Eifersucht (zelos) ... indem Du den Beneideten nicht zuviel Aufmerksamkeit schenkst.»[17] Mit dieser Wendung schließt eines der glänzend-

12. Herodot, Geschichte, III, 80
13. Aesop, Fabeln, CCXXXIV
14. Ders., a. a. O., CCLXVIII
15. Ders., a. a. O., CCCVI
16. Kallimachos, Epigramme 21, 4
17. Demokrit, Fr. 191, ed. Diels, III, 185

sten demokritischen Fragmente, das umfangreichste der von
Stobaios überlieferten. Identisch ist das Kyrenäische Gebot:
«Der Weise darf nicht neidisch sein»[18].
Warum ist es ein wesentliches Gebot, nicht zu neiden? Der
naturwissenschaftliche Pythagoreer Philolaos (5. Jhdt. v. Chr.)
drang in das Wesen der Empfindung ein, als er in seinem berühmten «Lob der Zahl» erklärte, daß der Neid in den Umkreis
des «Maßlosen (ápeiros), des Sinnlosen (anóetos) und des Irrationalen (álogos) gehört.»[19] Das sind drei Beinamen von unübertreff-
licher Härte. Das Maßlose war in bestimmter Hinsicht das
Chaotische und Disharmonische. Für Aristoteles, der dem
Thema den größten Teil seines bewundernswerten dritten Buches der «Physik» widmete, war das Maßlose eine immer unfer-
tige, fehlerhafte Potenz. Und der Neid ist es, insofern er unersättlich ist. Und das Irrationale war das dem Logos, der für den
griechischen Geist erhabensten Realität des Weltalls, Entgegengesetzte. Deshalb bezeichnete Gorgias den neidischen Menschen als den «schlechtesten» (kákistos)[20].
Der hauptsächlichste, den Gegebenheiten am ehesten entsprechende Grund, den Neid zu verbannen, besteht wohl in dem
rückstrahlend negativen Wesen dieser Empfindung: «Der Neider
– fügt Demokrit hinzu – quält sich selbst als wäre er sein eigener
Feind.»[21] Es ist der Gedanke, den Isokrates aufnimmt, und dessen Echo sich bis in unsere Tage fortpflanzen wird. «Der Neid ist
ein großes Übel für den, der ihn empfindet.»[22] Das Laster des
Neides schließt die Bestrafung durch eine ihm innewohnende
Gerechtigkeit ein, eine Selbstbestrafung, ein von dem, der es
erduldet, selbst bewirktes Leiden. Deshalb die Torheit und Unvernunft des Neiders.
Aber diese Leidenschaft läßt nicht nur innerliche und zweisei-
tige, sondern auch gesellschaftliche Spannungen entstehen.
Schon Euripides hatte um das Jahr 421 v. Chr. festgestellt, daß
«die Armen, anfällig wie sie für den Neid sind, durch die Reden
ruchloser Parteiführer getäuscht werden»[23], das heißt von Dem-

18. Diogenes Laertius, Über Leben, Ansichten und Aussprüche berühmter Philosophen II, 91. Schreibt diese Ansicht der Schule Aristipps, des Begründers
der Kyrenäischen Schule zu, aber Bollack hält sie für epikureisch (la Pensée
du plaisir, Paris 1975, S. 172 und 204)
19. Philolaos
20. Gorgias, Fr. 11, a, 3, ed. Diels II, 161
21. Demokrit, Fr. 18, ed. Diels II, 161
22. Isokrates, Evagoras, 1
23. Euripides, Hiketiden, 241

agogen. Und Herodot hatte «Parteiengeist und Neid»[24] in Beziehung zueinander gebracht. Aber der erste okzidentale Denker, der kraftvoll und ohne Umschweife einen für diese Materie wesentlichen soziologischen Lehrsatz aufstellte, war Demokrit: «Der Neid ließ die politische Spaltung beginnen (stásis)»[25]. Dieser Satz ist die Schlußfolgerung, zu der der langlebige Philosoph gelangte, nachdem er die Welt der antiken Kultur bereist – Griechenland, Persien, Indien, Äthiopien und Ägypten –, nachdem er die Besetzung seiner Geburtsstadt Abdera infolge der – wie es ein megarensischer Dichter nannte – unseligen Zwietracht der Hellenen erlebt, den Kämpfen zwischen Parteien und zwischen Städten beigewohnt hatte, den brudermörderischen Kriegen des Peloponnes und Joniens, dem Fall Athens und der Schleifung seiner Mauern und schließlich der Niederlage des Cronion, der aus dem schönen Heraklion ein rüdes punisches Feldlager gemacht hatte. Demokrit zufolge ist die Spaltung, die aus dem Neid entspringt, «schlecht für beide Parteien... nur in Eintracht lassen sich große Dinge vollbringen.»[26] Es ist in nuce eine auf eine Leidenschaft bezogene Theorie der Geschichte und des Staates: Mehr Neid heißt weniger Entwicklung und weniger Friede.

Bei Antisthenes (um 455–360 v. Chr.), dem asketischen Gründer der kynischen Philosophenschule, erscheint zum ersten Male ein Gleichnis, das mit Varianten Jahrhunderte überdauern sollte: «Wie das Eisen vom Rost, so wird der Neider von seiner Leidenschaft zerfressen.»[27] Damit ist das selbstverzehrende und introspektiv negative Wesen des Neides, sein offenbarer Mangel an Lebenskraft festgestellt.

Die Griechen sahen im Neid, um so mehr, je archaischer und gläubiger sie waren, nicht nur ein dem Menschengeschlecht angeborenes Übel, sondern eine fast transzendentale Eigenheit des Soseins, denn sie ließen ihn bis zu den Göttern reichen: Auch die Unsterblichen waren neidisch. Was die Griechen aber unentwegt beschäftigt waren nicht die Eifersüchte unter den Himmlischen, sondern die Mißgunst der Gottheiten auf die Irdischen. Jene waren ferne Mythologie, diese brachten sofortiges Unglück. Homer legt am Ende eines wichtigen Abschnittes der

24. Herodot, Geschichte, VIII, 124
25. Demokrit, Fr. 295, ed. Diels, II, 194
26. Ders., Fr. 294, ed. Diels, II, 195
27. Antisthenes, Fr. 82, ed. Dacleva, S. 49

verführerischen Nymphe Kalypso die folgenden überraschenden Worte in den Mund:

«Grausam, ihr Götter, seid ihr und eifersüchtig vor allem, Neidet den Göttinnen offene Bindung zu sterblichen Männern!»[28]

Und an anderer Stelle heißt es von Ajax: «Zürnte (nemesáo) ihm Zeus doch, sobald mit den stärkeren Helden er kämpfte.»[29] Dieser Anthropomorphismus wird zum tragenden Element der griechischen Religion und Ethik, bis die Aufklärung die antike Theologie rationalisiert. Pindar gesteht wiederholt seine Beunruhigung. In einer Huldigung an den siegreichen Athleten der 69. olympischen Spiele spricht er den Wunsch aus: «Möge der Neid der Götter Dein Glück nicht zerstören!»[30] Es ist ein Wunsch, den der triumphierende Dichter einmal als verzweifeltes Gebet zu seinem eigenen macht: «Möge kein neidischer Gott die Ruhe mir stören, in der zu leben ich trachte.»[31]

Der düstere Sophokles (496–406) zieht es in Ehrerbietung dem Olymp gegenüber vor, von der Nemesis oder von dem Unwillen der Götter zu sprechen, weil diesem Verhalten, das zwar eine gewisse Rachbegier einschließt, doch ein Streben nach Gerechtigkeit innewohnt. In diesem Sinne wünscht er, daß seine Helden «dem Unwillen der Götter entrinnen mögen»[32]. Aber es gibt einen wichtigen Text, der zeigt, daß es sich hier um einen Euphemismus handelt und daß der Dramatiker an die leidenschaftliche Gemütsart der Götter glaubt. Es sind die Worte des Aigisthos im Angesicht des Leichnams seiner Geliebten Klythemnästra, in dem Augenblick, da der Dichter den heftigsten und letzten Donnerschlag der Tragödie herabschmettern läßt:

«Oh Zeus, ich schau ein Opfer, das wohl nur der Zorn
des Himmels fällte (kränkt dies Wort, sei's ungesagt»)[33]

Auch Euripides (480–406 v. Chr.) unterscheidet zwischen dem Unwillen der Götter[34], der mehr oder weniger gerechtfertigt sein kann, und dem eigentlichen Neid. Wenn Herakles, der Held und Halbgott, auf dem Höhepunkt der Tragödie dem Leichnam der

---

28. Homer, Odyssee, V, 118, 129
29. Homer, Ilias, XI, 543
30. Pindar, Pyth., X, 20
31. Ders., Isthm., VI, 39
32. Sophokles, Philoctetes, 776
33. Ders., Elektra, 1466/7. Dtsch. v. Roman Woerner, Insel 1937
34. Euripides, Orestes, 1362; ebenso Iphigenie, A., 1090

schönen Alkestis das Leben zurückgibt und die wieder Lächelnde dem Gatten zuführt, ruft er aus: «Ach möge jetzt nicht der Neid der Götter (phthónos) auf ihn fallen»[35]. Er erfleht den äußersten Schutz des irdischen Glücks gegenüber höchster Gefahr. Herodot, obgleich nach Euripides geboren, den er um kurze Zeit überlebte, ist orthodoxer als der Dramatiker; in seiner belehrenden und moralisierenden Art sucht er zu überzeugen.» Ich weiß mit Sicherheit, daß die Götter neidisch sind (phthonerós)[36], «wie auch das Glück es ist»[37]. Aber sie sind neidisch, um die Sünde der Hybris zu strafen, die des Aufruhrs gegen die Ordnung der Welt: «Die Rache des Himmels fiel auf Krösus als Strafe für seine Hybris, sich für den glücklichsten der Sterblichen zu halten.»[38] Der Mensch muß seine eigene Geringfügigkeit anerkennen, so wie die Götter ihren Vorrang durchsetzen müssen. Dies ist die Lehre Herodots: «Zeus gestattet nicht, daß jemand mit ihm wetteifert und sich erhöht: Allein Zeus ist von Natur groß, und so will er's scheinen.»[39] Gegenüber der Vergöttlichung des Menschen dient – dem Historiker zufolge – der göttliche Neid zur Wiederherstellung des gebotenen Rangunterschiedes. Er ist keine willkürliche persönliche Aufwallung, vielmehr eine ordnende, objektive Kraft. Der Neid ist demnach keine Schwäche der Unsterblichen. Er ist ihre Kraft und Überlegenheit in Aktion. Diese subtile Auslegung, die logischste innerhalb der Orthodoxie, erklärt das Zittern, das so viele befiel, wenn es galt, den Olympiern gerechten Unwillen oder leidenschaftlichen Neid zuzuschreiben.

Der Grieche lebt damals unter dem Druck des neidischen Nächsten und in Schrecken vor den ebenfalls neidischen Göttern. Er sieht den Menschen als das Tier, das denkt und neidet, und die Götter als auf sich selbst oder die Menschen eifersüchtige Gewalten. Aber die philosophische Kritik löst die mythischen Urteile auf, und das Volk ist nicht mehr jenes, das Sokrates wegen Gottlosigkeit verurteilte. Das erlaubt dem sarkastischen, destruktiven Aristophanes die Ironisierung der göttlichen Rache. In seiner letzten, im Jahre 388 v. Chr. uraufgeführten Komödie, legt er dem blinden Pluto die Worte in den Mund: «Aus Neid (phthónos) auf die Menschen hat Zeus mir dies angetan, er, der

35. Ders., Alkestis, 1036
36. Herodot, Geschichte, III, 40, 7
37. Ders., a. a. O., I, 32
38. Ders., a. a. O., I, 34
39. Ders., a. a. O., VII, 10

heutzutage so neidisch ist auf anständige Menschen».[40] Hier ist
der Herr des Olymp ein vulgärer Geist, den fremdes Wohlergehen schmerzt, so daß er es zu vernichten sucht. Mit dieser
totalen und groben Vermenschlichung, die nicht mehr die
scheue Zurückhaltung des Sophokles kennt und die Argumentation Herodots vorgezogen hat, werden die Götter halb im Scherz
und halb im Ernst herabgesetzt. Bestehen bleibt die kosmische
Allgegenwärtigkeit des Neides als beherrschende Leidenschaft
unter Sterblichen und Unsterblichen.

Sokrates, Plato und Aristoteles

Sokrates (469–399 v. Chr.) beschäftigte sich, wenn wir Xenophon glauben können, thematisch mit dem Neid und definierte
ihn als «ein schmerzhaftes Gefühl (lype), das weder durch das
Unglück der Freunde, noch durch das Wohl der Feinde hervorgerufen wird, sondern durch das Glück der Freunde.»[41] Diese überraschende Einschränkung des Neides auf den Bereich der
Freundschaft erregte, Xenophon zufolge, Erstaunen unter den
Zuhörern. Das veranlaßte Sokrates zu der Erklärung, daß dies
nur bestimmten Personen widerfährt. Welchen? Die sokratische
Erklärung lautet folgendermaßen: «Der Neid ist kein Laster des
weisen Mannes (phrónimos), sondern des dummen.»[42] Die Analyse ist unbefriedigend. Es ist nicht richtig, daß man nur die
Freunde beneidet, und wenig trägt es zur Klärung bei, die Neider
der Dummheit zu zeihen. Andere Texte, die nur schwierig mit
dem Gesagten in Einklang zu bringen sind, komplizieren die
Frage: «Es gibt Tugendwächter, die sich gegenseitig beneiden.»[43]
Also neiden nicht nur die Dummen. Und schließlich: «Freunde
beseitigen den Neid, indem sie ihre Güter dem Freunde anbieten
oder indem sie die seinen als die ihren ansehen.»[44] Diese Auffassung ist mit der ersten unvereinbar. Sokrates ironisch, aalglatt
und paradox, oder Xenophon vergeßlich, unsystematisch und
oberflächlich? Sicherlich ein wenig von all dem. Der sokratische
Beitrag zur Klärung des Problems ist nicht von großem Gewicht.
Wahrhaftiger war der Vers des Aischylos: «Wenige sind die Menschen, die nicht von Natur (syggenes) den glücklichen Freund

---

40. Aristophanes, Pluto, 87-91
41. Xenophon, Erinnerungen, III, 9.8
42. Ders., a. a. O.
43. Ders., a. a. O., II, 6.20
44. Ders., a. a. O., II, 3.23

beneiden»[45], denn es geht nicht darum, die Empfindung auf die
Freunde zu beschränken, sondern zuzugeben, daß auch sie beneidet werden. Was viele Jahre lang für Sokrates nur ein Begriff
gewesen war, wurde zu Ende seines Lebens mit zur Hauptsache.
Am Ende des Prozesses erklärt der Philosoph: «Falls ich verurteilt würde, wären es nicht Meletos noch Anito, die mich zugrundegerichtet hätten, sondern die Verleumdungen und der
Neid.»[46] Der düstere Chor der sokratischen Tragödie waren die
Neider.

Der so genaue Platon (427–347 v. Chr.) ist ausweichend, zweideutig und sogar widersprüchlich hinsichtlich der olympischen
Religion. Wahrscheinlich aus Angst, der Gottlosigkeit geziehen
zu werden. Seine verschwommene Theodizee ist eng mit den
Mythen verknüpft, jedoch rückt ihn seine Idee vom Demiurgen
in die Nähe des rationalen Monotheismus. Er hat eine Vorstellung vom Göttlichen, die viel von dem anthropomorphischen
und märchenhaften Beiwerk verloren hat, die es früher abwer-
tete. Folglich sind die Leidenschaften ein Monopol des Menschen. «Gott ist frei von Neid»[47] und «der Neid steht außerhalb
des Chors der Götter»[48]. Das bedeutet das theoretische Ende
jener rachgierigen und eifersüchtigen Nemesis, die den Griechen
vorher unablässig verfolgte.

Für Platon ist der Neid (phthónos) das Vergnügen (hedoné) an
fremdem Unglück»[49], das ist «sich am Unglück des anderen
freuen (hedomai»)[50], was soviel bedeutet, wie den eigentlichen
Neid, der Kummer über das Glück des Nächsten ist, mit der
Freude an fremdem Mißgeschick, die die Deutschen Schadenfreude nennen, zu verwechseln. Nichtsdestoweniger verweist
Plato darauf, daß der Neid «ein schlimmer Gefährte für den ist,
in dem er haust»[51] und daß er «Seelenpein» (lype psyches)[52] verursacht. Aber diese grundlegende Feststellung läßt ihn nicht zwei
verschiedene Gefühle unterscheiden, ein angenehmes und ein
unangenehmes, sondern den Schluß ziehen, daß der Neid eine
Mischung aus Freude und Schmerz ist.[53]

45. Aischylos, Agamemnon, 832, 3
46. Plato, Apologie, 28a
47. Ders., Timaios, 29e
48. Ders., Phaidros, 247a
49. Ders., Philebos, 50a 1
50. Ders., a. a. O., 48b 7
51. Ders., Gesetze, IX, 863a
52. Ders., Philebos, 50a 7
53. Ders., a. a. O., 50a 6

Der Neid ist keine Absonderlichkeit, sondern eine allgemein
verbreitete Leidenschaft, keine Episode des Innenlebens, sondern eine gesellschaftliche Tatsache. «Als unsere Stadt Ansehen
erworben hatte, erlitt sie das Los, daß es den Menschen gefällt,
Wohlgeratenem erst mit Eifersucht, dann mit Neid zu begeg-
nen.»[54] Platon nimmt an, daß etwas erfolgreich Vollbrachtes (*eu
pratto*) erst Rivalität, dann Neid zu erregen pflegt. Deshalb beneidete der Durchschnittsmensch, der die Volksversammlung bildet, Weise wie Sokrates und Eutiphronos»[55] und, ganz allgemein, «die Besten (*aristos*»)[56].
Wird alles Wertvolle, unabhängig von seiner Verwandtschaft,
geneidet? Plato zufolge «entsteht zwischen Ähnlichem (*homoió-
tes*) notwendigerweise Neid, Zwietracht und Feindseligkeit,
während Freundschaft unter eher Verschiedenem aufkommt»[57].
Diesen wahrscheinlich schon früher gedachten Gedanken wird
Aristoteles wiederholen, und er wird zum Gemeinplatz werden,
aber er ist zweideutig und in gewisser Hinsicht irrig. Um zu
neiden, muß man dasselbe begehren, was der andere besitzt;
man muß ihm nur darin gleich sein; es ist nicht notwendig, auf
der gleichen Gesellschaftsstufe zu stehen. Andererseits ist es
auch nicht wahr, daß die Freundschaft sich eher auf Verschiedenheit als auf Ähnlichkeit gründet.
Ist der Neid ein angeborener Trieb oder eine erworbene Ange-
wohnheit? In Platons Annahme primitiver nachsintflutlicher
Zeitläufe, die gewisse Merkmale des mythischen goldenen oder
paradiesischen Zeitalters besitzen, lebten die Menschen in einer
«Gesellschaft ohne Reichtum noch Armut ..., und in ihr werden
weder Willkür noch Ungerechtigkeit, weder Eifersucht noch
Neid aufkommen.»[58] Der Zustand ist absolut irreal und ge-
schichtlich widerlegt, wichtig ist aber nicht der Grad seiner
Wahrscheinlichkeit, sondern der Umstand, daß er das instinktive Wesen des Neides verneint und behauptet, daß er eine durch
eine bestimmte Verfassung der Gesellschaft hervorgerufene
Empfindung sei. Rousseau wird dies, mehr oder weniger, wiederholen und verallgemeinern.
Platon ächtet diese Leidenschaft, weil «im Guten (*agathos*)
keimt kein Neid auf irgendein Ding»[59]. Beim Weisen ist der

54. Ders., Menon, 242a
55. Ders., Euthyphron, 3c
56. Ders., Gesetze, IX, 870c
57. Ders., Lysias, 215d 3
58. Ders., Gesetze, 679b

Neid verabscheuenswürdig, aber auch unwahrscheinlich, weil,
«wenn der Geist mit der Betrachtung des wesentlichen beschäftigt ist (taonta), es keinen Anlaß zum Neiden gibt.»[60] Es ist eine
eindeutig elitär bestimmte Auffassung: Das gemeine Volk ist
das aktive Subjekt des Neides, das erleidende Subjekt ist die
höherstehende Minderheit.

Platon geht über diese Beschreibung hinaus und kommt zu einer
moralischen Wertung: «Sich vom Neid beherrschen lassen, ver-
ursache er einem ANDEREN Nachteil (blábe) oder nicht, ist unrecht (adikía)»[61]. Für Platon besteht die Gerechtigkeit (dikaio-
sýne) darin, daß ein jeder sich um seine eigenen Angelegenheiten
kümmert und nicht um die der anderen[62a], mit anderen Worten,
daß ein jeder seine gesellschaftliche Aufgabe erfüllt. Es ist eine
voll und ganz der Gleichheitsidee widersprechende Ethik, da
doch die Aufgabe eines jeden Bürgers von der Klasse abhängt, der
er angehört. Der zentripetale Impuls des Neides, der selbstpeini-
gende, war genau bekannt, aber Platon ist der erste, der den
zentrifugalen hervorhob, das Antisoziale, gegen Arbeitsteilung
und Hierarchie gerichtete, kurz, das gegen das geordnete Zusammenleben gerichtete Wesen des Neides. «Wetteifern wir – so
schreibt er – mit neidloser Redlichkeit, denn dann nimmt die
Stadt an Größe zu, während der Neid sie schwächt».[62b]

Der Neid ist nicht allein antisozial, er ist auch erkenntnishem-
mend: «Die Klugheit (phrónesis) und die Intelligenz (nous) erhellen ein Problem am besten, wenn man diskutiert, ohne daß der
Neid Fragen und Antworten diktiert.»[63a] Platon ist der erste, der
den Bereich der Ethik verläßt und den Neid aus epistomologi-
scher Sicht betrachtet. Wenn die Betrachtung auch nur oberflächlich ist, macht sie doch das verdüsternde und schädliche
Wesen des Neidgefühls deutlich.

Es ist schwierig, den Neider in flagranti zu überraschen, weil er
sich in das Allerheiligste seines Gewissens zu flüchten pflegt.
Platon beklagte, daß Sokrates mit den Neidern, die ihn anklag-
ten, «zu kämpfen hatte, als seien es Schatten.»[63b] Wie soll man
sich gegen einen so heftigen und geschickten Angriff verteidi-

59. Ders., Timaios, 29e
60. Ders., Staat, VI, 500c
61. Ders., Gesetze, IX, 863e
62.a Ders., Staat, IV, 433a
62.b Ders., Gesetze, 731a, 731b
63.a Ders., Briefe, VII, 34b
63.b Ders., Apologie, 18d

gen? Homer, Hesiod und so viele andere «bedeckten aus Angst vor dem Neid ihre Kunst mit einem Schleier.»[64] Platon, der aus seiner syrakusanischen Erfahrung «die Verleumdungen der Neider»[65] kannte, war zu dem Schluß gelangt, daß «die politische Macht den Neid fördert»[66]. Wenn auch weniger nachdrücklich als seine Vorgänger empfahl auch Platon, den allgegenwärtigen, oft unsichtbaren Neidern auszuweichen. Der Philosoph sollte nach dem Entgegengesetzten streben, der Weisheit. Platons Ideal lag in den Worten, die er als junger Mann dem Protagoras in den Mund gelegt hatte: «Zu meinen Verdiensten gehört, daß ich der wenigst neidische der Menschen bin.»[67]

Platon hat, indem er die göttliche Eifersucht ausschloß, einen beachtlichen Schritt zur Vermenschlichung und Rationalisierung des Neides getan, aber sein hauptsächlicher Beitrag war die Betonung der Ungerechtigkeit dieser Empfindung ob ihres gleichmacherischen, gegen die Rangordnung gerichteten, das Verdienst verneinenden und schließlich antisozialen Wesens. So löste sich das Problem aus Mythologie und glücksbestimmter Individualethik, um, wie schon Demokrit vermerkt hatte, eine politische Dimension anzunehmen.

Wir gelangen zu einem Namen, der, wenn er wirklich den alleinigen Autor dieses Corpus an Schriften, das uns überliefert ist, bezeichnet, der eines nahezu übermenschlichen Geistes war. Aristoteles (384–322) unterscheidet drei Arten von Eigenheiten oder Möglichkeiten der Seele: die Fähigkeiten, die Gewohnheiten und die Leidenschaften (epithymía), zu diesen gehört der Neid.[68] In anderem Zusammenhang sieht er den Neid als eine Krankheit der Seele (pathos)[69], die deswegen nur im Körper verspürt wird und zum Ausdruck kommt.[70]

Für Aristoteles ist der Neid «der Kummer über fremdes Wohl»[71] und «die Freude an fremdem Mißgeschick»[72], denn beide Empfindungen stehen in Beziehung zueinander und entspringen derselben geistigen Haltung. Aber Aristoteles geht weiter als seine Vorgänger und stellt sich mit moralischem Kriterium die Frage

64. Ders., Protagoras, 316e
65. Ders., Briefe, III, 316e
66. Ders., Staat, IX, 580a
67. Ders., Protagoras, 361e
68. Aristoteles, Nikomachische Ethik, 1105b
69. Ders., Über die Seele, 403a, 3
70. Ders., a. a. O., 403a, 7 und 25
71. Ders., Rethorik, 1386, b
72. Ders., a. a. O., 1387a

der Unterscheidung zwischen dem Neid und dem Unwillen.
Jenen empfindet man demgegenüber, der ein verdientes Gut
besitzt, und diesen nur demgegenüber, der das Gut nicht verdient (anáxios): «Den Unwilligen schmerzt der Wohlstand derer,
die ihn nicht verdienen, und den Neider der aller»[73], mit anderen
Worten: «Jenen schmerzt das Wohlergehen der schlechten, diesen das Glück der Guten».[74] Der Unwille gründet sich auf eine
Vorstellung von Verteilungsgerechtigkeit, «weil ungerecht ist,
was wider das Verdienst geschieht».[75] Er ist demnach ein «edles
(chrystos) Gefühl», das sich ohne Schaden der Göttlichkeit den
Olympiern zuschreiben läßt. Diese Analyse stammt aus der
«Rhetorik», aber in der «Ethik für Eudemos» findet sich ein
Text, der auf den ersten Blick dem zu widersprechen scheint:
«Der Unwille ist die Mitte (mesótes) zwischen Neid und Bosheit.»[76] Wenn beide Empfindungen zu verurteilen sind, wie
kann etwas zwischen beiden edel sein? Weil, dem berühmten
Lehrsatz des Aristoteles zufolge, «die Tugend in der Mitte
liegt»[77], die nicht ein abstandsgleicher Übergangspunkt ist, sondern eine Synthese der positiven Elemente zweier Extreme.
Was weckt den Neid? Laut Aristoteles «nahezu alles, das Glück
verspricht»[78], oder das Wirkliche, soweit es gut ist. Und nicht
nur wird geneidet, was andere sich erworben haben, sondern
auch, «was der Zufall beschert» (týche).[79] Hiermit tritt er der oft
geäußerten Annahme entgegen, es ließen sich alle blindem Zufall zu verdankenden Güter vom Neid ausnehmen. Das Neidenswerte ist unzählig. Und wer sind die für diese Empfindung Anfälligsten? Im allgemeinen «die, die den Ruhm lieben (philódo-
xoi»)[80], das heißt die, die streben, und zwar je nachdem wie sehr
sie es tun – ein Kreis, der tatsächlich fast die ganze Menschheit
einschließt.
Schon Platon wies – mit einem Zitat aus Hesiod – darauf hin,
daß «wie durch ein Verhängnis Neid, Zwistigkeiten und Feindseligkeit unter den sich Nächststehenden herrschen.»[81] Aristoteles entwickelte diesen Gedanken weiter und behauptete, der

73. Ders., Nikomachische Ethik, 1108b 4
74. Ders., Top., 110a 2
75. Ders., Rhetorik, 1386b
76. Ders., Nikomachische Ethik, 1108b
77. Ders., a. a. O.
78. Ders., Rhetorik, 1388a
79. Ders., a. a. O., 1362a
80. Ders., a. a. O., 1387b
81. Plato, Lysias, 215d; Hesiod, v. 15

Neid werde denen gegenüber empfunden, die «gleich sind oder
es zu sein scheinen.»[82] Das Wort «gleich» ist nicht im wörtlichen und vollen Sinne zu verstehen, sondern in dem bildlichen
und partiellen von «Nähe» in Zeit, Ort, Ruf, «Geburt»[83] und
«Gewohnheiten».[84] Selbstverständlich kann man nur beneiden,
was man kennt, und gewöhnlich kennt man besser, was einem
näher ist, aber es ist auch möglich, von Entferntem zu wissen,
um so mehr, je fortgeschrittener die Entwicklung der Nachrich-
tenmittel ist. Auch können sich wirkliche und eingebildete,
deutliche und verschwommene Neidgefühle auf Stände oder
Gruppen richten. Die klassische Beobachtung, daß gewöhnlich
eine Ähnlichkeit zwischen dem Neider und dem Beneideten
besteht, traf in den antiken traditionellen Gesellschaften eher zu
als in den entwickelten unserer Zeit. Der marxistische Dreh des
Klassenkampfes ist ein Beispiel für kollektiven Neid auf Entferntes und noch dazu Vermeintliches.

Die aristotelische Wertung des Neides ist negativ, nicht allein
aus dem altbekannten Grunde, daß er «schmerzhaft»[85] ist für
den, der ihn empfindet, sondern weil er «in sich selbst schlecht
ist»[86] und «niedrig (phaulos) ist und Sache der Niedrigen»[87].
Diese Einschätzung ist sehr hart, besonders aus dem Munde des
kühlen Mannes aus Stageira. Darum «ist den Neid fürchten
keine Feigheit»[88].

Der Objektivität des Aristoteles ist zuzuschreiben, daß sich in
seinem gigantischen Werk weder die bei seinen Vorgängern so
häufigen Bekenntnisse noch weisen Ratschläge finden. Aristoteles verkörpert einen neuen Typ des Geistesmenschen, den des
modernen Wissenschaftlers gegenüber dem klassischen geistigen Mentor.

China. Die Behexung

20 Jahrhunderte bevor Rousseau die Frage nach der natürlichen
Gutartigkeit oder Schlechtigkeit des Menschen erneuern und
Immanuel Kant als Vermittler[89] wirken sollte, beschäftigten

82. Aristoteles, Rhetorik, 1388a
83. Ders., a. a. O.
84. Ders., a. a. O., 1387b
85. Ders., a. a. O., 1388a
86. Ders., Nikomachische Ethik, 1107a 12
87. Ders., a. a. O.
88. Ders., a. a. O., 115a
89. Kant, Die Religion innerhalb der Grenzen der bloßen Vernunft, 1794, ed.
    Cassirer, Bd. VI, S. 158 ff.

sich im 4. Jahrhundert v. Chr. die Asiaten mit der transzendentalen Alternative.

Der Sprecher der idealistischen These ist Mengt-se, der klarste und systematischste Schüler des dunklen und vieldeutigen Konfuzius. Seine These, eine der berühmtesten der chinesischen Philosophie, lautet so: «Die Neigung des menschlichen Wesens zum Guten gleicht der Neigung des Wassers, nach unten zu fließen.»[90] Wenn sich die Gleichnisse der asiatischen Weisheit auch nicht wörtlich verstehen lassen, wurde diese Gleichsetzung des menschlichen Hangs zum Guten mit der unabdingbaren Schwerkraft von den Zeitgenossen als ein grundsätzlicher anthropologischer Optimismus verstanden. In diesem Zusammenhang können psychische Neigungen keine negative Bedeutung haben: «Die natürlichen Leidenschaften durchdringen und beleben den Körper».[91] Sie sind die ergiebige Triebkraft der menschlichen Dynamik.

Der große Gegner des Mengt-se ist der in seiner Kritik wahrhaft schonungslose Hsün. Die Schlußfolgerung seiner so zahlreichen wie scharfsinnigen Überlegungen, die das eiserne dialektische System der Summa des Heiligen Thomas vorausahnen lassen, ist immer die gleiche: «Die Natur des Menschen ist das Böse und künstlich ist das Gute, das er kundtut»[92] Folglich sind die Leidenschaften angeboren und der Neid auch: «Der Mensch wird mit Neid und Haß geboren.»[93] Und die Kunst des glücklichen Lebens besteht darin, die Leidenschaften zu beherrschen: «Die menschliche Natur, böse wie sie ist, muß sich der Lehre der Weisen und des Gesetzes unterwerfen.»[94]

Die Polemik des Hsün gegen Mengt-se handelt über eines der grundlegenden Probleme der Philosophie und ist so verschiedenen Kulturen wie der asiatischen und der abendländischen und so weit von einander entfernten Epochen wie der klassischen und der gegenwärtigen gemeinsam. Das Problem des Neides führt, analysiert man es in seiner Tiefe, mit Notwendigkeit zu

90. Mencius, Mengt-se, Buch VI, 1, 1, 2, ed. J. Legge: The works of Mencius, Text und Übers., Hong Kong, 1960, S. 396. Die Fassung stimmt wörtlich mit der späteren von C. und W. Chai überein: The sacred books of Confucius and other confucian classics, New York, 1965, S. 97
91. Ders., a. a. O., Bch. II, 1, 2, 9, Legge, S. 188
92. Hsün, That the nature is evil, Text u. Übers. bei Legge a. a. O., S. 79. Die Fassung von C. und W. Chai ist nicht viel anders: «Die Natur des Menschen ist das Böse, sein Gutes ist erworben» (a. a. O., S. 232).
93. Hsün, a. a. O.
94. Ders., a. a. O.

der ungeheuren Frage nach dem Ursprung des Bösen. Die menschliche Natur, verderbt, gutartig oder bloß «gefallen», wie Empedokles meinte?[95]

Zwischen Klassik und Hellenismus einherschreitend, treffen wir auf den Hexenzauber. Seit sehr alter Zeit verbreitete sich über Griechenland der Glaube, daß die Neider trotz des geheimen Wesens ihrer Leidenschaft für die Beneideten schädlich sein könnten. Wie? Mittels unfaßlicher und geheimnisvoller Macht. So bildete sich eine Verknüpfung zwischen Psychologie und Magie. Das Substantiv Baskanía, das anfänglich Zauberei oder bösen Blick bezeichnete, bedeutete später auch Neid. Die Semantik bestätigte den engen Zusammenhang. Nach Demokrit «strahlt der, der neidet – nicht immer absichtlich – mit Neid und bösem Blick beladene Gebilde (eidolon) ab».[96] Am Ende des Phaidon, bevor die großartigen und ausführlichen Darlegungen des Sokrates zur Unsterblichkeit der Seele beginnen, sagt der Philosoph: «Sprich nicht so laut, lieber Cebes, damit der böse Blick Dir nicht die Rede verwirrt.»[97] Sokrates hielt es für gefährlich, daß der Gedankengang von einem Neider mitgehört, «bös gesehen» und folglich von einem seinem Kreise Fremden verdorben werden könnte. Selbst Aristoteles erwähnt die Gartenraute (pyganon) als Mittel gegen den bösen Blick.[98] Die Griechen glaubten demnach wie so viele andere Völker, je primitiver, desto mehr, an die verderbliche Macht des Neides, eine Überzeugung, die sich schließlich in beklemmenden Aberglauben verwandelte. Erben dieses Gespenstes waren die Römer.

Das lateinische Wort für neiden, invidere, kommt von videre, sehen. So verquickte die Leidenschaft sich morphologisch mit dem bösen Blick. Die literarischen Zeugnisse sind zahlreich. Einen der bedeutendsten Dichter, Catull (etwa 84–55 v. Chr.), der so oft übertrieben realistisch und derb ist, beunruhigte es, daß «irgendein Unseliger den bösen Blick auf ihn und seine Geliebte Lesbia werfen könnte.»[99] Der archaische Vergil (70–19 v. Chr.) legt die folgenden Worte in den Mund eines jungen Hirten: «Ich weiß nicht, welch böser Blick meine zarten Lämmer getroffen hat, so daß sie nur noch Haut und Knochen

95. Empedokles, Fre. 115, 119 + 128, ebenso wie die Aussagen Plotins bei Diels S. 357, 359 u. 363. Auch Paulus v. Tarsus, Römerbrief V, 12, 9
96. Demokrit, Fr. A 77, ed. Diels, II, 108
97. Plato, Phaidon, 95b
98. Aristoteles, Probleme, XX, 34
99. Catull, Gedichte, V, 12

sind.»[100] Der hochgelehrte Naturforscher Plinius d. Ä. (23–79 n. Chr.) beschäftigte sich wiederholt mit Mitteln gegen den schrecklichen bösen Blick: «Der blankgeriebene Dattelkern»[101], «Die Wurzel der Serapia»[102], «die Stirnhaut der Hyäne»[103] und vor allem der Phallus, Symbol des Fascino, Wächter nicht nur der Kinder, sondern auch der Kaiser, als ein Gott von den Vestalinnen der römischen Religion verehrt und im Wagen des Triumphators aufgehängt, ist er der Arzt, der sie vor dem Neid beschützt (medicus envidiae).[104] Das populäre phallische Amulett verbreitete sich im ganzen Abendland; es ist die spanische Higa.

Persius (34–62 n. Chr.) der stoischste und schwierigste der lateinischen Dichter, läßt eine Matrone auftreten, die den Zauber eines Paares «verzehrender Augen (urentes)» mit dem phallischen Zeichen ihres schamlos mit glänzendem Speichel befeuchteten Fingers «beschwört».[105]

Plutarch (46–121 n. Chr.) widmete ohne die geringste Ironie und vielleicht mit übertriebener Ernsthaftigkeit eines seiner Kolloquien dem bösen Blick, und nutzte dafür die Dialogform, um auf diese Weise die verurteilende und die günstige Meinung zu Wort kommen zu lassen. Mit empirischer und rationalisierender Absicht vertritt einer der Gesprächsteilnehmer die Ansicht, daß die lebendigen Körper bestimmte Strahlen aussenden (aporroé) und daß mit aller Wahrscheinlichkeit die wirksamste dieser Strahlungen durch das Auge geht und eine wundersame Kraft besitzt (thaumastós)».[106] Plutarch erinnert schließlich an die merkwürdige Geschichte des Eutelidas, der, als er sich im Spiegel eines Flusses betrachtete, sich selbst mit dem bösen Blick traf.[107] Die moderne Anthropologie hat die jahrhundertealte Spur nachgezeichnet, die der griechisch-römische Glaube an den neidischen bösen Blick in allen Zivilisationen des Mittelmeerbeckens und ihren Erben auf der anderen Seite der Ozeane hinterlassen hat. So gelangte der Neid auf den Thron einer der hauptsächlichen Triebkräfte des böswilligen Zaubers.

100. Vergil, Eclogae, III, 102 und 103
101. Plinius, Naturalis Historia, XIII, 4
102. Ders., a. a. O., XXVI, 10
103. Ders., a. a. O.. XXVIII, 8
104. Ders., a. a. O., XXVIII, 4
105. Persius, Satiren, II, 32 und 33
106. Plutarch, Symposiaca, V, 7, 3
107. Ders., a. a. O.

Epikureer und Stoiker

Epikur (341–270 v. Chr.), der Begründer der epikureischen Schule, ist eine der erlauchtesten Gestalten der Antike. Von der breiten Masse mißverstanden, stimmt seine praktische Moral zum großen Teil mit der stoischen überein und war gelegentlich deren Vorläuferin. Epikur war der Meinung, daß die «Nachteile, die die Menschen uns verursachen, Folge des Hasses, des Neides oder der Nichtachtung sind und der Weise das mit Gedanken (*logismós*) überwindet».[108] Aus dem Zusammenhang ergibt sich, daß damit nicht aktiver Neid gemeint ist, der beim Philosophen unvorstellbar ist, sondern die Verteidigung gegen die Neider durch Nachdenken. An anderer Stelle erläutert Epikur seinen Gedankengang: «Niemanden darf man beneiden: nicht die Guten, weil es nicht recht (*áxios*) wäre, nicht die Schlechten, weil, je größer ihr Glück, um so mehr sie sich selbst schaden werden».[109] Das zweite Argument scheint die Schadenfreude einzuschließen, den Kontrapunkt des Neides, und es ist daher widersprüchlich und von geringer Geltung. Epikurs Weiterentwicklung der These war kein Beweis, sondern ein Postulat zweifelhafter Richtigkeit: «Es ist besser rechtzuhaben (*eulógistos*) und unglücklich zu sein, als glücklich zu sein, ohne rechtzuhaben (*alógistos*).[110] Die Lehre Epikurs vom Neide ist in seiner Ethik von geringer Bedeutung und krankt an dogmatischem Apriorismus und fehlendem Realismus.

Für Chrysippos (280–207 v. Chr.), den großen Theoretiker der älteren Stoa, ist der Neid eine «Leidenschaft»[111], die er als «Schmerz über das Wohl des anderen»[112] definiert, «dem eigentümlich, der den Nächsten zu erniedrigen wünscht, um sich selbst zu erhöhen.»[113] Der Neid als Leidenschaft, ist «unvernünftig (*álogos*)»[114] und gründet sich auf ein «verzerrtes Urteil (*diástrophos*)»[115]. Es handelt sich um eine Intellektualisierung des Leidenschaftlichen, wie sie für die Stoa bezeichnend ist, wenn auch jeder Denker seine eigenen Nuancen zur Schulmeinung beiträgt. Chrysippos stellt eine, wenn auch negative,

108. Epikur, cit. d. Diogenes Laertius, a. a. O., II, ed. Bollack, S. 23
109. Ders., Gnomica Vaticana, ed. Bollack, S. 515
110. Ders., Epistola ad Meneceum, 135, ed. Bollack, S. 84
111. Chrysippos, Fr. 397, ed. Arnim, III, 96
112. Ders., Fr. 412, ed. Arnim, III, 99; ebenso Fre. 413 und 414, ed. Arnim, III, 100
113. Ders., Fr. 418, ed. Arnim, III, 102
114. Ders., Fr. 389, ed. Arnim, III, 94
115. Ders., Fr. 382, ed. Arnim, III, 93

Wechselbeziehung zwischen den Leidenschaften und der Vernunft her, und deren naturalistisches Verständnis läßt ihn, wie auch seinen Lehrer Kleanthes, behaupten, daß die Leidenschaften wider die Natur seien (parà phýsin)»[116], eine sehr problematische These.

Cicero

Cicero (106–43 v. Chr.) war ein außerordentlicher Prosaist und ein glänzender Redner vor Gericht, wenn auch kein großer Jurist. Die Philosophie verdankt ihm die Romanisierung vieler griechischer Ausdrücke, Zusammenfassungen heute verlorener Werke und nicht viel mehr. Sein Denken, verschwommen, ohne Originalität und ungenau, krankte an den Widersprüchen seiner politischen Karriere: Mal nahm er Partei für das Volk und mal für den Senat, verbündete sich mit Pompejus, dann mit Caesar und zuletzt mit Antonius, gab mal den Platonikern Recht und mal den Aristotelikern, und, wenn er sich auch öfter den Stoikern zuneigte als den Epikureern, richtete sich in nicht wenigen Fällen nach den Skeptikern und den Probabilisten. Aber zum Neid trägt er eine bemerkenswerte Aussage bei, denn ausführlich behandelt er die Frage seines Nutzens.

Anstelle von «invidia» schlug er den Ausdruck «invidentia»[117] vor und definierte ihn als «durch den Wohlstand eines anderen verursachte Schwermut, wenngleich dieser keinerlei Nachteil zufügt.»[118] Darin den Griechen folgend, unterscheidet er ihn von der Nemesis oder dem Unwillen[119]. Die Schwermut und ihre Variante, der Neid, sind «der Vernunft zuwiderlaufende» Leidenschaften.[120] Bis hierhin ist die Übereinstimmung mit den Stoikern vollständig, jedoch fragt Cicero sich, ob es eine charakterliche Veranlagung gibt oder ob die Leidenschaften völlig willkürliche, der Natur fremde Zustände sind. Er sprach sich für das zweite aus: «Bei einigen zeigt sich eine Veranlagung für bestimmte Krankheiten» und das gilt auch für alle Leidenschaften

116. Ders., Fr. 377, ed. Arnim, III, 92
117. Cicero, Gespräche in Tusculum, III, 9, und IV, 7
118. Ders., a. a. O., IV, 8
119. Ders., Ad Atticum, V, 29, 3
120. Ders., Gespr. in Tusculum, IV, 6
121. Ders., a. a. O., IV, 12

(*perturbatio*). Man sagt von einem Menschen, er sei neidisch, weil er für den Neid anfällig ist, nicht weil er ihm immer wieder verfällt. Diese Anfälligkeit ist wie eine krankhafte Veranlagung zu verstehen (*proclivitas ad aegrotandum*), ähnlich der Anfälligkeit des Körpers für bestimmte Krankheiten.[121] Aber der Umstand, daß er den Neid nicht als dem Menschsein inhärent ansah, veranlaßte ihn jedoch nicht, ihn beiseitezuschieben, im Gegenteil, er bezeichnete ihn als das gewöhnlichste und verbreitetste Laster (*perpetuus*)[122] Cicero nimmt zwar an, daß «die Krankheiten der Seele schwieriger zu bekämpfen sind als die Laster»[123], hält sie jedoch für «heilbar»[124].

In freier Auslegung der Peripatetiker läßt Cicero sie behaupten, daß «die Begierde (*libido*) und die heftige Leidenschaft (cupiditas) Gaben der Natur von höchstem Nutzen sind.»[125] Und er erwähnt die Wut, die Trauer und den Wetteifer, wenngleich nicht ausdrücklich den Neid. Cicero ist anderer Ansicht als die Philosophen aus der Schule des Aristoteles und meint, daß «alle Leidenschaften aus Irrtümern stammen und man sie ausreißen und ausrotten muß, statt sie nur zu stutzen und zurückzuschneiden.»[126] Und er faßt zusammen: «Angenommen, daß der Neid Schwermut ist und ein gewisses Vergnügen in der Schadenfreude liegt, müssen alle beide unterdrückt und ihre Roheit (*feritas*) und Unvernunft (*inmanitas*) angeprangert werden.»[127] Denen, die meinen, es sei möglich, die Leidenschaften zu mäßigen und einzudämmen, versichert Cicero, sie seien wie schiefe Ebenen, und habe man sich einmal auf sie eingelassen, sei es nicht möglich anzuhalten.»[128] Daher seine radikale Ablehnung jeder Leidenschaft und besonders des «beim Weisen unannehmbaren» Neides (*non cadit invidere in sapientem*)[129].

Wie meistens bei den philosophischen Schriften Ciceros sind nicht seine persönlichen Folgerungen wertvoll, sondern die Informationen, in diesem Falle die Rekonstruktion der Debatte über das im Neid Gegebene und Erworbene und über seine Fruchtbarkeit und Schädlichkeit.

122. Ders., De oratore, II, 52
123. Ders., Gespr. in Tusculum, IV, 14
124. Ders., a. a. O., IV, 37
125. Ders., a. a. O., IV, 19
126. Ders., a. a. O., IV, 26
127. Ders., a. a. O., IV, 21
128. Ders., a. a. O., IV, 18
129. Ders., a. a. O., III, 9

Horaz und Ovid

Für Horaz (65–8 v. Chr.), den Dichter der geschliffenen, gediegenen und schlichten, manchmal an Prosa grenzenden Formen, war nach der Liebe, die er auch in ihren niederen Kundgebungen besang, der Neid die Leidenschaft, die ihn am stärksten bewegte. Wenngleich dem Stoizismus zugeneigt und kyrenäisch angehaucht, machte er sich ohne gelehrte Rückendeckung seine eigenen Gedanken über ihn. Er definierte den Neider als den, der von den Knochen fällt oder «sich angesichts fremden Wohlstandes verzehrt»[130]. Außergewöhnlicher Zustand? Nein, «man darf nicht auf Erden leben, will man den Neid überwinden.»[131] In einem an seinen Gönner Augustus gerichteten Brief erinnert er ihn daran, daß Hercules auf Erden erlernte, daß «allein der Tod den Neid bezwingt.»[132] Er ist also eine unausrottbare, dem Menschengeschlecht angeborene Krankheit, in der die Augen eine Hauptrolle spielen.[133] Seine Wirkungen sind schmerzhaft für den, der ihn erleidet: «Nicht einmal die Tyrannen Siziliens erdachten schlimmere Qual.»[134] Horaz beklagte, daß die Lobreden auf die archaischen Dichter «neidischen Haß auf uns»[135] einschlössen, das heißt auf die Dichter der augusteischen Epoche. Und schmerzerfüllt gestand er Melpomene, der tragischen Muse: «Rom, die Fürstin der Städte, hat geruht, mich in den ersehnten Kreis der Dichter aufzunehmen, und schon zerfleischt mich der Neid mit seinen Reißzähnen.»[136] Überginge man die mit dem Neid verknüpften Erlebnisse des römischsten der lyrischen Dichter, verstümmelte man im Wesentlichen sein im Zenith der Latinität geformtes Weltbild.

Der fruchtbare Ovid (43 v. Chr.–17 n. Chr.), der nahezu nichts sagen konnte, das nicht ein Reim gewesen wäre, hatte kein moralisches System, aber seine einem Wildbach gleichende Phantasie und seine Ausdruckskraft erlaubten ihm, die klassische Mythologie mit verschwenderischer Pracht in einem der umfangreichsten lateinischen Gedichte, den «Metamorphosen», wiederzubeleben. Dort beschrieb er unter hunderten kleinerer und größerer Heroen und Gottheiten den Neid mit überwälti-

130. Horaz, Epoden, I, 2, 57
131. Ders., Oden, II, 20, 3-5
132. Ders., Episteln, I, 2, 12
133. Ders., Oden, III, 24, 32
134. Ders., Episteln, I, 2, 58/9
135. Ders., a. a. O., II, 1, 89
136. Ders., Oden IV, 3, 13-16

gender Anschaulichkeit. Es sind an die 30 daktylische Hexameter, einige von ungewöhnlicher Schönheit:

«Alsbald eilt sie zum Haus der Göttin des Neides. Von schwarzer
Feuchtigkeit starrt es wüst: in den hintersten Tälern ist diese
Wohnung versteckt, der Sonne entbehrend und niemals von frischem
Winde durchlüftet, umdüstert und voll von lähmender Kälte;
Denn nie gibt es dort Feuer, doch Finsternis immer in Fülle.
Als die im Krieg erschreckliche Jungfrau hierhin gekommen,
Blieb vor dem Hause sie stehn – denn hinein in das Innere treten
Durfte die Göttin nicht – und stieß mit der Spitze des Speeres
Wider die Tür. Die erklang und öffnete sich, und darinnen
Sah sie Invidia Fleisch von Vipern verzehren: ihr Laster
Nährt sich davon – es blickte die Göttin zur Seite –! Doch jene
Hob sich vom wüsten Boden; sie ließ das zur Hälfte verzehrte
Schlangenfleisch liegen, und trägen Schrittes kam sie gewandelt.
Wie sie die Göttin erblickte – sie strahlte in Schönheit und Waffen –,
Seufzte sie auf und verzog das Gesicht bei dem tiefen Gestöhne.
Bleich sind Wangen und Mund, die Dämonin ist mager am ganzen
Leib, stets schielt sie querüber, von Rost sind dunkel die Zähne,
Grün von Galle die Brust, von Gift unterlaufen die Zunge;
Lachen kann sie nur dann, wenn sie Schmerzen bei andern erblickt hat;
Schlaf ist ihr fremd, da wache Gedanken sie quälen: der Menschen
Unwillkommne Erfolge betrachtet sie, und im Betrachten
Zehrt sie sich ab; denn andre benagt sie und nagt an sich selber
Und ist so ihre eigene Pein.»[137]

Dieser Neid ist die abstoßendste Gestalt der griechisch-römischen mythologischen Literatur und diese Verse die vernichtendste Verurteilung einer Leidenschaft. Sich in diesem Spiegel zu erblicken mußte, auch wenn dies nicht in der Absicht des galanten Dichters lag, für jeden Römer eine lehrreiche Geistesübung sein.

137. Ovid, Metamorphosen, II, 139 ff. Deutsch von Hermann Breitenbach, Zürich 1958.

Seneca, Dion und Plutarch

Seneca der Jüngere (5–65 n. Chr.) ist eine der bewundernswertesten Gestalten der antiken Welt und der Meister moralischer Selbstdisziplin. Von ihm stammt die ausführlichste und ergreifendste stoische Aussage, die auf uns gekommen ist. Als Erzieher läßt er sich zu vertrautem Ratschlag herab, hinter dem sich manchmal ein persönliches Bekenntnis verbirgt. Wogegen richtet sich der Neid? Gegen die «Reichtümer»[138]. Daher «weniger Kredit, weniger Neid»[139]. Letzten Endes richtet er sich ganz allgemein gegen die Qualität. «Der Neid ist ein verderblicher, gegen die Besten gezielter Pfeil»[140]. Seneca folgt seinen Lehrern in dem Glauben, daß der Mensch ohne Leidenschaften geschaffen wurde: «Es ist unsere Schuld, nicht die der Natur»[141], aber er bestätigt, daß es sich um eine uralte, nicht für eine bestimmte Epoche charakteristische Schwäche handelt.[142] Welcher Zustand ist dem Neid am förderlichsten? «Der unselige Müßiggang, wenn man alles zu zerstören trachtet, weil man nicht fähig ist zu obsiegen»[143]. Die Anfälligkeit der Untätigkeit für den Neid ist eine scharfsinnige Beobachtung Senecas.

Seneca warnt vor den Hauptlastern: «Drei Dinge sind zu vermeiden: Haß, Neid und Mißachtung.»[144] Aber mit weisem Maß rät er davon ab, «daß wir uns aus Angst vor dem Neid verächtlich machen.»[145] Senecas Rezept ist mit dem der Vorsokratiker identisch: «Du wirst dem Neid entgehen, wenn Du Dich nicht sehen läßt, Dich nicht Deines Besitzes rühmst und nur in Deinem privaten Bereich fröhlich bist (in sinu).»[146] Die immerwährende Furcht vor dem «feindseligen (*inimicissima*») Neide[147] mündet beinahe in Einsiedlertum: «Sprich wenig mit den übrigen und viel mit Dir selbst.»[148]

Seneca glaubt nicht, daß die Leidenschaften angeboren sind: «Die Natur macht uns für kein Laster empfänglich, sie hat uns rein (*integer*) und frei erschaffen», unsere Laster werden nicht

138. Seneca, Epistel an Lucilius, Buch XI, 87
139. Ders., a. a. O., V, 42
140. Ders., a. a. O., VIII, 74
141. Ders., a. a. O., III, 22
142. Ders., a. a. O., XVI, 97
143. Ders., De Tranquilitate Animi, II, 10
144. Ders., Epistel an Lucilius, II, 14
145. Ders., a. a. O.
146. Ders., a. a. O., XVIII, 105
147. Ders., De Tranquilitate Animi, II, 10
148. Ders., Epistel an Lucilus, XVIII, 105

mit uns geboren, sie haben uns überkommen (*supervenire*), sind
uns beigebracht worden (*ingestus*).[149] Diese Übereinstimmung
der Stoa mit Mengt-se ist ein Zeugnis mehr für die Wechselbeziehung zwischen dem Stoizismus und den östlichen Weisheitslehren.

Die Stoiker gingen davon aus, daß der Weise, Herr seiner Seele,
nicht neiden könne, und was sie beunruhigte, war die passive
Seite des Problems: wie der Sturmflut des fremden Neides zu
entgehen sei. So gaben sie Zeugnis dafür, daß die Mehrheit der
Menschheit neidisch ist.

Dion von Prusa (um 40–120 n. Chr.), seiner Beredsamkeit wegen
Chrysostomos («Goldmund») genannt, ein Freund des Trajan,
schrieb 80 Reden, die umfangreichste, mit dem Titel «Über den
Neid», hat Dialogform, aber der Schüler ist nur als dialektische
Stütze beteiligt. Es ist eine umfängliche Glosse zu dem schon
von Aristoteles zitierten Vers des Hesiod: «Es verabscheut (ko-
téo) der Klempner den Klempner und der Schreiner den Schreiner.»[150] Dion grenzt den Neid ein auf den «Wunsch, daß der
andere nicht unseren Beruf ausübt».[151] So die Erläuterung: «Einer ist auf andere neidisch (*phthonerós*), weil er weniger Ver-
dienst mit seiner Tätigkeit erzielt, wenn viele sie ausüben.»[152]
Nach dem Gesetz von Angebot und Nachfrage bedeutet größerer
Wettbewerb geringeren Preis. Alleinsein hingegen hat die Vorteile des Monopols. Dion nimmt an, nachdem er zahlreiche
Tätigkeiten untersucht hat, daß diese Sachlage nicht bei allen
Berufen eintritt, da bei einigen die Vielzahl nicht stört, zum
Beispiel der Medizin und anderen «ernsthafteren (*spoudaioteros*)»
Berufen.[153] Die berufliche Konkurrenz kann Anlaß sein, sich
über den Erfolg eines anderen zu bekümmern, und sie gehört
daher zu den Umständen, die Neid wecken, jedoch läßt sich das
Neidgefühl nicht auf unverarbeitete berufliche Rivalitäten beschränken. Chrysostomos verstümmelt mit seinem Streben
nach Beschränkung.

Laut Dion ist der Neid «eine Verdorbenheit der Seele (*diaph-
theíro*)».[154] Diese «Krankheit (*nósema*)» ist besonders schwer und
mit dem «heißesten Brenneisen» zu behandeln. Diese Metapher

149. Ders., a. a. O., XV, 94
150. Hesiod, Werke und Tage, v. 25
151. Dion, Über den Neid, 77, 14
152. Ders., a. a. O., 77, 3
153. Ders., a. a. O., 77, 8-11
154. Ders., a. a. O., 77, 45

hat eine genaue Übersetzung: Das Heilmittel gegen den Neid
ist: «den Sinn (*diánoia*) mit der Vernunft (*lógos*) reinigen (*katha-
réuo*)».[155] Unter den griechischen Texten ist dies einer derer, die
mit am deutlichsten den Widersinn des Neides und seine mögliche Überwindung durch Nachdenken erläutern.

Von Neid frei sein soll der vornehme (*gennaios*) und großmütige
(*megalóphron*)[156], «besonnene (*phrónimos*) und weise (*sophós*)»[157],
«kluge (*sóphron*) und maßvolle (*kekolasménos*)»[158] Mann. Dieser
höhere Mensch läßt sich nicht durch materielle Güter beherrschen, noch durch «den Beifall des Pöbels».[159] Das Elitedenken
des Weisen ist absolut: «Er wird der Meinung des Volkes nicht
die geringste Aufmerksamkeit schenken, noch mit irgendeinem
Mittel seine Bewunderung suchen und wird seine Lobsprüche
nicht für wichtig, wertvoll oder auch nur für gut halten».[160] Es
ist das hellenistische, mit stoischen und kynischen Vorstellungen angereicherte Ideal des Weisen, einem dem Neid vollkommen entgegengesetzten Typus, denn sein gesellschaftliches Anliegen muß die Förderung der «Eintracht» sein (*omónoia*)[161].

Ungeachtet der Naivität der experimentellen Abstützung und
der zwanghaften und auf Beschränkung bedachten Abhängigkeit
von dem Hesiodschen Topos hat Dion Chrysostomos das Verdienst, obschon er auch in dieser Hinsicht Vorläufer hatte, der
Hervorhebung zweier wesentlicher Merkmale des Neides, seines widersinnigen und antisozialen Wesens.

Plutarch (etwa 46–120 n. Chr.) hatte das Glück, in einem der
glänzendsten Abschnitte des Kaiserreiches zu leben, dem der
Trajan und Hadrian. In seinem umfänglichen, ungleichmäßigen
Werk sticht ein schlichter und kraftvoller Essay «Über den Neid
und den Haß» hervor. Die dem Biographen der «Verglichenen
Helden» so eigentümliche Methode ist die des Kontrastes. Der
Neid ist eine Leidenschaft (*pathos*)[162], die nur bei den Menschen
vorkommt, und im Unterschied zum Haß, den auch viele unver-
nünftige Wesen empfinden, «wurzelt er in der Seele tiefer als
irgendeine andere Leidenschaft und vergiftet deshalb auch den

155. Ders., a. a. O., 77, 40
156. Ders., a. a. O., 77, 29
157. Ders., a. a. O., 77, 14
158. Ders., a. a. O., 77, 26
159. Ders., a. a. O., 77, 17
160. Ders., a. a. O., 77, 25
161. Ders., a. a. O., 77, 39
162. Plutarch, Über Neid und Haß (Moralia), 536 ff.

Körper.»[163] Er ist eine Empfindung, die gewöhnlich nicht durch
eine genau zu bestimmende Art von Ding oder Handeln erregt
wird, sondern durch «alles, was im Glanze prangt» (*lamprós*)[164],
und besonders durch fremden Wohlstand. Zu diesem Punkt trägt
Plutarch eine einleuchtende, aber bis dahin noch nicht veröffentlichte Note bei: Es braucht sich nicht um einen wirklichen
Wohlstand zu handeln, es genügt, daß es dem Neider so vorkommt (*dokéo*)[165]. Das erklärt die häufig gegebene Tatsache, daß
ein gar nicht vorhandenes, vorgetäuschtes oder eingebildetes
Glück geneidet wird. Plutarch zufolge «kann niemand gerechterweise beneidet werden»[166], weil es unbillig wäre, ihm wegzunehmen, was er rechtens besitzt, und wäre es auch nur in Gedanken, und weil «Glück haben nicht unrecht ist»[167]. Aber das
Originellste und Tiefgründigste sind zwei Beobachtungen zu
Scham und Undank des Neiders. Plutarch verweist zum einen
darauf, daß «niemand sagt, daß er neidisch ist»[168] und daß, im
Gegenteil, immer Entschuldigungen vorgebracht werden, um
den Gram über fremdes Wohl zu erklären, das heißt, «man
verkleidet und verhüllt die unsägliche Leidenschaft.» Der
Schriftsteller schließt mit diesem großartigen Satz: «Unter den
Störungen des Seelenlebens ist der Neid die einzig unausssprech-
liche.»[169] Wir stehen tatsächlich vor dem verborgensten der Laster, das man nicht dem vertrauten Freunde gesteht, das nicht
einmal das Subjekt sich selber zugibt.

Die andere Beobachtung ist die, daß, im Unterschied zum Haß,
der Neid sich nicht mäßigt noch erlischt, wenn sich heraus-
stellt, daß der Beneidete gerecht ist, oder dem Neider keinen
Schaden zufügt, oder ihm von Nutzen ist. Im Gegenteil erbittern
die drei Faktoren den Neider, der, wenn er irgendeinen Vorteil
von dem Glücklichen empfängt, sich noch mehr erregt, und ihn
auch noch um diese Gefälligkeit beneidet, und um die Möglichkeit, sie zu erweisen.[170] Der Neider ist von Natur gemein, unersättlich und undankbar. Der Neid ist von außen kaum aufzuhal-
ten, denn er wird von einem inneren Automatismus angetrie-

163. Ders., Symposiaca, V, 7, 3
164. Ders., Über Neid und Haß, 537b
165. Ders., a. a. O.
166. Ders., a. a. O., 537c
167. Ders., a. a. O.
168. Ders., a. a. O.
169. Ders., a. a. O., 437e
170. Ders., a. a. O., 538d

ben, der ihn unter irgendeinem positiven Vorwand anwachsen läßt. Er ist eine krebsartige Leidenschaft, expansiv, und mit der Tendenz, sich in neuen Bereichen anzusiedeln.

Das kleine Werk des Plutarch wird, obgleich knapp und kalt, die antike Kultur beeinflussen und insbesondere die Patristik, die es übertreffen, aber nicht zitieren wird.

Der Verfasser einer Geschichte der griechischen Philosophie, Diogenes Laertius, sagte vom Neid, er sei «allesverschlingend (*pánta diesthión*)»[171], eine radikale Kennzeichnung, die überraschenderweise nicht wiederholt worden ist. Die Bezeichnung ist aktiv und passiv zu verstehen: Der Neid ist fähig, einen jeden zu verschlingen und kann durch jede Art Wert geweckt werden.

DIE HEILIGE SCHRIFT

Altes Testament

Der Neid erscheint im Alten Testament als eine Tatsache. Es ist der Neid der Philister auf Isaak[172], der Rahels auf Lea[173], der seiner Brüder auf Joseph[174], der Israels auf Moses[175] und Aarons und Ephraims auf Juda[176]. Aber eine dogmatische Behandlung findet sich nur in den deuterokanonischen, teils sehr späten und von außerjudäischen Kulturen beeinflußten Büchern. Das erste ist das Buch der Sprüche, in dem 8 Sammlungen von Lehrsprüchen verschiedener Epochen, einige davon unter ägyptischem Einfluß, zusammengefaßt werden. Die Zusammenstellung, die auf uns gekommen ist, wurde nicht vor dem 4. Jahrhundert v. Chr. durch einen aramäisierten Juden verfaßt, der die weisen Schriften des östlichen Mittelmeeres kannte. Der um das Jahr 200 v. Chr. verfaßte Ekklesiastés ist das Werk verschiedener, nicht gleichzeitig tätiger Autoren und besitzt eine der klassischen Diatribe entsprechende Gliederung. Schließlich das Buch der Weisheit, das die protestantischen und orthodoxen Kirchen aus dem Inhaltsverzeichnis der Bibel gestrichen haben. Es wurde

171. Diogenes Laertius, Über Leben, Ansichten und Aussprüche berühmter Philosophen, V, 76
172. Genesis, 26, 14
173. a. a. O., 30, 1
174. a. a. O., 37, 11
175. Psalmen 106.16
176. Jesaja, 12, 13

auf griechisch von einem Juden, einem Schüler des Neuplatonikers Philon im I. Jahrh. v. Chr., geschrieben, und ist ein voll und ganz innerhalb der Koordinaten der hellenistischen Philosophie stehendes Werk[177]. Kurzgesagt geben die Texte dieser Bücher das echte jüdische Denken nur sehr oberflächlich wieder.

Das Alte Testament nimmt eine enge Verknüpfung zwischen dem Neid und dem Menschengeschlecht an, wenn es behauptet, der Unterschied zwischen der Existenz der Lebenden und der Toten bestehe darin, daß es in der zweiten weder Liebe noch Haß gebe.[177] Ein anderer Vers kommt aus der Sicht des passiven Subjekts zu einer entsprechenden Folgerung: «Jedes Werk, und was immer an Gutem geschaffen wird, erregt den Neid des Menschen gegen seinen Nächsten»[178], das heißt, alles Wertvolle ist neidenswert. Und hervorgehoben wird – zwei Anmerkungen zur Definition des Neides – sein selbstverzehrendes Wesen: «... ist Eiter in den Gebeinen»[179], und seine maßlose Heftigkeit: «Zorn ist ein wütig Ding, und Grimm ist ungestüm; aber wer kann vor dem Neid bestehen?»[180] Schließlich wird, wie eine Folgerung aus der Versuchung im Paradies, der Ursprung des Bösen in diese Leidenschaft verlegt: «Durch den Neid des Teufels trat der Tod in die Welt.»[181]

Die Übereinstimmung zwischen einigen dieser Texte und den griechischen ist offenkundig, aber die biblischen sind einfallsreicher, poetischer und von geringerem analytischem Tiefgang. Wichtig ist, daß die alttestamentarischen Autoren vom ältesten bis zum jüngsten Buch die machtvolle Allgegenwärtigkeit des Neides unter den Menschen verzeichneten.

Paulus aus Tarsus

Paulus aus Tarsus (ca. 6–60 n. Chr.), der Vater der neuen Theologie, verwies wiederholt auf die Gefahr des Neides, sicherlich weil ihn seine unermeßliche Verbreitung immer wieder beschäftigte. So schrieb er den Korinthern: «Denn sintemal Eifer (xelos), Zank und Zwietracht unter Euch sind, seid Ihr nicht fleischlich und wandelt nach menschlicher Weise?»[182] Dieser Text bedeutete Einsicht in die allgemein neidische Sinnesart des Men-

177. Ecclesiastes, 9, 6
178. a. a. O., 4, 4
179. Sprüche, 14, 30
180. a. a. O., 27, 4
181. Weisheit, 2, 24
182. Paulus von Tarsus, Korinther, I, 3, 3

schen, eine Auslegung, die ein Gedanke des Briefes an Titus bestätigt: «... und wandelten wir in Bosheit und Neid (phthónos), daher erschien unser Heiland ... machte uns selig»[183] das heißt, das göttliche Eingreifen wurde notwendig, um den Hang der Sterblichen zum Neide zu bezwingen. Und er ging sogar bis zu dem kühnen Extrem, vor denen zu warnen, die «Christum auch um des Neides willen predigen»[184], und gab damit zu verstehen, daß der Glaube allein nicht genügt, um die Trägheit der gefallenen Natur zu überwinden.

DIE PATRISTIK

Clemens, Justinus und Tertullian

An den Anfängen der Patristik steht Clemens von Rom, der dritte Nachfolger Petri als Papst. Während der Verfolgung des Domitian, um das Jahr 96, schrieb er einen Brief an die Korinther, dessen erste sechs Kapitel dem «ungerechten und gottlosen Neid (Xelos) gewidmet sind, durch den der Tod in die Welt gelangte».[185] Der Theologe erinnert daran, daß der Neid (phthónos) den Brudermord des Kain, die Flucht Jakobs, die Knechtschaft Josephs, den Weggang Mose, die Verdrängung Aarons, die Verurteilung des Datan und Abiron, die Feindschaft Sauls mit David, die Verfolgung der Apostel, die Mühen des heiligen Petrus und unzählige Martyrien unter Nero, verursacht hat, daß er die Wurzel der dramatischsten testamentarischen Geschehnisse gewesen war. Gegen den ewigen und allgemein verbreiteten Neid schlägt er die christlichen Tugenden als Heilmittel vor: Gehorsam, Demut, Eintracht und außerdem, daß «ein jeder auf seinem Posten stehe (tágma)».[186] Die die ethische ergänzende politische Lösung des Clemens ist demnach, daß jeder Bürger den ihm gemäßen Stand und die ihm gemäße Funktion innerhalb der hierarchischen Gesellschaft einnimmt.

Justinus (erlitt um 165 in Rom den Märtyrertod), ein von der stoischen Philosophie geformter Palästinenser, war der hervorragendste Apologetiker des 2. Jahrhunderts. In Rom verteidigte er die Christen und lehrte Theologie bis zu seiner Enthauptung

183. Ders., Titus, 3,3
184. Ders., Philipper, 1, 15
185. Clemens von Rom, Episteln, I, 3, 4
186. Ders., a. a. O., 1, 41, 1

unter der Regierung des Marc Aurel, der letzten großen Gestalt der Stoa. Der beeindruckenden historischen Aufzählung der vom Neid bedingten Ereignisse des Clemens fügte Justinus in seinem Hauptwerk das großartigste Geschehen des Christentums hinzu: «Jesus ..., der beneidet (*phthonoúmenos*), verkannt und gekreuzigt werden mußte»[187], womit er lediglich den Text des Evangeliums kommentierte: «Pilatus wußte wohl, daß sie ihn aus Neid überantwortet hatten.»[188] Der Neid scheint als die bewegende Kraft des größten Verbrechens und indirekt als Stütze der Erlösung. Der Neid ist also eine ebenso grundlegende wie abscheuliche Leidenschaft. Deshalb rät Justinus an einem Höhepunkt seines Dialogs mit Triton: «Läutert Eure Seele von Zorn, Geiz, Neid und Haß, und rein (*katharós*) wird Euer Leib sein»[189].

Tertullian (etwa 150–230 n. Chr.) ist einer der kraftvollsten Autoren des Urchristentums. Jurist und römischer Redner, bekehrte er sich gegen Ende des 2. Jahrhunderts und brach wenig später mit der kirchlichen Lehre, um sich dem Montanismus anzuschließen, wobei er eine eigene Sekte gründete. Er stand noch innerhalb der formalen Orthodoxie, als er sein Traktat «Über die Schauspiele» verfaßte, in dem er die Teilnahme an den heidnischen Spielen verbot. Und neben anderen Gründen führte er einen an, der eine klare Verteidigung der Schadenfreude in der anderen Welt zum Inhalt hatte: «Aber es gibt noch andere Schauspiele, wie das des letzten Tages des jüngsten Gerichtes ... Da werde ich jauchzen und mich freuen, wenn ich sehe, wie so viele erhabene Monarchen, die angeblich in den Himmel aufgenommen wurden, zusammen mit Jupiter und denen, die an ihn glaubten, in tiefem Dunkel jammern ... und sehe, wie gewisse weise Philosophen vor ihren Schülern erröten, die auch verdammt wurden und die sie lehrten, daß es keine Seelen gäbe oder daß sie sich nicht wieder mit ihren Leibern vereinten.»[190] Dieser schlimme Text, ist, wie schon Nietzsche feststellte[191], mit nachtragender Rachsucht geschrieben, und schwierig ist es, seinen Inhalt und seine Lehre zu verteidigen.

187. Justin, Apologie, I 31, 7
188. Matthäus, 27, 18
189. Justin, Dialog mit Tryphon, 14, 2
190. Tertullian, Über Schauspiele, 29
191. Nietzsche, Zur Genealogie der Moral, 1887, I, 15 ed. Kröner, Bd. VII, S. 328/30

Cyprianus und Basileios

Cyprianus (3. Jh. n. Chr.), Bischof von Karthago, glänzender Lehrer der Rhetorik bis zu seiner späten Bekehrung, schrieb ein Dutzend Traktate und 81 Episteln. Während der Verfolgung des Kaisers Valerian wurde er enthauptet. Er war im Abendland für mehr als anderthalb Jahrhunderte die höchste theologische Autorität, bis der geniale Augustin aus Numidien sich durchsetzte. Cyprianus ist Autor der ersten christlichen, thematisch dem Neid gewidmeten Studie, die er gegen Ende seines Lebens im Jahre 256 verfaßte. «De zelo et livore» ist ein erkenntnistheoretisch dichtes kleines Werk, originell im Aufbau, verfaßt in einem prunkenden, auf Wirkung ausgehenden Latein.

Für Cyprianus ist neiden «sich über fremden Ruhm grämen»[192] und er bezeichnet diese Leidenschaft als «verderbliches Übel»[193], «vielfältige Pest»[194], «Viperngift»[195], «Wurmfraß der Seele und Fäulnis des Denkens»[196]. Wie er die testamentarische Geschichte des Neides nachzeichnet, fügt er den von Clemens und Justinus angeführten Geschehnissen den Aufstand des Luzifer hinzu: «schuldig boshaften Neides auf Gott»[197], und in diesem Sinne deutet er den oben[198] zitierten Vers, der sich meiner Ansicht nach auf die Erbsünde bezieht. Jedenfalls entsteht für Cyprianus das Böse in der Welt aus einem Neidgefühl: «Wurzel aller Übel»[199]. Aus dieser Quelle sprudeln Haß, Feindseligkeit, Geiz, Ehrgeiz, Hochmut, Grausamkeit, Treulosigkeit, Zwietracht usw.[200]

Cyprianus nimmt es besonders genau mit der Beschreibung der Kennzeichen des Neides. Er ist in erster Linie «Henker des Lebensmutes»[201] dessen, der an ihm leidet und «überaus schädlich für ihn»[202]. Er ist außerdem «grenzenlos und immerwährend»[203] und nimmt im Verhältnis zum «Erfolg des Beneideten» zu[204]. Er ist ein «verborgenes Laster ..., das man verschlossen im

192. Cyprian von Karthago, De Zelo et Lavore, 7
193. Ders., a. a. O., 3
194. Ders., a. a. O., 3
195. Ders., a. a. O., 17
196. Ders., a. a. O., 7
197. Ders., a. a. O., 4
198. Weisheit, 2, 24
199. Cyprian, a. a. O., 6
200. Ders., a. a. O.
201. Ders., a. a. O., 7
202. Ders., a. a. O., 9
203. Ders., a. a. O., 7   204. Ders., a. a. O.

Innern mit sich herumträgt»[205]. «Die Neider bekennen niemals ihren Neid»[206]. Und er ist schließlich ein weitverbreitetes Laster[207] (late), und zwar so sehr, daß die Abhandlung sich an einen Durchschnittsleser richtet, der in Kommentierung des paulinischen Textes angeredet wird mit: «Du, der Du vom Neid besessen warst»[208], und von dem angenommen wird, daß ihn die Evangelien geheilt haben. Kurzum, der Neid ist selbststrafend, unerschöpflich, unaussprechlich, weltumfassend, und sein Gegenmittel ist das Christentum. Darum schlägt er als Heilmittel die neuen Tugenden vor: «Einfalt des Sinns»[209], «Demut»[210], «Brüderlichkeit»[211], «Liebe»[212] und «Barmherzigkeit»[213]. Der abschließende Ratschlag ist: «sich darüber freuen und sich daran ergötzen, daß andere besser sind»[214], das bedeutet das dem Neid Entgegengesetzte empfinden, denn ihn zu haben «ist dem Schüler Christi nicht erlaubt»[215].

Cyprianus übernimmt das Vermächtnis der griechisch-römischen und der christlichen Überlieferung zu dem Problem und geht weiter als irgendeiner seiner Vorgänger in der Betonung der Unsittlichkeit des Neides: Ursprung alles Bösen, ohne Spur von irgend etwas Gutem.

Diese Radikalisierung ist nicht eigentlich wertend, sondern historisch und psychologisch, sie ist nicht normativ, sondern empirisch. Behauptet wird, daß der Neid das Böse gebiert und die verschiedenen Laster durch ihn potenziert werden.

Basileios der Große aus Caesarea in Kappadokien (um 330–379 n. Chr.), ein großer Bewunderer der griechischen Kultur, lehrte nach entsprechenden Studien in Konstantinopel und Athen in seiner Heimatstadt Rhetorik, entsagte jedoch den Geisteswissenschaften, um sich der Theologie und hauptsächlich dem Apostolat zu widmen. Er war ein aktiver religiöser Neuerer. Seine Schriften sind in einem klaren, brillanten Griechisch verfaßt. Unter seinen, durch ihre überzeugende Beredsamkeit be-

205. Ders., a. a. O., 9
206. Ders., a. a. O., 7
207. Ders., a. a. O., 6
208. Ders., a. a. O., 17
209. Ders., a. a. O., 12
210. Ders., a. a. O., 16
211. Ders., a. a. O., 17
212. Ders., a. a. O., 12
213. Ders., a. a. O., 13
214. Ders., a. a. O., 17
215. Ders., a. a. O., 10

rühmten Predigten ragt die elfte hervor: «Über den Neid», gehalten um das Jahr 370. Die Definition ist altbekannt: «Kummer über den Erfolg (euprágia) des Nächsten»[216] und Freude an seiner Klage»[217]. Die Bewertungen sind sehr hart: «das unseligste Laster»[218] «Verderben des Lebens»[219], «Unreinheit der Natur»[220], «Vorbild der Schlangen»[221], «Geschehen wider die Vernunft» (alogótatos)[222] und «im Widerspruch zu Gott»[223]. In den beiden letzten Wendungen ist der stoische Einfluß unverkennbar.

Basileios legt, wie keiner seiner Vorgänger, Nachdruck auf die Strafe, die diese Leidenschaft in sich trägt, die «ohne anderen zu schaden, vornehmlich und hauptsächlich ein Übel für den ist, der sie empfindet»[224]. «Wie der Rost das Eisen, so verzehrt der Neid die Seele»[225], und «je heftiger man neidet, um so mehr leidet man»[226]. Basileios untersucht die Frage, ob Wohltaten den Neid besänftigen oder beseitigen können, und kommt zu dem Schluß, daß im Unterschied zu anderen feindseligen Gefühlen, die sich mit Gefälligkeiten beschwichtigen lassen, «die Neider (báskanos) durch Wohltaten bösartiger werden, weil der Ärger darüber, daß ihr Wohltäter dazu in der Lage ist, größer ist als ihre Dankbarkeit»[227]. Eine Reaktion, die, wie der Autor meint, weder Hunde noch Löwen kennen. Ein anderes klassisches Thema ist die Heimlichkeit, in der der Neid gehalten wird. «Das schmerzhafte an der Krankheit ist, daß der Neider sie nicht mitteilen kann.»[228] Weshalb? Aus einem unüberwindlichen Schamgefühl heraus, weil er sich schämt (erythriáo) sein Unglück preiszugeben. [229] Zahlreiche griechische Vorläufer gab es auch zu der Frage, ob der Neid eher zwischen sich Nahestehenden als sich Fernstehenden auftritt. «Mit der Vertrautheit hält uns der Neid gefangen (oikeiótes)»[230]. Und er fügt hinzu: «Der Skythe beneidet

216. Basilius von Caesarea, Über den Neid, 1
217. Ders., a. a. O., 2
218. Ders., a. a. O., 1
219. Ders., a. a. O., 3
220. Ders., a. a. O.
221. Ders., a. a. O., 5
222. Ders., a. a. O., 3
223. Ders., a. a. O.
224. Ders., a. a. O., 1
225. Ders., a. a. O.
226. Ders., a. a. O., 4
227. Ders., a. a. O., 3
228. Ders., a. a. O., 1
229. Ders., a. a. O.
230. Ders., a. a. O., 4

nicht den Ägypter, sondern den Landsmann und unter denen nicht die Unbekannten, sondern die, mit denen er umgeht, und besonders die Nachbarn und die gleichen Berufes»[231]. Und er schließt mit diesem für seinen Stil sehr bezeichnenden Bild: «Wie der Wurm die dem Weizen eigentümliche Plage ist, so ist der Neid die schwache Seite der menschlichen Beziehungen (philía)»[232].

Als Neuerer erweist sich Basileios mit dem Hinweis auf das logisch und sittlich schädliche Wesen des Neides, einer Leidenschaft, die der Fähigkeit zu redlichem Urteil oder «zur Erkenntnis der Wahrheit der Dinge» (aleitheías kritérion) beraubt.[233]

Der Neid sieht weder das Gute noch das Große, sondern einzig das «Verfaulte» (saprós). Wenn es darum geht, die anderen zu beurteilen, verdreht er die positiven Werte in negative und «jede Art Tugend wird Laster genannt»[234]. Es handelt sich also nicht um eine unbestimmte Verwirrung des Geistes, wie die, die mit der Wut einhergeht, sondern eine Benebelung des praktischen Urteils, die in eine negative Verkehrung der tatsächlichen Werte mündet.

Basileios ist der erste christliche Moralist, der sich mit dem bösen Blick beschäftigt: «Es gibt Menschen, die glauben, daß die Neider allein mit dem Blick Schaden anrichten»[235]. Er lehnt dics Gerede entschieden als «Altweibergeschwätz» ab[236]. Aber die Erwähnung zeigt die Verbreitung solch dunklen in der Etymologie des Wortes «invidere» wurzelnden Volksglaubens.

Was sind die Gegenmittel? Basileios empfiehlt die beiden schon begangenen Wege: den stoischen des sich Fernhaltens und den christlichen der Tugend. Man muß sich «außerhalb der Reichweite der Pfeile des Neides halten»[237], sogar «jede lebendige Beziehung (katá tòn bíon koinonía)[238]» vermeiden. Es ist nicht so sehr die eigene Isolierung als vielmehr die Unterbrechung jeglicher Verbindung mit dem, der neidet. Das ist die physisch negative Lösung. Aber es gibt auch die moralische Behandlung, die darin besteht, daran zu denken, daß die Güter dieser Welt nicht

231. Ders., a. a. O.
232. Ders., a. a. O.
233. Ders., a. a. O., 5
234. Ders., a. a. O.
235. Ders., a. a. O., 4
236. Ders., a. a. O.
237. Ders., a. a. O., 4
238. Ders., a. a. O.

das Glück bedeuten[239] und daß richtig verwaltete fremde Güter dem eigenen Vorteil dienlich sind[240]; zum Beispiel erleuchtet alle das theologische Wissen einiger weniger[241]. Hier sprach Basileios pro domo sua. Ferner folgt aus Gründen der Gerechtigkeit, daß wer Reichtum, Macht und Wohlstand gut verwendet, «geliebt und geehrt»[242] werden soll. Zuletzt rät er, die Dynamik der neidischen Leidenschaft in «Willen zur Tugend» umzuwandeln.[243]

Die elfte Predigt ist, stilistisch gesehen, der Höhepunkt des griechischen Schrifttums über den Neid und konzeptionell, wenn ihr auch eine systematische Gliederung fehlt, von größerer Dichte und Schlüssigkeit als die Studien von Plutarch, Justinus und Cyprianus von Karthago. Sie ist ein Meilenstein in der Literatur der Antike zu dem Thema.

Hieronymus, Chrysostomos und Chrysologos

Der hl. Hieronymus (um 350–420), aus Stridon in Dalmatien, studierte Geisteswissenschaften in Rom. Übersetzer und Exeget der Heiligen Schrift, gründet sich seine Popularität, insbesondere während des ganzen Mittelalters, auf seine Briefe. In einem von ihnen sagt er, «daß auch bei den Aposteln und sogar bei den Engeln der Neid sich einschleichen kann (*subrepere*)»[244], aber diese Behauptung läßt sich wohl nicht so auslegen, als sei der Neid, wie die Intelligenz, schlicht und einfach naturgegeben, er ist vielmehr die Folge der Unvollkommenheit alles Zufälligen, denn Hieronymus gibt nur eine theologische Begründung: «Allein Gott ist ohne Sünde.»[245] Hieronymus wiederholt den altbekannten Hinweis auf die Versuchung Evas, die Ermordung Abels usw. und betont, «daß der Neid stets die Tugenden verfolgt»[246], das heißt jedes wertvolle Verhalten. Unzulässig ist die These, daß der Neid der Gerechtigkeit innewohnt (*ipsa justitia habet in se livorem*)»[247], weil die Gerechtigkeit den Unwillen über unverdientes Wohl voraussetzt, und das ist etwas ganz anderes. Die

239. Ders., a. a. O., 3
240. Ders., a. a. O.
241. Ders., a. a. O.
242. Ders., a. a. O.
243. Ders., a. a. O.
244. S. Hieronymus, Briefe, XXI, 40
245. Ders., a. a. O.
246. Ders., a. a. O., CVIII, 18
247. Ders., a. a. O., XXII, 40

Schriften des Hieronymus über den Neid sind oberflächlich und eher dogmatisch als rational.

Johannes Chrysostomos (354–407), der attischste der griechischen Kirchenväter, widmete der Kommentierung der Heiligen Schrift und insbesondere des Neuen Testamentes 600 Predigten. In diesem ozeanweiten Werk liegt eine Enzyklopädie der Theologie und der Sittenlehre verstreut. Das Thema des Neides behandelt er in der vierzigsten, über St. Matthäus, in der siebenunddreißigsten, über St. Johannes, und in der siebten, über den Brief an die Römer. Es sind Meisterwerke der Reife, die er vom Jahre 390 an schrieb.

Ist «Neider», wer sich an den Leiden seines Nächsten ergötzt und fremdes Unglück für eigenes Glück hält?»[248] Seine Fragestellung ist polemisch. Sie bestätigt, «daß diese Sünde heutzutage unbedeutend scheint und niemand viel Aufhebens um sie macht»[249]. Dieser angenommenen allgemeinen Überzeugung gegenüber versichert Chrysostomos, daß «es kein vergleichbares Laster (kakía) gibt»[250], es ist «die ruchloseste (euageóteros)»[251], «verderbteste (ponepóteros)»[252], die «abscheulichste (miaróteros) der Leidenschaften»[253]. Und er belegt das mit vornehmlich dogmatischen Beweisen: dem Aufstand des Luzifer und dem Brudermord des Kain. Aber er bringt auch ein ethisches Argument: «Der Hurenbock kann den Trieb zum Vorwand der Entschuldigung nehmen, der Dieb seine Armut, der Mörder seinen Zorn …, aber der Neider hat keinerlei Entschuldigung außer seiner ungeheuerlichen Bosheit.»[254] Es gibt keine mildernden Umstände für den Neid. Zugleich behauptet und begründet er, daß er schlimmer ist als der Krieg, unter anderem weil er verstohlen ist und den Frieden nicht kennt[255]. Und schließlich bringt er ein soziopolitisches Argument: andere Laster schaden dem Subjekt oder soundsoviel bestimmten Opfern, aber der Neid stürzt die Kirche um und macht den Erdball erzittern (oikouméne ápasa)»[256].

248. Johannes Chrysostomos, Homilien über d. Hl. Matthäus, XL 3
249. Ders., a. a. O.
250. Ders., a. a. O.
251. Ders., Homilien über d. Hl. Johannes, XXXVII, 3
252. Ders., Homilien über den Brief an die Römer, VII, 6
253. Ders., Homilien über d. Hl. Matthäus, XL 3
254. Ders., Homilien über d. Hl. Johannes, 3
255. Ders., Homilien über den Brief an die Römer, VII, 6
256. Ders., Homilien über den Hl. Johannes, XXXVII, 3

Diese letzte Aussage kommt aus seiner erschütternden Erfahrung als Bischof und bei Hofe und erscheint hier zum ersten Male im abendländischen Denken: Der Neid als weltumfassender, grundsätzlicher Feind der hierarchischen Gesellschaftsordnung.

Mit weniger Nachdruck als seine Vorgänger wies er darauf hin, daß der Neider «sich an seiner eigenen Gesundheit vergreift»[257] und «sich selbst mit dem Schwerte durchbohrt»[258] und «seinen Wohltäter haßt»[259]. Als Heilmittel verschrieb er: «Vor der Krankheit fliehen»[260], «allen Neid ausreißen und die Nächstenliebe in unsere Seele aufnehmen»[261].

Chrysostomos war unerbittlich gegen den Neid, nicht wie Cyprianus, weil er Ursprung und Multiplikator vieler anderer Laster wäre, sondern weil er in sich selbst von äußerster Verderbtheit ist. Im Laufe der Jahre wiederholte er seine Auffassung mit immer größerer Härte des Urteils und sich steigernder Wortgewalt. Sprach hier der vom Neid der Bischöfe und von der Kaiserin Eudoxia Verfolgte, den sie als Patriarchen von Konstantinopel absetzen ließen und in eine trostlose Gegend der pontinischen Küste verbannten? Ich meine, es sprach der Regent und Beichtvater aus weiter, tiefer und objektiver Kenntnis der Menschen.

Von Petrus Chrysologos (gestorben 450 n. Chr.), der um das Jahr 440 Erzbischof von Ravenna war und drei Jahre vor dem Fall des römischen Reiches starb, sind 175 zum größten Teil exegetische Predigten erhalten, von denen eine, die vierte, dem Neid gewidmet ist. Er erinnert, wie es sich bereits so gehörte, an die historischen Verbrechen dieser Leidenschaft: die Erbsünde, den Brudermord des Kain, die Kreuzigung..., bezeichnet den Neid als einen «inneren Feind»[262], so beschämend, daß «der Neider sich immerfort verstellt und lügt»[263]. Neuartig bei diesem Moralisten ist, daß er den soziopolitischen Aspekt des Problems streift, wenn er, nachdem er den Neid «Gift der Jahrhunderte» genannt hat[264], sagt, daß «des Neides wegen die ganze Unermeßlichkeit

---

257. Ders., a. a. O.
258. Homilien über den Hl. Matthäus, XL 3
259. Ders., Homilien über den Hl. Johannes
260. Ders., Homilien über den Brief an die Römer, VII, 7
261. Ders., Homilien über den Hl. Johannes, XXXVII, 3
262. Petrus Chrysologos, Sermon über den Neid, ed. Migne, P. L., Bd. LII, col. 195
263. Ders., a. a. O., col. 196
264. Ders., a. a. O., col. 194

der Welt sich für zwei Brüder als zu klein erwies»[265], Kain und Abel, das heißt, daß der zum äußersten erregte Neid das Zusammenleben unmöglich macht. Er ist im wahrsten Sinne des Wortes das antisoziale Laster. Die Therapie ist die traditionell christliche, die Liebe, denn die «Nächstenliebe vereint mit Gott, der Neid trennt von ihm»[266].

Caesarius, Isidor und Gregor

Von Caesarius, Erzbischof des merowingischen Arles in der ersten Hälfte des 4. Jahrhunderts, sind 238 Predigten und drei Briefe auf uns gekommen. Im zweiten der Briefe glossiert er das Traktat des Cyprianus über den Neid und macht sich Gedanken über die schwierige Heilung dieses Lasters. Woher kommt sein chronisches Wesen? Warum «verbirgt der Neider häufig sein Laster, beichtet es nicht?»[267] kurz, will es nicht offenbar werden lassen (patefactus)?[268] Die schwierige Heilung dieser Krankheit kommt von der für sie wesentlichen Heimlichkeit.

Unser enzyklopädischer Isidor war Erzbischof von Sevilla in einem schon zum Katholizismus bekehrten gotischen Königreich. Zu Anfang des 7. Jahrhunderts widmete er ein kurzes Kapitel seiner «Sentencias» dem Neid und betonte die schon bekannte Universalität seines Gegenstandes. «Es gibt keine Tugend, gegen die sich nicht der Neid richtete, allein das Elend wird nicht geneidet»[269], das heißt, alles Wirkliche, sofern es gut und in jemandes Besitz ist, ist neidbar. Isidor legt Nachdruck auf die alte Feststellung, daß die Neider die Tugenden nicht achten und die Laster suchen (perquo)[270], fügt aber hinzu, daß sie in diesem Prozeß aus Voreingenommenheit und Verdrehung dahin gelangen, «der Verleumdung freien Lauf zu lassen»[271], das heißt der böswilligen Entstellung des beneideten Nächsten. Waren dem Isidor von Sevilla die demagogischen Schmähreden der Volksverhetzer gegen den Senat des dahingegangenen römischen Reiches gegenwärtig? Hier erscheint ein weiterer wesentlicher soziopolitischer Aspekt des Problems: der der Propaganda zur Förderung des Klassenneides.

265. Ders., a. a. O., col. 195
266. Ders., a. a. O.
267. Caesareus v. Arles, Briefe, II, ed. Migne, P. L., Bd. LXVII, col. 1127
268. Ders., a. a. O.
269. Isidor v. Sevilla, Las sentencias, XXV, 4
270. Ders., a. a. O., XXV, 8
271. Ders., a. a. O.

Gregor I. (540–604 n. Chr.), Präfekt von Rom und nach seiner religiösen Berufung Nuntius in Konstantinopel und Papst in einem durch Byzanz von den Barbaren zurückeroberten Vatikan, verfaßte neben Hunderten von Briefen, biblischen Homilien und der Regla Pastoral auf Bitten des Leander von Sevilla einen Kommentar zum Buch Hiob, der eine vielseitige Einführung in die Gewissenslenkung darstellt. In diesem ungleichmäßigen, im Mittelalter vielgelesenen Werk, analysiert er neben unzähligen anderen Dingen die Seele des Neiders und beschreibt ihn als einen, der sich ununterbrochen im geheimen die Frage stellt: «Worin bin ich weniger als dieser oder jener? Und warum bin ich ihnen nicht gleich oder überlegen?»[272] In diesem kurzen, aber scharfsinnigen und tiefgründigen Abschnitt wird das Problem im sozialen Bereich aufgeworfen und eine über Jahrhunderte unbeachtete Hauptfrage angeschnitten: die neidische Motivation der Gleichmacherei.

DIE AUTOREN DES MITTELALTERS

Johannes von Salisbury

Johannes von Salisbury (1115–1180 n. Chr.) offenbart sich in seinen Briefen als eine komplexe Gestalt. Mehr Moralist und Höfling als Literat und Priester, auch wenn er sein ein wenig ciceronisches Latein mit klassischen Zitaten spickt und schließlich im Exil von Chartres Bischof sein wird. Sein Hauptwerk «Policratius» (Der Regent) ist ein intelligenter und gelehrter, ziemlich unsystematischer Fürstenspiegel, in dem zahlreiche Essays verschiedenen Inhalts vereinigt wurden. Es ist der der Theorie vom Staate vorauseilende Beitrag eines Zeitgenossen des Hochmittelalters, der die «Politik» des Aristoteles nicht kennt, und eines Puritaners, der – wie im Falle seiner Schmähungen gegen die Frau – ins Pittoreske verfallen kann. Eines der noch gültigen Kapitel ist dem Neid gewidmet.

In einer vorwortartigen Schrift in Versform, dem Entheticus, definiert er den Neider als jemanden, der sich über die Mißhelligkeiten des anderen freut und im übrigen die Güter der übrigen für eigenen Nachteil hält[273] und deshalb «wünscht, daß dem

---

272. Gregorius Magnus, Moralische Kommentare zum Buche Hiob, ed. Migne, P. L., vol. LXXVI, col. 622
273. Salisbury Joh. v., Entheticus, v. 151

Nächsten dasselbe mangelt, das ihm mangelt»[274]. Und er schreibt den Philosophen die folgende Definition zu: «Kummer am anscheinenden (apparens) Wohlstand des anderen»[275]. Er unterscheidet ihn von dem berechtigten Gefühl des Unwillens gegen «den Tyrannen oder den Verderbten…, die Erfolg haben.»[276]

Der Neid ist eine Leidenschaft, die sich gegen die richtet, die «mit strahlenden Verdiensten glänzen»[277], und allgemein gegen jene, «die man für überlegen hält (quos superiores putat esse)»[278]. Horaz zitierend[279] meint er, daß nicht die Tyrannen Siziliens größere Qual erdachten, und versichert, daß es nichts Unseligeres als den Neid gebe, denn er «weist freiwillig das Glück zurück»[280]. Der Neider zerstört oder mindert die fremden Güter, übertreibt ihre Mängel und betont oder erfindet sie, wenn keine vorhanden sind».[281] Seine bevorzugte Beschäftigung ist «verunglimpfen» (detrahere), sei es mit frecher Stirn oder heimlich, wie wenn er «Lobreden auf einen anderen hält und Freundschaft vorspiegelt, aber schließlich irgend eine Niedrigkeit (modicum) einfließen läßt, die die vorhergehenden Lobsprüche aufhebt.»[282]

Wie entgeht man dem Neid? Die Nächstenliebe ist das christliche Gegenmittel schlechthin, aber der Autor nimmt auch die griechisch-römische Tradition auf: Gegen den Neid helfen Wohltaten nichts (beneficius»)[283], sondern «die allervorsichtigste Bescheidenheit oder eine sehr feste Wahrheit»[284]. Und das letzte Mittel wäre, «sich ins Unglück zu stürzen»[285], natürlich nicht nur in wirtschaftliches.

Wenn er die «Wahrheit» als Gegenmittel nennt, zielt er damit auf die Irrigkeit des Gedankenganges, auf den sich der Neid gründet? Ich glaube es nicht, es ist eher ein Hinweis auf deutliche, anerkannte und unbestreitbare Überlegenheit. Er regt,

274. Ders., Policraticus, VII, 24, ed. Migne, vol. 199, col. 702
275. Ders., a. a. O.
276. Ders., a. a. O.
277. Ders., col. 704
278. Ders., a. a. O., col. 701
279. s. o. 54
280. Ders., a. a. O., col. 701
281. Ders., a. a. O., col. 703
282. Ders., a. a. O.
283. Ders., a. a. O., col. 701
284. Ders., a. a. O., col. 705
285. Ders., a. a. O., col. 703

wenn er ihn auch nicht weiterentwickelt, einen wichtigen Gedanken an, den vom subjektiven Wesen des Neides. Es ist nicht
notwendig, daß die fremde Überlegenheit tatsächlich ist, es genügt, daß der Neider sie dafür hält (*putare*) oder sie ihm so
scheint (*apparire*). Daher kommt es, daß sich neiden läßt, was
objektiv nicht «neidbar» ist. Verheißungsvoll ist auch der Hinweis auf eine falsche «Gerechtigkeit»[286] im Zusammenhang mit
dem Neid, der eine intuitive Warnung vor der von allen zeitgenössischen Sozialismen geforderten gleichmacherischen Pseu-
dogerechtigkeit sein könnte. Jedenfalls sind es flüchtige Gedan-
kenblitze.

Thomas von Aquin

Thomas von Aquin (1225–1274 n. Chr.), der kraftvollste philosophische Geist des Mittelalters, weiht dem Neid eine quaestio,
die zu den umfangreichsten der den Lastern gewidmeten gehört.
Er definiert den Neid als den «Kummer über das Vermögen des
anderen, soweit es größer ist als das eigene (*in quantum alter
excedit ipsum*)».[287] Diese wichtige Präzisierung erlaubt es ihm,
den Neid von den anderen Leidenschaften zu unterscheiden. Die
Eifersucht (*zelus*) ist Kummer über das Gut des anderen, nicht
weil *er* es besitzt, sondern weil wir nicht haben, was er hat. Der
Unwille (*némesis*) ist Kummer über das Gut des anderen, insofern er es nicht verdient. Eine Folge des Neides (*ex ea sequitur*) ist
die «Freude an fremdem Mißgeschick».[288] Was ist die subjektive
Ursache dieses Lasters? Thomas von Aquin sucht eine rationale
Erklärung zu finden und kommt zu dem Schluß, daß der Neider
«meint, fremdes Gut sei eigenes Übel, insofern es eigenen Ruhm
und Ehre mindert»[289] Der Neider bekümmert sich, weil er
glaubt, daß ihn mit dem Wohl des anderen ein Unglück über-
kommt, eine Meinung, die nicht objektiv richtig ist. Das Laster
entsteht somit aus einem irrigen Urteil, wie schon die Stoiker
behaupteten. Thomas von Aquin macht sich die aristotelische
These zueigen, daß der Mensch nicht die beneidet, die nach Ort,
Zeit und Stand weit entfernt sind, sondern die in seiner Nähe,
denen zu gleichen oder die zu übertreffen er sich bemüht.»[290].

286. Ders., a. a. O., col. 701
287. Thomas v. Aquin, Summa teologica, II-2, Q 36, a.2, r.4
288. Ders., a. a. O., Q. cit., a.4, r.3
289. Ders., a. a. O., Q. cit., a.1, r.1
290. Ders., a. a. O., Q. cit., a.1, r.2

«Wenn einer in vielem übertroffen wird, neidet er nicht.»[291] Der Aquitaner ist nicht konsequent, wenn er annimmt, daß die Kleinmütigen, denen jedwede Überlegenheit eines anderen «großartig»[292] vorkommt, besonders neidisch sind. Die moralische Wertung ist rundweg negativ: «Der Neid ist immer schlecht», und es ist ihm «eine Strafe beigegeben» «für den, der an ihm leidet»[293]. Er ist ein Hauptlaster[294]. Trotzdem macht Thomas von Aquin eine moralische Unterscheidung, an der die Kommentatoren gewöhnlich nichts auszusetzen hatten: der zwischen dem «Trieb» und dem «Laster». Der erste (motus invidiae) ist, «da er eine Leidenschaft der Sinne ist, unvollkommenes menschliches Tun, an dem die Vernunft keinen Teil hat, und daher ist er keine Todsünde»[295]. In diesem entscheidenden Text nimmt er das Vorhandensein einer spontanen, in der Sinnlichkeit wurzelnden und in gewisser Hinsicht angeborenen und instinktiven neidischen Dynamik an. Diese Neigung ist ethisch neutral. Und die Engel können nur im Geiste anmaßend und neidisch sein (pure spiritualia peccata)[296]. Unter dem Einfluß Avicennas[297] und der Glosa[298] versucht Thomas von Aquin, die Behexung oder den bösen Blick zu erklären, das heißt den «giftigen und schädlichen Blick»[299], der seit dem Altertum mit dem Neid verknüpft ist. Hier die überraschende thomistische Auffassung: «Die Seele verändert mittels einer gewaltigen Anstrengung der Einbildungskraft die guten Säfte (spiritus) des Körpers, der mit ihr verbunden ist. Diese Veränderung vollzieht sich vor allem in den Augen, wo die feinsten der Säfte einmünden. So vergiften die Augen die sie umgebende Luft»[300]. Diese Meinung, die an die von Plutarch überlieferte erinnert, bestätigt die außerordentliche Bedeutung, die die klassische Behexung über das ganze Mittelalter hinweg behielt.

In den Ergänzungen zur «Summa», die Thomas von Aquin ohne abschließende Durchsicht hinterließ, liest man einen Schluß, der sich in der Linie Tertullians wie eine Verteidigung der Scha-

---

291. Ders., a.a.O., Q. cit., a.1, r.3
292. Ders., a.a.O.
293. Ders., a.a.O., Q. cit., a.3
294. Ders., a.a.O., Q. cit., a.4, r.1
295. Ders., a.a.O., Q. cit., a.3, r.1
296. Ders., a.a.O., I, q.63, a.2, r.1
297. Avicenna, Über die Seele, IV, 4
298. Ed. Migne, P.L., vol. XCIV, col. 524
299. Thomas v. Aquin, a.a.O., I, q.127, a.3, r.2
300. Ders., a.a.O.

denfreude verstehen ließe: «Damit die Glückseligkeit derer, die gerettet werden (beatitudo sanctorum) sie mit noch mehr Wonne erfülle und sie darum Gott preisen, wird ihnen vollständige Anschauung der Strafe der Verdammten gewährt.»[301] Der Aquitaner gibt jedoch seine Begründung, die mehr logisch als moralisch ist: «Denen, die gerettet werden, darf nichts versagt bleiben, das zur Vollständigkeit ihres Glückes beitragen könnte, und durch den Vergleich der Gegensätze mehrt sich die Erkenntnis, denn einander entgegengesetzte Dinge erhellen sich wechselseitig.»[302] Der metaphysisch problematischste Punkt der thomistischen Beweisführung liegt in der Art, wie die Seligen erkennen; geschieht es durch dialektische Gegenüberstellung oder durch unmittelbare Anschauung? Und, den ersten Fall angenommen, würde die Wonne Gottes entsprechende Anschauung des gefallenen Engels erfordern?

Lullus

Raimundus Lullus (1232–1316 n. Chr.), so unermeßlich und umfassend, wenn er dichtet wie wenn er philosophiert, wird von apologetischer und belehrender Absicht bewegt. Der Neid ist ein Begriff, der wiederholt in seinem umfangreichen Werk erscheint, aber in mehrdeutigem Sinne, der zwischen dem Begehren fremden Besitzes und dem Kummer über das Gut des anderen schwankt. «Er bedeutet die Güter des Nächsten wünschen, ohne ihren Besitz zu verdienen»[303], «ist Begehren wider die Nächstenliebe, ohne Berechtigung»[304].
Nach Lullus «ist der Mensch von Natur neidisch aufgrund sinnlicher Triebkraft»[305], und deshalb hat sich diese Leidenschaft «in der Welt so vervielfacht»[306]. Der Neid ist «die große Versuchung»[307], er ist also eine psychologische Gegebenheit von außerordentlicher Größenordnung.
Was wird geneidet? Vornehmlich «das Vermögen und die Ehre des Menschen»[308], darum rät er: «Sprich den Neidern nicht von Reichtümern»[309]. Und Lullus macht sich zum Echo der klassi-

301. Ders., a. a. O., Adiciones, q.94, a.1, d.4
302. Ders., a. a. O.
303. Lullus, Horas de nuestra Señora, XXXIV, in: Werke, 1948, S. 1056
304. Ders., Doctrina pueril, LXV, 1
305. Ders., Libro de contemplación, CXLII, 2
306. Ders., Libro de Maravillas, LXXIV
307. Ders., a. a. O.
308. Ders., Libro del gentil y de los tres sabios, III, 4
309. Ders., Libro de los proverbios, XLVI, 8

schen These, daß «die nach Art und Wesen ähnlichen Dinge» geneidet und begehrt werden[310], ein Text, der den aristotelischen wiedergibt. So «wie die Liebe ein Gut ist, ist der Neid ein Übel»[311], «der Gerechtigkeit, Dankbarkeit und Nächstenliebe entgegengesetzt»[312]. Der Neid «bringt Betrug und Falschheit mit sich»[313], und «die Laster vervielfachen sich im Menschen durch den Neid»[314]. Lullus verkennt nicht das selbststrafende Wesen des Neides, und seine Beschreibung geht ins einzelne: «Ängste, Kümmernisse, Beklemmungen und Seufzer»[315] sind die gewöhnlichen Gefährten des Neiders, «der keine Ruhe kennt»[316]. Kurzum, der Neider «ist ein Unglücksmensch»[317].

Die gesellschaftlichen Auswirkungen des Neides sind negativ, weil «seinetwegen die Menschen sich verfeinden und einer vom anderen Übles redet.»[318] Daher kommt er zu dem Schluß, daß «Habsucht und Neid die ganze Welt zugrundegerichtet und in Unordnung gebracht haben»[319]. Warum ist der Neid natürlich und gleichzeitig negativ und böse? Lullus stellt sich nicht einmal diese beunruhigende und lebenswichtige Frage, ungeachtet ihrer theologischen Bedeutung.

Dante

Dante Alighieri (1265–1321 n. Chr.), der größte der Dichterphilosophen, war ein ausgezeichneter Schriftsteller in gepflegtem Latein, der die Sprache des Volkes adelte, und ein religiöser Geist, der das Reich verteidigte: nur scheinbare Widersprüche, denn er besaß einen systematischen, an Aristoteles und dem. Thomismus geschulten Verstand. Für Dante waren «Neid, Übermut und Geiz, die sind im Bunde, drei Funken, deren Glut den Zwist entfacht»[320]. Er versetzte den Neid in den zweiten Kreis des Fegefeuers. Die Felsmauern des Gehäuses und die Mäntel der Neider waren «schwefelfarben»[321]. Und die Sünder erklären

---

310. Ders., Contemplación, CXLII
311. Ders., Gentil, I, 3, 4
312. Ders., Proverbios, XLVI, 3
313. Ders., Contemplación, CXLII, 4
314. Ders., Maravillas, LXXIV
315. Ders., Contemplación, CXLII, 15
316. Ders., a. a. O., CXLII, 22
317. Ders., a. a. O., CXLII, 24
318. Ders., a. a. O., CCLXIV, 17
319. Ders., a. a. O., CXLII, 4
320. Dante Alighieri, Göttliche Kommödie, Deutsch v. Otto Gildemeister, Berlin 1888, Hölle, VI 74/5
321. Ders., a. a. O., Fegef., XIII, 9 und 48

ihr Laster: «Ich pflegt an fremdem Leid mich mehr zu freun, als eignes Glück zu preisen»[322]. «Von Neid war so das Blut in mir verbrannt, daß ich von Blässe stets war übergossen.»[323] Er vergleicht die Neider mit «Hunden, die Wölfe worden sind»[324]. Ein Verdammter sagt von Florenz: «Deine Stadt, die so von Neid erfüllt ist, daß der Topf schon überfließt»[325]. Eine Anklage, die Dante wiederholt gegen seine Landsleute vorbringt[326], die, den Kopf des Dichters fordernd, ihn zur Auswanderung ins Exil zwangen. Dante charakterisiert den Neid mit erschreckender Bitterkeit: «Die Metze, die ja niemals unterläßt, mit geilem Blick zu spähn nach Cäsars Halle, dies allgemeine Gift, der Höfe Pest.»[327] Und in den Mund des Neiders legt er das Urteil, das Kain über sich selbst sprach: «Töten wird mich, wer immer mich findet.»[328]

Dante macht sich die platonische These zueigen, daß «Neid ist, wo immer es irgendeine Gleichheit gibt»[329], daß er aus dem Vergleich hervorgeht[330] und zur Verdüsterung des Urteils[331] und zur Verleumdung[332] führt. Zuinnerst verletzt von denen, die ihn wegen der Übernahme des toskanischen Dialektes kritisierten, schreibt er: «Unter den Menschen gleicher Zunge besteht Gleichheit der Volkssprache, und da einer sie nicht so wie der andere zu gebrauchen weiß, entsteht der Neid. Der Neider argumentiert, indem er nicht den kritisiert, von dem er sagt, er könne nicht schreiben, sondern indem er den Gegenstand seines Werkes tadelt.»[333] Dante verfolgt diese anekdotische Anmerkung nicht weiter, denn hätte er sie analysiert, wäre er zu dem Schluß gelangt, daß der Neider schließlich die Werte verleugnet, die er nicht zu pflegen vermag. Es ist eine raffinierte Form der Selbstrechtfertigung, die die Welt der objektiven Werte aus den Angeln hebt. Zum Beispiel wirkt der Neid auf den Athleten zur Abwertung der körperlichen Kraft und so fort. Diese stillschwei-

322. Ders., a. a. O., Fegef., XIII, 110 und 111
323. Ders., a. a. O., Fegef., XIV, 83/4
324. Ders., a. a. O., Fegef., XIV, 50
325. Ders., a. a. O., Hölle, VI, 49 und 50
326. Ders., a. a. O., Fegef., XIV, 53
327. Ders., a. a. O., Hölle, XIII, 64–66
328. Ders., Gen. IV, 14, und a. a. O., Fegef., XIV, 133
329. Ders., Gastmahl, I.11, 14, ud. I, 4, 17
330. Ders., a. a. O., I, 4, 6
331. Ders., a. a. O.
332. Ders., a. a. O., I, 4, 8
333. Ders., a. a. O., I, 11, 16/7

gende Lektion und seine harte persönliche Erfahrung als beneideter Ausnahmemensch sind Dantes bedeutsamste Beiträge
zum Thema.

DIE AUTOREN DER RENAISSANCE

Vives

Juan Luis Vives (1493–1540 n. Chr.), der größte spanische Humanist, widmet dem Neid das dritte und letzte Buch seines philosophischen Hauptwerkes «De anima et vita» (1538). Es ist der erste
systematische Versuch, eine nicht metaphysische, sondern empirische Psychologie zu erarbeiten.

Vives versteht sich als Vorläufer und bedauert», daß die antiken
Gelehrten» das Thema der Leidenschaften «nicht mit der genü-
genden Sorgfalt behandelten.»[334] Seine Definition ist weniger
ontologisch als funktional: «Die Leidenschaften sind nach Wir-
kungsart und Kraft Gemütsbewegungen»[335], «die uns zum Guten oder Bösen treiben»[336]. Ihr Ursprung liegt in «natürlichen
Antriebskräften»[337], die entweder unmittelbar durch Sinnesein-
drücke oder mittelbar durch Vorstellungen oder Urteile ausgelöst werden. «Nicht immer ist ein Urteil erforderlich, um eine
Leidenschaft zu entflammen.»[338] Tatsächlich gibt es eine Wechselbeziehung zwischen dem Denkvermögen und der Leidenschaft: die Urteile können die Gemütsregungen bestimmen und
diese ihrerseits beeinflussen die Vernunft bis hin zu ihrer Aus-
schaltung. Vives, letzten Endes ein Intellektualist, meint, daß
«je klarer und hochstehender das Urteilsvermögen, desto weniger und läßlichere Leidenschaften läßt es zu.»[339]
Die leidenschaftlichen Aufwallungen sind als solche nicht
schlecht, sondern eher gut, denn sie sind für die menschliche
Dynamik notwendig: «Sie sind Triebfedern zum Ansporn der
Seele, damit sie nicht müßig liege (penitus)»[340], eine Ansicht, mit
der Vives um mehr als 200 Jahre und um einiges genauer Helve-

334. Vives, Juan Luis, De anima et vita, 1538, III, in: Opera Omnia, Valencia,
     1782, vol. III, S. 421
335. Ders., a. a. O., S. 426
336. Ders., a. a. O., S. 422
337. Ders., a. a. O.
338. Ders., a. a. O.
339. Ders., a. a. O., S. 425
340. Ders., a. a. O., S. 424

tius, Holbach und andere vorwegnimmt. Die Dynamik der Gefühle wirkt durch «Reize und Hemmungen»[341], je nachdem, ob es sich um Begehren oder Widerwillen handelt. Vives beobachtet außerdem die physische Seite des Gefühlslebens: «Die Leidenschaften gehören (adjuntus) teils zum tierischen Fleisch»[342], und «alle beziehen sie ihre wesentliche Kraft aus der Verfassung des Leibes»[343]. Getreu diesem physiologischen Realismus stammen die Beschreibungen des Vives aus der Erfahrung, und zu seinen Schlußfolgerungen gelangt man durch Induktion.

Vives unterscheidet den Neid von der Begierde und der Eifersucht, wie auch vom Unwillen, und definiert ihn als «ein Befangensein der Seele durch fremdes Gut, darin ein bestimmtes Reißen und Schmerzen (morsus) und daher etwas wie Gram ist»[344]. Dieses «Gut schmerzt uns einfach und ohne Rücksicht auf unseren Vorteil, sondern nur, weil wir es für schlecht halten, daß es anderen gut geht».[345] Der Neid kann körperliche Veränderungen hervorrufen: «Blässe, Fahlheit, Auszehrung, eingefallene Augen, finsteres Aussehen.»[346]

Aristoteles, einschließlich des Zitates eines Verses von Hesiod, wörtlich folgend, meint Vives, daß bestimmte Arten des Neides «vornehmlich zwischen gleichen oder ähnlichen Personen vorkommen»[347] und natürlich nicht hinsichtlich alles wertvollen, sondern «im Vergleich von irgendeinem Gut.»[348] Deshalb glaubt Vives, daß wenn die Abstände zwischen dem Anlaß und dem Subjekt groß sind, die Leidenschaft abnimmt. Aber anders als der Stagirit ist er der erste, der aufzeigt, daß es einen radikalen Neid gibt, «der keine Unterschiede kennt, in alles eindringt und es zerstört»[349], auch wenn keine Ähnlichkeit zwischen dem Neider und dem Beneideten besteht. Und, damit den Empirikern der Auklärung in der psychologischen Analyse vorauseilend, verweist Vives auf die gesellschaftlichen Maskierungen des Neides: «Verdreht (deforquere) in schlimmster Weise das Gute ..., macht glauben, daß Nichtigkeiten wichtig und das Allerschönste abstoßend ist, läßt sich weder besänftigen, noch nimmt er

341. Ders., a. a. O.
342. Ders., a. a. O., S. 425
343. Ders., a. a. O., S. 427
344. Ders., a. a. O., S. 487
345. Ders., a. a. O., S. 486
346. Ders., a. a. O., S. 487
347. Ders., a. a. O., S. 488
348. Ders., a. a. O.
349. Ders., a. a. O., S. 489

Entschuldigungen an, und Wohltaten reizen ihn nur noch mehr»[350]. 400 Jahre später sollte Schopenhauer eine teilweise übereinstimmende Beschreibung als außerordentliche Entdeckung vorlegen.

Die Verurteilung des eigentlichen Neides, nicht der Begierde, des Unwillens oder der Eifersucht ist absolut: «verwerflich und sklavisch, schändlich und schnöde[351], ganz und gar unrecht»[352]. Der Einfluß des Vives auf Bacon und Descartes, auf Hume und über diesen auf die ganze moderne Philosophie ist einer der Ruhmestitel des Begründers der experimentellen Psychologie, des ersten großen Theoretikers der Leidenschaften der Spätrenaissance.

Granada und Cano

Luis von Granada (1505–1588 n. Chr.) widmete dem Neid ein dichtes, scharfsinniges Kapitel in der zweiten überarbeiteten Fassung seines «Sündenführers». Er definiert ihn als «Verdruß über das Glück der anderen», der Höheren, weil der Neider einsieht, daß er ihnen nicht gleichkommen kann, der Geringeren, weil sie ihm gleichkommen, und der Gleichen, weil sie mit ihm wetteifern[353]. Es war zutreffend, das Laster auf einen Vergleich von Glücksumständen zu gründen, aber die Extrapolation führte ihn zu weit, weil weder ein geringeres Glück geneidet wird, noch die hypothetische Möglichkeit, daß es sich vergrößert. Und folgerichtig bestätigte er die übliche Wechselbeziehung zwischen Neid und niederziehender Gleichmacherei: «Es kommt ihm nicht so sehr darauf an, sie glücklich zu machen, wenn ... daß alle so armselig wie sie sein möchten»[354]. Für Granada ist der Neid eine der schädlichsten und meist verbreitetsten Sünden, die es gibt.»[355], er ist «teuflisch»[356], «er waltet verschwiegen»[357] und er ist «ein gerechtes Laster ..., weil es selbst, mit seiner eigenen Qual, den straft, der es hat und ihm Gerechtigkeit widerfahren läßt.»[358] Seine Wurzel ist der Stolz,

---

350. Ders., a. a. O., S. 488
351. Ders., a. a. O., S. 487
352. Ders., a. a. O., S. 490
353. Granada, Luis de, Guia de Pecadores, 2. ed. Salamanca, 1567, lib. II, cap. 7, in: Werke, Barcelona 1855, Bd. II, S. 150
354. Ders., a. a. O., S. 152
355. Ders., a. a. O., S. 150
356. Ders., a. a. O., S. 152
357. Ders., a. a. O., S. 151
358. Ders., a. a. O., S. 153

weil der «Stolze weder einen Überlegenen ertragen noch seinesgleichen haben mag».[359]

Was sind die Gegenmittel? Der Moralist erwähnt nicht einmal das klassische des sich Verbergens und der Flucht. Er bezieht sich auf die geistige Interdependenz. «An allen guten Werken Deines Nächsten hast Du teil.»[360] Es ist eine passende Bezugnahme auf das christliche Prinzip der Gemeinschaft der Heiligen. Es gibt noch eine andere providentialistisch beeinflußte Therapie: Vielleicht ist es «dir nicht zuträglich, dies fremde Gut zu besitzen».[361] Zu beiden theologischen Hilfsmitteln gibt es eine Übertragung ins Irdische: die Tatsache der menschlichen Solidarität und das von den Umständen abhängige Wesen des Glücks.

Gibt es irgendeine objektive Erklärung für den Kummer darüber, daß ein anderer sich eines Gutes erfreut, das wir nicht besitzen? Luis von Granada schlägt wirtschaftliche Gründe vor: Der Neider denkt «daß, wenn ein anderer erhält, was er erstrebt, er es ihm entweder ganz entzieht oder zumindest schmälert»[362]. Es werden aber auch nicht übertragbare Güter geneidet wie die Schönheit, die Intelligenz oder ein guter Sohn.

Trotz der nicht begründeten Verallgemeinerungen hat die Analyse Granadas das große Verdienst, klarzustellen, daß der Neid nicht die Folge von Sinneseindrücken, sondern von gedanklichem Kalkül ist.

Melchior Cano (1509–1560 n. Chr.), ein großer Theologe der Gegenreformation, der sich, wie er selbst sagt, von einem unbekannten toskanischen Autor anregen ließ, schrieb ein schönes Buch, «Vom Siege über sich selbst» (1550), ein Traktat über die Leidenschaften. Er geht von einer grundlegenden anthropologischen Dualität aus: «Da der Mensch aus Fleisch und Geist zusammengesetzt ist, wie ein Mittelding zwischen Tieren und Engeln, hat er notwendigerweise an den Besonderheiten aller beider teil, nämlich der Sinnlichkeit und der Vernunft»[363]. Die Sinnlichkeit hat zwei Potenzen, die begehrliche und die zornmütige, denen der Hang zum Erfreulichen und die Ablehnung

359. Ders., a. a. O.
360. Ders., a. a. O., S. 152
361. Ders., a. a. O., S. 151
362. Ders., a. a. O., S. 154
363. Cano, Melchior: De la victoria de sí mismo, 1550, ed. Rivadeneira, Bd. LXV, S. 304, col. 1

des Unerfreulichen entsprechen»[364]. Diese «natürlichen und schwachen Neigungen»[365] sind angeboren, und «ihre ersten Regungen sind ohne Schuld»[366], weil sie ungewollt sind. Zu ihnen gehört der Neid, der «Kummer über den Wohlstand des Nächsten»[367], und «Ergötzen an seinen Mißhelligkeiten»[368] ist. Woher kommt das? Nach Cano, «weil es dem Neider so scheint, als verminderten die fremden Güter die eigene Ehre und Vorzüglichkeit.»[369] Der wissentliche Neid ist ein «peinvolles und für den, der es hat schädliches Laster»[370], denn was immer er von seinem Nächsten sieht, hört und wahrnimmt, wird ihm zum Gift[371]. Er hält den Neid für ein «abscheuliches und ganz unseliges Laster»[372], das alle Tugenden der Seele «verdirbt»[373].

Cano folgt Thomas von Aquin, wenn er anerkennt, daß die «jähen oder nahezu jähen Regungen des Neides, die wir kaum in der Gewalt haben, keine Sünden oder zumindest keine Todsünden sind»[374]. Dies ist die wichtige ethische Folgerung aus dem Vorhandensein eines spontanen und angeborenen aber nicht unüberwindlichen *motus invidiae*. In der traditionellen Philosophie ergibt sich also allgemeine Übereinstimmung hinsichtlich der Existenz eines ungeklärten neidischen Triebes im Menschen.

Sabuco und Bacon

Miguel Sabuco (ca. 1535–ca. 1591) ist ein Vorläufer der vergleichenden Ethologie und der erste der modernen Soziobiologie. Sein Buch «Nueva Philosophia del Hombre» (Neue Philosophie des Menschen) 1587 ist ein Vergleich der Affekte und Leidenschaften der verschiedenen lebenden Arten. Nach Sabuco teilen die Tiere mit den Menschen die Trauer, den Mut, die Begierde, die Liebe, den Haß, den Zorn, die Scham, die Eifersucht usw., eine Übereinstimmung, die er mit manchmal rührenden Beispielen belegt, wie dem des Delphins, der sich aus Kummer tötete, weil er den Tod des Kindes, mit dem er spielte, verur-

364. Ders., a.a.O., S. 304, col. 2
365. Ders., a.a.O., S. 321, col. 2
366. Ders., a.a.O., S. 304, col. 2
367. Ders., a.a.O., S. 320, col. 1
368. Ders., a.a.O., S. 320, col. 2
369. Ders., a.a.O., S. 320, col. 1
370. Ders., a.a.O., S. 320, col. 2
371. Ders., a.a.O., S. 320
372. Ders., a.a.O.
373. Ders., a.a.O., S. 321, col. 1
374. Ders., a.a.O., S. 320, col. 2

sacht hatte. Sabuco definiert den Neid als «Verdruß über fremdes Gut»[375] und stellt sich die wichtige Frage, ob diese Leidenschaft bei allen Arten vorkommt. Er kommt zu dem Schluß, daß «den Neid allein der Mensch hat»[376]. Er identifiziert ihn als eine ausschließlich menschliche Empfindung und damit als ein biologisches Unterscheidungsmerkmal des homo sapiens.

Francis Bacon (1561–1626), ein Politiker mit bewegtem Lebenslauf, war vor allem der erste große Theoretiker des modernen Empirismus. Seine mehr praktische als spekulative Sittenlehre ist in seinen «Essays» (1597) enthalten, einem Buch, das er 30 Jahre lang beharrlich immer wieder überarbeitete. Das neunte Kapitel ist dem Neid gewidmet. Nach Bacon «ist der Neid von allen Leidenschaften die hartnäckigste und beständigste»[377], «entsteht aus dem Vergleich von einem selbst mit einem anderen und wo es keinen Vergleich gibt, gibt es auch keinen Neid.»[378] Unter dem Einfluß des antiken Glaubens an die Behexung nimmt Bacon an, daß «es im neidischen Verhalten eine Art von Ejakulation oder Ausstrahlung des Auges gibt»[379] und daß es möglich ist, «die Behexung auf einen anderen zu übertragen»[380]. Wer hat eine besondere Neigung zum Neid? «Die Neugierigen (inquisitives)»[381], «die Mißgestalteten, die Eunuchen, Greise, Bastarde»[382] und die «Ruhmsüchtigen»[383]. Wer wird beneidet? Besonders die «ursprünglich gleichen, die sich auszeichnen»[384], wenngleich die, deren Ehrenstellungen mit großen Sorgen, Reisen und Gefahren verbunden sind, weniger beneidet werden [385]. Daher kommt es, daß Sieger über ihr vielfältiges Erleiden klagen «nicht weil sie so empfinden, sondern um die Schwertschneide des Neides abzuwehren»[386].

Der Neid «kennt keine Tage der Rast»[387], «agiert geschickt im Dunkeln»[388] und «attackiert die besten Dinge»[389]. Der persönli-

375. Sabuco Miguel, Nueva Philosophia del Hombre, 1587, ed. BAE, Rivadeneira, vol. LXV (1922), S. 341
376. Ders., a. a. O.
377. Bacon, Francis, Essays, 1597, IX, ed. Barne, S. 17
378. Ders., a. a. O., S. 15
379. Ders., a. a. O., S. 14
380. Ders., a. a. O., S. 16
381. Ders., a. a. O., S. 14
382. Ders., a. a. O.
383. Ders., a. a. O., S. 15
384. Ders., a. a. O.
385. Ders., a. a. O.
386. Ders., a. a. O., S. 16
387. Ders., a. a. O., S. 17

che Neid richtet sich gegen Privatpersonen, der «öffentliche» fällt auf «hohe Beamte und Minister»[390], und ruft er beim Volk Unzufriedenheit hervor, ist er eine «Krankheit des Staates wie eine Seuche»[391], die «selbst die besten Taten anrüchig erscheinen läßt»[392]. Trotzdem gibt es eine Art von öffentlichem Neid, in der Bacon als Klassizist und Pragmatiker «etwas Gutes» sieht: den Ostrazismus, «weil er Männer herabstürzt, die sich allzu hoch erheben»[393]. Als ein pessimistisches, mutiges Bekenntnis des verfolgten Bacon ist sein Hinweis auf die Tricks der Glücklichen zu verstehen, die Mitleid statt Neid erwecken sollen, was soviel bedeutet wie, im Nächsten ein Gefühl der Unterlegenheit durch eines der Überlegenheit zu ersetzen, sei es auch nur eingebildet. Aber der bemerkenswerteste Beitrag Bacons ist die Darstellung des öffentlichen oder politischen Neides und seine beherrschende Sorge über dieses krankhafte gesellschaftliche Phänomen. Aber noch bezeichnet er nicht die Gleichmacherei als eine unmittelbare Folge des Neides und beschränkt sich darauf, auf den Groll gegen den Regenten hinzudeuten, und einen Weg der kollektiven Läuterung, die Verbannung oder den Tod des großen Mannes. Diese späte Verteidigung des Ostrazismus, war sie Überzeugung, Zugeständnis oder geistige Trägheit eines hochgebildeten und − wie es sich in der Renaissance gehörte − allem Griechischen nostalgischen Geistes? Wohl dies letzte.

DIE AUTOREN DES BAROCK

Quevedo und Nieremberg

Francisco de Quevedo (1580–1648) ist unter den großen spanischen Schriftstellern des goldenen Jahrhunderts der mit der größten konzeptionellen Dichte. Unter seinen didaktischen Schriften sticht ein teils philosophisches, teils asketisches Traktat hervor: «Virtud militante contra las cuatro pestes del mundo: invidia, ingratitud, soberbia, avericia» (Die Tugend im Kampf gegen die vier Geißeln der Welt: Neid, Undank, Hochmut, Geiz), geschrieben zwischen 1634 und 1636 und 1651 posthum veröf-

388. Ders., a. a. O.
389. Ders., a. a. O.
390. Ders., a. a. O., S. 16
391. Ders., a. a. O.
392. Ders., a. a. O.
393. Ders., a. a. O.

fentlicht. Seine ausdrücklich genannten Quellen sind Paulus von Tarsus, Seneca, Plutarch, Peter Chrysologos, Augustinus und St. Buenaventura, aber Quevedo versichert im Vorwort, seine Hauptquelle sei die eigene «Erfahrung» dessen, der «die Leidenschaften, die er analysiert als Kranker selbst erlitten hat»[394].

Die vornehmliche Absicht Quevedos ist es, die Universalität des Neides offenzulegen. «Er ist das älteste aller Laster, vergiftet alle Zeitalter»[395]. Es ist von besonderer Art: «Der Mensch muß entweder neidisch sein oder beneidet werden, und die meisten sind Beneidete und Neider ... wer nicht beneidet sein will, will nicht Mensch sein.»[396] Quevedo behauptet im Anschluß an eine allzu spitzfindige Beschreibung der inneren Spannungen des Geistes oder den Konflikten zwischen Geistesgaben, «daß der ganze Mensch aus Neid bestehe»[397]. «Du eine Schar von Neiden bist.»[398] Kurzgesagt, «daß Du nicht nur beneidet wirst und neidisch bist, sondern eine Republik von Neidgefühlen, die nicht nur Dir nahe und an deine Person gedrängt, sondern in deiner Person und innerhalb deiner selbst sind.»[399] Und Quevedo stellt sich in der von Sabuco eingeschlagenen Richtung die Frage, ob andere Lebewesen die menschlichen Leidenschaften teilen, und behauptet, daß der Hund das einzige Tier sei, das «infolge Ansteckung durch den Menschen»[400] unter Neid leidet.

Quevedo wiederholt die klassische Feststellung, daß der Neid «den quält, der ihn hat»[401], und führt die wohlbekannten, maßgeblichen Argumente an. Ein Neuerer ist er hingegen, wenn er die Tatsache hervorhebt, daß «der Virtuose beneidet wird, nicht seine Kunst»[402], das heißt nicht das Gut, sondern der, der es genießt. Und als Beispiel führt er an, daß keiner die Schätze neidet, die das Meer verschlingt, wohl aber ein «Atom von Gold», und gehöre es auch einem Bettler. Was ist der Grund? Er zählt deren zwei auf: erstens, daß die leblosen Dinge «nicht

394. Quevedo, Luis de, Virtud militante, 1651, in: obras, ed. Astrana Marín, Madrid, 1945, S. 1094, col. 2
395. Ders., a. a. O., S. 1097, col. 1
396. Ders., a. a. O., S. 1097, col. 2
397. Ders., a. a. O., S. 1098, col. 1
398. Ders., a. a. O., S. 1099, col. 2
399. Ders., a. a. O., S. 1100, col. 2
400. Ders., a. a. O., S. 1102, col. 2
401. Ders., a. a. O., S. 1097, col. 2
402. Ders., a. a. O.

darunter leiden können, daß sie geneidet werden»[403], womit er zu verstehen gibt, daß der Neider quälen will, und zweitens, daß nicht Sachen geneidet werden, sondern Glück, Frieden, Anerkennung, Ansehen, Achtung des Beneideten[404]. Mit dieser scharfsinnigen Feststellung geht es Quevedo um etwas sehr wichtiges, daß nämlich der Neid nicht dem Vergleich objektiver Besitztümer entspringt, sondern dem Vergleich subjektiver Umstände, des eigenen und des vermuteten fremden Wohlseins. Genau ist Quevedo auch in der Beschreibung der Täuschungsmanöver des Neiders. «Es gibt keinen Neider, der zugäbe, einer zu sein»[405]. Sein Übel ist «heuchlerisch»[406] und maskiert sich als «Lob» ..., «Erläuterung» ..., «Pflichteifer» ..., «Aufsicht» ...,[407]. Er geht vielleicht zu weit, wenn er behauptet, «daß nicht allein die Güter geneidet werden, sondern auch die Übel, nicht allein die Ehren, sondern auch die Beleidigungen, nicht nur der Wohlstand, sondern auch das Elend»[408], weil das nur dann richtig wäre, wenn der Neider glaubte, daß solche objektiven Übel dem Beneideten ein gewisses Wohlgefühl verursachten.

Quevedo nimmt Nieremberg vorweg, wenn er als Gegenmittel, allerdings mit weniger Bestimmtheit, die moralische Anteilnahme vorschlägt: «Sei über die fremden Güter so zufrieden, als wären sie die eigenen, hab soviel Mitleid mit den Mißgeschikken der anderen wie mit Deinen eigenen»[409], und er fügt als Begründung hinzu, daß im ersten Falle die Freude sich verdoppelt. Aber verdoppelt sich im Falle des Mitleids nicht der Schmerz? Ein weiteres Gegenmittel ist das stoische: «Den Neid bei Hofe besiegt man durch die Flucht»[410], «nicht mit dem Neider umgehen»[411]. Wie aber nicht mit Neidern umgehen, wenn alle es sind? Die einzig vollständige Flucht führte in die Einsamkeit.

Quevedo geht das Thema des Neides im Grunde nach dem traditionellen Muster an, das er aber mit erhellenden Feststellungen bereichert, wie der, daß das wirkliche Objekt des Neides die eingebildete fremde Subjektivität sei.

403. Ders., a. a. O.
404. Ders., a. a. O.
405. Ders., a. a. O.
406. Ders., a. a. O., S. 1100, col. 1
407. Ders., a. a. O., S. 1097, col. 2
408. Ders., a. a. O.
409. Ders., a. a. O., S. 1103, col. 1
410. Ders., Sentenciasa, num. 882, in: obras, S. 961
411. Ders., La virtud, S. 1102, Col. 1

Juan Eusebio Nieremberg (1595–1658), ein fruchtbarer Schriftsteller in Latein und Spanisch, Humanist von weit gespanntem
Wissen, ist einer der hervorragendsten Moralisten des goldenen
spanischen Jahrhunderts. Nieremberg definiert den Neid scheinbar mit einem Nachbeten: «Er ist ein Kummer über fremdes Gut
und Verdruß über das Glück der anderen»[412], aber tatsächlich ist
es eine doppelte Charakterisierung, nämlich aus objektiver (das
Gut) und aus subjektiver Sicht (das Glück). In weniger abstrakten als den traditionellen Begriffen betont er das selbststrafende
Wesen der Leidenschaft: «Der Neid läßt das Herz verdorren, das
Fleisch vertrocknen, den Verstand sich erschöpfen, erlaubt
nicht, daß der Mensch gut oder fröhlich lebe, weil er wie der im
Holz geborene Holzwurm zuerst das Holz verzehrt, in dem er
zur Welt kam, so quält der im Herzen geborene Neid zuerst das
Herz, in dem er heranwächst.»[413]
Gibt es irgendeine vernünftige Rechtfertigung des Neides? Genaugenommen nein, «weil die Neider nach Art der Dämonen
gewöhnlich in ihrem Neide nicht den Wohlstand der anderen zu
erlangen suchen, sondern nur wünschen, daß alle so armselig
wären wie sie selber»[414]. Aus dieser Sicht ist der Neid nicht eine
Folge des Egoismus, er ist Bosheit. Trotzdem nimmt Nieremberg
einen begehrlichen Neid oder eine neidische Begehrlichkeit an,
für die es tatsächlich eine einigermaßen plausible Erklärung
gibt. So lautet die Begründung: «Die weltlichen Güter vermindern sich um so mehr, unter je mehr Besitzern sie sich verteilen
und daher quält der Neid die Seele dessen, der sie begehrt, weil
wenn ein anderer erhält, was sie sich wünscht, wird es ihr
entweder ganz weggenommen oder zumindest geschmälert, und
so kann sie nur schwerlich keinen Verdruß empfinden, besitzt
doch ein anderer, was sie sich wünscht.»[415] Diese Auffassung
engt das Problem auf den notwendigerweise beschränkten wirtschaftlichen Bereich ein. Verknüpft man desun-geachtet diesen
Gedanken mit einer stillschweigend vorausgesetzten arithme-
thischen Verteilungsgerechtigkeit, wäre das Ergebnis eine
Kampfparole des Egalitarismus. Im Grunde ist Nieremberg ihm
nicht gänzlich fern, wenn er einen Austausch geistiger Güter

412. Nieremberg, Juan Eusebio, Practica del catecismos romano, in: Obras, Ma-
    drid, 1651, vol. I, fol. 355 r., col. 1
413. Ders., a. a. O., fol. 355 v., col. 2
414. Ders., a. a. O., fol. 355 v., col. 1 und 2
415. Ders., a. a. O., fol. 355 v., col. 2

verlangt, der viel weiter geht, als es zweihundert Jahre später Adam Smith mit seinem Grundsatz der Anteilnahme als Grundlage der Ethik tun sollte. Dies ist das absolute Gegenmittel gegen den Neid: «Die erwünschten oder unerwünschten Dinge, die Deinen Nächsten widerfahren, empfinde sie so, als widerführen sie Dir selbst, indem Du Dich über die einen freust und über die anderen bekümmerst und mit dem weinst, der weint, und daran denkst, daß ein gleiches Dir geschehen kann; sind wir doch alle Glieder eines Leibes und vom gleichen Geist belebt und müssen uns darum freuen und betrüben, als wenn, was einem widerfährt, allen widerführe»[416]. Bei Nieremberg finden sich ein geistiger Kommunismus und ein psychologischer Egalitarismus, die die paulinische Nächstenliebe bis zu ihrer letzten Konsequenz führen. Das Neid-Thema läßt den großen Prosaiker und Denker die letzten Wurzeln der Moralität freilegen.

Descartes und Spinoza

René Descartes (1595–1650), ein Philosoph, bei dem es kaum «cartesianische» Dunkelheit und Ungenauigkeit gibt, hat keine Ethik erarbeitet, wohl aber ein Traktat über die Leidenschaften (1649), das, obgleich zwischen Physiologie und Psychologie angesiedelt, moralische Implikationen hat. Was sind die Leidenschaften? Sie sind «Erregungen der Seele, verursacht, erhalten und verstärkt durch irgendeine Regung der Säfte»[417]. Diese «esprits animaux» oder Säfte[418] sind, wie die Nerven und das Blut, körperliche Wesenheiten. Hier ihre anatomische Beschreibung: «Die nächstliegende Ursache der Leidenschaften ist keine andere als die Erregung, in die die Säfte die Drüse (pinéal) im Zentrum des Gehirns versetzen»[419]. Es gibt Reaktionen, wie die durch die Leidenschaft der Angst bewirkte Flucht, an denen die Seele nicht mitwirkt[420]. Die Leidenschaften haben also ihren Ursprung und Sitz im Körper und sind im Grunde physiologische Realitäten. Ihre vornehmlichste Wirkung ist, «die Seele anzuregen und darauf vorzubereiten, jene Dinge zu wollen, für die sie den Körper bereitmachen: Die Furcht läßt fliehen und die Tapferkeit kämpfen.»[421]

416. Ders., a. a. O., fol. 355 v., col. 1
417. Descartes, René, Traité des passions, 1649, in: Oeuvres, ed. Simon, art. 27, S. 536
418. Ders., a. a. O., art. 34, S. 539
419. Ders., a. a. O., art. 51, S. 548
420. Ders., a. a. O., art. 38, S. 541

Es gibt sechs einfache oder allgemeine Leidenschaften (Bewunderung, Liebe, Haß, Begehren, Freude und Trauer) und eine Unzahl von zusammengesetzten oder bestimmteren[422], zu denen
eine Art Kummer zählt, der Neid[423a], ein «Mißbehagen infolge
des Guten, das anderen widerfährt»[423b] und das der Haut «eine
fahle Farbe gibt»[424]. Am meisten wird der Ruhm geneidet[425]. Es
gibt einen nicht lasterhaften Neid, der in Wirklichkeit Unwillen
ist, aber die eigentliche Leidenschaft «ist das für das Glück der
Menschen schädlichste, weil die, die darunter leiden, sich selbst
quälen und überdies, soviel sie können, die Freude der anderen
stören.»[426]
Wie bekämpft man die Leidenschaften? Descartes, der in so
vielen anderen Punkten den Einfluß der Stoa erkennen läßt,
lehnt die stoische Doktrin von der Herrschaft der Vernunft und
des Willens ab: «Die Leidenschaften können durch die Einwir-
kung unseres Willens weder unmittelbar erregt noch ausgeschaltet werden, können es aber mittelbar durch die Vorstellung von
Dingen, die gewöhnlich mit den Leidenschaften verknüpft sind,
die wir haben und die denen entgegengesetzt sind, die wir nicht
haben möchten.»[427] Das Vorgehen beschränkt sich also darauf,
«in einem selbst die Regungen des Blutes und der Säfte und die
Gedanken, mit denen sie gewöhnlich verbunden sind, voneinander zu trennen»[428] und sich letzten Endes mit anderen Gedanken
abzulenken, bis Zeit und Ruhe die Erregung haben abklingen
lassen»[429]. Starken Seelen fällt es leichter, dies zu verwirklichen
als schwachen[430], aber selbst diese «können vollständige Beherrschung ihrer Leidenschaften erwerben, wenn sie sich genügend
bemühen, sie in der Gewalt zu haben und zu lenken»[431]. Descartes schließt sein Buch mit der Behauptung, daß «die Leidenschaften ihrem Wesen nach alle gut sind, und daß das einzige,
was wir zu vermeiden haben, ihr Mißbrauch ist und ihre Ex-
zesse»[432], und daß «die Menschen, die von den Leidenschaften

421. Ders., a. a. O., art. 40, S. 541
422. Ders., a. a. O., art. 68, S. 553, und art. 149, S. 590
423. Ders., a. a. O., art. 182, S. 603
424. Ders., a. a. O., art. 184, S. 605
425. Ders., a. a. O., art. 183, S. 604
426. Ders., a. a. O., art. 184, S. 604
427. Ders., a. a. O., art. 45, S. 543
428. Ders., a. a. O., art. 211, S. 215
429. Ders., a. a. O., art. 211, S. 216
430. Ders., a. a. O., art. 47, S. 546
431. Ders., a. a. O., art. 50, S. 548   432. Ders., a. a. O., art. 211, S. 615

stärker erregt werden, die Freuden des Lebens stärker zu genießen vermögen»[433]. Es ist selbstverständlich sehr schwierig, diese Gedanken mit der vorhergehenden Aussage in Einklang zu bringen. Was gibt es an natürlich Gutem im Neid, und welche Möglichkeiten der Freude bietet er? Descartes verfällt in Zweideutigkeit und Widerspruch. Einerseits macht er sich die stoischen Grundsätze gegen leidenschaftliche Zustände zueigen: «Erkenntnis der Wahrheit»[434], «sich der Tugend weihen und der Ruhe der Seele»[435] aber andererseits verkündet er die Natürlichkeit der leidenschaftlichen Triebe, ihre innere Neutralität und positive Potentialität. In der cartesianischen Theorie vom Neid gibt es drei nur mühsam zu vereinbarende Elemente: das klassische der Selbstdisziplin und Gelassenheit, das für die Renaissance bezeichnende des Kults der Vitalität und das moderne der Physiologie der Zirbeldrüse. Bei Descartes besteht ein ungeheurer Niveauunterschied zwischen der Lehre von den Leidenschaften und der Erkenntnislehre, eine cartesianische Ethik gibt es nahezu nicht, und die Psychologie ist mittelmäßig. Die cartesianische Größe liegt in anderen Bereichen der Philosophie.

Baruch de Spinoza (1632–1677), holländischer Jude spanischer Herkunft, versucht das menschliche Verhalten mit mathematischem Verfahren und experimenteller Methode zu analysieren, und beschäftigte sich, mehr als irgendein Philosoph vor ihm, mit den Gefühlen und unter ihnen mit dem Neid, «der nichts anderes ist als der Haß, nimmt man an, daß er es ist, der den Menschen dazu bringt, sich über fremdes Mißgeschick zu freuen, und umgekehrt, sich über fremdes Wohlsein zu grämen»[436]. Die Ursache des Neides, wie jeder Art von Haß, ist der Gedanke an einen außerhalb der Person liegenden Umstand[437], und die anfälligsten sind «die Stolzen»[438] und die, «die am unbedeutendsten und geringsten scheinen»[439].

Aber ist der Neid nur eine Reaktion, oder gibt es auch eine Veranlagung? Es gibt das zweite. Und Spinoza behauptet wiederholt mit der Überzeugung des Erziehers: «Die Menschen sind

433. Ders., a. a. O.
434. Ders., a. a. O., art. 49, S. 547
435. Ders., a. a. O., art. 148, S. 581
436. Spinoza, Baruch, Ethique, 1677, in: Oeuvres, ed. Pléiade, Paris 1954, III, 24, esc. S. 490; ders. S. 532
437. Ders., a. a. O., III, 13, esc., S. 482
438. Ders., a. a. O., IV, 57, esc., S. 593
439. Ders., a. a. O., III, def. 29, S. 536

von Natur neidisch».⁴⁴⁰. «Die Menschen haben von Natur einen Hang zum Neid».⁴⁴¹. «Die Menschen sind von Natur veranlagt ... zu neiden».⁴⁴², kurz, «es ist eine Eigenheit des menschlichen Wesens».⁴⁴³, was den Neid zuläßt. Spinoza ist radikaler als Thomas von Aquin, wenn er glaubt, der «motus» oder Trieb zum Neid sei dem Menschengeschlecht angeboren. Die Erziehung verschärft ihn noch, da die Väter ihre Söhne gemeinhin einzig mit dem Sporn der Ehre und des Neides antreiben.⁴⁴⁴ Aber wenn sie das tun, dann zweifelsohne deshalb, weil es eine sicher angeborene Veranlagung gibt, die die Wirksamkeit des Ansporns verbürgt.

Dies Angeborensein erklärt, daß «die Mehrheit der Menschen neidisch ist».⁴⁴⁵, das heißt, «die Mehrheit beneidet sich, und die einen sind für die anderen unerträglich».⁴⁴⁶. Dieser Umstand ist gefährlich antisozial: «Wenn die Menschen vom Neid oder irgendeinem Haßgefühl aufeinander fortgerissen werden, werden sie zu Gegnern und zu um so schrecklicheren, als sie mehr Macht haben als irgendein anderes Wesen in der Natur.»⁴⁴⁷ Er ist also keine positive Empfindung: «Der Neid ist schlecht.»⁴⁴⁸ Spinoza rät, «nach den Geboten der Vernunft zu leben»⁴⁴⁹, wäre dies auch ein «seltsames»⁴⁵⁰ Verhalten. Und diese Anpassung der Lebensführung an die Rationalität verlangt «Selbstbeherrschung und Bezähmung der Gefühle»⁴⁵¹. Es ist eine der stoischen sehr nahestehende Ethik, aber die moralische Disziplin, die Spinoza vertritt, ist mit seinem metaphysischen Determinismus schwer zu vereinen. Die Darstellung des Neides als etwas Angeborenem ist die kategorisch empirische Behauptung, die der Philosoph beiträgt, aber gibt es irgendeinen Grund, aus dem das Menschengeschlecht von Natur neidisch sein sollte? Die Frage bleibt unbeantwortet.

440. Ders., a.a.O., III, 55, esc., S. 517
441. Ders., a.a.O.
442. Ders., a.a.O., III, 32, esc., S. 498
443. Ders., a.a.O.
444. Ders., a.a.O., III, 55, esc., S. 518
445. Ders., a.a.O., IV, ap. 13, S. 612
446. Ders., a.a.O., IV, 35, cor. 2, S. 573
447. Ders., a.a.O., IV, ap. 10, S. 611–612
448. Ders., a.a.O., IV, 45, cor. 1, S. 584
449. Ders., a.a.O., IV, ap. 13, S. 612
450. Ders., a.a.O., IV, 35, esc., S. 573
451. Ders., a.a.O., IV, pref., S. 543

Fléchier und Feijoo

Esprit Fléchier (1632–1710) war außer einem scharfsinnigen, sentenzenreichen Historiker, der meist gehörte Moralist seiner Zeit. Unter hunderten sticht sein in begeisternder, präziser Prosa geschriebener «Sermon sobre la Envidia» (Sermon über den Neid) durch gelehrten Scharfsinn hervor. Seine Definition weicht von der traditionellen ab und ist, wenngleich unvollständig, doch tiefer: «Der Neid ist nichts anderes als die Unruhe und Ungeduld eines Menschen, der sich betrachtet und feststellt, daß er einem anderen unterlegen ist.»[452] Nietzsche vorauseilend, entdeckt er in diesem Minderwertigkeitsgefühl einen wichtigen Nebensinn: «das Erleiden der Ohnmacht»[453]. Daher kommt es, «daß der Neider immer ein Feigling ist.»[454] Wesentliches Kennzeichen ist die Verbreitung. Der Neid führt dazu, daß «die Klassen und Lebensverhältnisse der Menschen sich verwischen»[455], denn er ist «allumfassend»[456] und gehört nicht zu einem Zeitalter, er ist «so alt wie die Welt»[457], «er war die erste Sünde auf Erden»[458], Neigung aller zu aller Zeit. Diese Gemeinsamkeit zwingt dazu, ihn als eine «beinahe unverbesserliche»[459] Schwäche anzuerkennen.

Fléchier betont in Übereinstimmung mit seinen Vorgängern das selbststrafende Wesen dieser Leidenschaft: «Wer an ihr leidet, trägt im Herzen die Strafe seines Neides»[460]. Und mit einer symmetrischen, scheinbar wiedersprüchlichen Formulierung wiederholt er: «Es ist das einzige Laster, das gerecht genannt werden kann …, weil es den, den es befällt, mit eigener Qual bestraft»[461]. Und er schließt sich der anfechtbaren aristotelischen Meinung an, daß «der Neid niemals grausamer ist als zwischen denen, die den gleichen Beruf haben»[462], oder daß er sich mit größerer Häufigkeit und Bitterkeit unter einander Nahestehenden äußert.

452. Fléchier, esprit, Sermon sur lènvie, in: Sermons de morale, Lyon, 1730, S. 8
453. Ders., a.a.O., S. 7
454. Ders., a.a.O., S. 8
455. Ders., a.a.O., S. 20
456. Ders., a.a.O., S. 21
457. Ders., a.a.O., S. 3
458. Ders., a.a.O.
459. Ders., a.a.O., S. 13
460. Ders., a.a.O., S. 7
461. Ders., a.a.O., S. 31
462. Ders., a.a.O., S. 20

Für den Erzbischof von Nîmes gibt es «keine Sünde mit größerem Anteil Bosheit als den Neid»[463]. Warum diese alleräußerste Verdammung? Weil er der radikalsten und höchsten Tugend zuwiderläuft, der Nächstenliebe oder Liebe in Christo. Der Neid ist gegen Gesellschaft und Gemeinschaft, «zerbricht die Eintracht, trennt von denen, die glücklicher sind»[464]. Das aber ist kein Hindernis dafür, daß die Neider «Bündnisse der Niederträchtigkeit begründen, in denen einige, so uneinig sie auch in allem anderen sein mögen, sich gegen einen Mann verbünden, dessen Verdienst allein sie fürchten»[465]. Und dies geschieht mit äußerster Heuchelei, das heißt unter Vorspiegelung von Moralität, kurz, «unter dem Vorwand von Gleichheit und Anstand (bienséance)»[466]. In dieser in ihrem soziologischen Gehalt so reichen Analyse, und ein Jahrhundert vor der Revolution, erreicht Fléchier ein Höchstmaß von Vorwegnahme, Originalität und Scharfsinn. Und außerordentliche Modernität besitzt in diesem Sinne sein Satz: «Die weltliche Höflichkeit scheint nur erfunden, um dem Neid als Schleier zu dienen»[467]. Es ist ein Satz, der mit umfänglicher empirischer Untermauerung von der modernen Anthropologie weiterentwickelt worden ist.

Diesem eleganten Prälaten, einem regelmäßigen Besucher des vornehmen Hotel de Rambouillet, sind einige der überraschendsten und scharfsinnigsten Feststellungen der Moralphilosophie des großen französischen Jahrhunderts über den Neid zu verdanken.

Benito Jeronimo Feijoo (1674–1764) und sein außerordentlicher literarischer Erfolg ließen ein Heer von Andersdenkenden entstehen, die er des Neides bezichtigte. Er tröstete sich mit dem Gedanken, daß dieser «Holzwurm»[468] den Neidern eine «fortgesetzte Qual im Herzen verursacht ..., und sie haben Anspruch auf Mitleid»[469]. Aber das passive Subjekt leidet auch, «sieht es sich ruchlos vom Neide gebissen» und es ihm nicht genügt zu wissen, «daß der den Geist aufgibt, wenn der Beneidete es tut »[470]. Nach Feijoo ist es nicht beunruhigend, daß es Libelli-

463. Ders., a. a. O., S. 6
464. Ders., a. a. O.
465. Ders., a. a. O., S. 11
466. Ders., a. a. O., S. 22
467. Ders., a. a. O., S. 9
468. Feijoo, Benito Jeronimo, Cartas eruditas, 1742, cito por la 5.a edición, 1770, II, 5, S. 38
469. Ders., a. a. O., S. 36
470. Ders., a. a. O., S. 35

sten gibt, «in denen der Neid als wütende Leidenschaft brennt»[471], gesellschaftlich von Gewicht ist, «daß welche die Schmähschriften kaufen, ihnen Beifall zollen»[472a], und daß es viele sind, was die Ausbreitung des Lasters, besonders in intellektuellen Kreisen, dartut. Diese Erfahrung teilte Feijoo mit vielen anderen Literaten.[472b]

DIE MODERNEN

Hume und Smith

David Hume (1711–1776), der erste große Überwinder der rationalistischen Metaphysik und Wurzel der modernen Empirismen, widmet das umfängliche zweite Buch seiner «A treatise of human nature» der detaillierten Beschreibung der Leidenschaften. Hume zufolge ist «jeder Teil der Ausdehnung und jede Zahleneinheit, sobald der Geist sie erfaßt, von einem ihr zugehörigen Gefühl begleitet.»[473] Die Summe dieser Wirkungen bildet ein Kompositum (compound), das «jede Wahrnehmung und jedes in der Phantasie geformte Bild begleitet»[474]. Diese von der Wahrnehmung abgeleiteten Eindrücke sind die Leidenschaften. Die Ethik Humes gründet sich auf das Prinzip, daß die Antriebe jeden menschlichen Tuns nicht rational, sondern gefühlsabhängig sind. Man handelt auf der Suche nach Vergnügen oder zur Vermeidung des Schmerzes. Daher die These, die er selbst als «außerordentlich» bezeichnet und die zu seinen polemischsten gehört: «Die Vernunft ist und darf nur die Sklavin der Affekte sein und kann niemals eine andere Funktion beanspruchen als die, ihnen zu dienen und zu gehorchen.»[475] Und seine Glosse: «Ehrlich gesagt ist eine Leidenschaft niemals unvernünftig.»[476] Jedoch gibt es zwei Arten von Leidenschaften, die heftigen und die gemäßigten, und diese letzten hält man irrigerweise für die Vernunft: «Die sogenannte Geistesstärke ist das Überwiegen der

---

471. Ders., a. a. O., S. 37

472.a Ders., a. a. O.

472.b Abenhazam de Córdoba, Los caracteres y la conducte, trad. esp. Asîn, 1916, 280, S. 135–136.

473. Hume, David, A Treatise on human Nature, 1738, ed. Lindsay, London, 1968. Deutsch von Theodor Lipps, Hamburg 1973, II, 2, 8, vol. II, S. 90.

474. Ders., a. a. O.

475. Ders., a. a. O., II, 3, 3, vol. II, S. 127

476. Ders., a. a. O., II, 3, 3, vol. II, S. 128

ruhigen Affekte über die heftigen».[477] Das ist die radikalste Verherrlichung des Gefühls, die die Philosophie kennt.

Die Leidenschaften sind «unmittelbar», wenn sie unverzüglich dem Schmerz oder dem Genuß entspringen: so das Begehren oder die Furcht. Und sie sind «mittelbar», wenn außerdem weitere Überlegungen mitspielen: so die Liebe und der Haß. Und der Schadenfreude (*malice*) und dem Neid (*envy*), die zu dieser letzten Art gehören, widmete Hume einen ganzen Abschnitt, der eine der weitgespanntesten und originellsten über das Thema vorhandenen Auffassungen enthält.

Der Neid ist der Gram über das Gut des Nächsten und die Schadenfreude, «Freude an dem Leiden und dem Elend anderer, ohne daß diese uns irgendwie beleidigt oder geschädigt haben».[478] Wie entstehen diese Leidenschaften? «Immer beurteilen die Menschen die Dinge nicht nach dem ihnen innewohnenden Gehalt oder Wert, sondern durch Vergleich.»[479] Und das gilt ebenso für das intellektuelle wie das gefühlsmäßige Handeln. «Jedes Ding erscheint größer oder kleiner im Vergleich mit anderen..., und daraus ergeben sich die Laster des Neides und der Schadenfreude.»[480] So kommt es, daß «das Elend eines anderen uns eine deutlichere Vorstellung von unserem Glück gibt, und sein Glück macht uns unser Unglück eindringlicher, und demgemäß fühlen wir Lust oder Unlust»[481] Dies ist die hauptsächliche Feststellung.

Hume ist der Auffassung, daß diese logischen Reaktionen nicht eigentlich gegen den Nächsten gerichtet sind, denn sie ereignen sich nicht nur gegenüber den übrigen, sondern auch gegenüber einem selbst. Es gibt ein Vergnügen an unserem eigenen Schaden, wenn wir einen vergangenen Kummer mit unserer gegenwärtigen Freude vergleichen, und Neid im umgekehrten Falle. Aber diese Auffassung ist nicht richtig: Niemals freuen wir uns darüber, unglücklich gewesen zu sein, und die Freude an vergangenem Glück ist nicht Neid, weil wir die besagte Erfahrung nicht auslöschen möchten, sie ist Nostalgie.

Der Philosoph schließt sich der Tradition an, wenn er versichert, daß nur die «Nähe» diesen Gefühlen Raum gibt. Und er gibt ihr Recht: «daß der große Unterschied den Zusammenhang aufhebt

477. Ders., a. a. O., II, 3, 3, vol. II, S. 130
478. Ders., a. a. O., II, 2, 8, vol. II, S. 89
479. Ders., a. a. O.
480. Ders., a. a. O., II, 2, 8, vol. II, S. 91
481. Ders., a. a. O., II, 2, 8, vol. II, S. 92

und uns entweder davon abhält, uns mit so Entferntem zu vergleichen oder die Wirkungen des Vergleichs abschwächt.»[482]
Auch ist erforderlich, daß der Vergleich zwischen Dingen «der
gleichen Art» stattfindet, «ein Dichter wird nicht leicht einen
Philosophen beneiden»[483].

Beide Feststellungen sind sehr problematisch.
Hume verurteilt die Leidenschaften nicht in Bausch und Bogen.
Sie werden gut sein, soweit sie Freude machen, und denen, die
Kummer machen, ist nicht durch den Verstand Einhalt zu gebieten, sondern durch andere leidenschaftliche Impulse, die Glück
schenken. So gesehen wird der Neid, insoweit er schmerzhaft
ist, nicht zu empfehlen sein, aber es sieht nicht so aus, als sei die
Schadenfreude verabscheuenswert. Der subjektive Utilitarismus
bringt Hume in eine der von Schopenhauer ein Jahrhundert
später eingenommenen Haltung entgegengesetzte Position. Und
die rein deskriptive Methode rechtfertigt die Leidenschaften, insoweit sie sie neutral erklärt.
Die Analyse Humes ist introspektiv und berücksichtigt nicht
die Wirkungen auf den Beneideten noch die gesellschaftlichen
Konsequenzen. Es ist ein solipsistischer Psychologismus, egozentrisch und von zweifelhafter Moral. Andererseits ist es
schwierig, eine Ethik auf den Determinismus, eine grundlegende Voraussetzung Humes, zu gründen und auf die nur phäno-
menologische Analyse, die im allgemeinen seine Methode ist.
Man wird sagen, daß Hume nur zeigen will, wie der Neid aussieht; aber ist die besagte Leidenschaft beschrieben, wenn man
ihre Wirkungen auf das menschliche Zusammenleben übergeht?
Sicherlich nicht, denn die moralische Dimension jeden individuellen Verhaltens ist seine Wirkung auf die übrigen. Humes
Analyse des Neides ist robinsonesk und nicht wirklich empirisch, weil sie durch die mehr oder weniger dogmatischen Annahmen seines philosophischen Systems bedingt ist.
Adam Smith (1723–1790), Inhaber des Lehrstuhls für Ethik in
Glasgow während elf Jahren, faßt den wesentlichen Teil seiner
akademischen Lehrmeinung in dem Werk «The theory of moral
sentiments» (1759) zusammen, dessen endgültige Fassung die
der sechsten Ausgabe ist, die dann im Todesjahre des Autors
erschien. Im Jahre 1766 veröffentlichte er seine Untersuchungen

482. Ders., a. a. O., II, 2, 8, vol. II, S. 94
483. Ders., a. a. O.

über das Wesen und die Gründe des Wohlstandes der Nationen (1776), den authentischen Leitfaden der klassischen Wirtschaft. Die Psychologie und die Moral Smith's gründen sich auf diese Feststellung: «Welche Leidenschaft auch immer durch eine Sache in einer Person erweckt wird, in der Brust eines jeden aufmerksamen Beobachters wallt eine gleiche Empfindung auf, wenn er sich in jenes anderen Lage versetzt.»[484] Diese «Übereinstimmung», dieses Mitfühlen oder fellow-feeling ist die Sympathie, die einen Teil der menschlichen Natur bildet: «men... naturally sympathetic.»[485] Unsere Leidenschaften mitteilen verursacht Vergnügen, wenn auch «die Sympathie unserer Freunde mit unseren unerfreulichen Leidenschaften mehr Befriedigung verursacht als die mit unseren erfreulichen».[486] Es gibt zwei relative Ausnahmen von dieser allgemeinen Regel: Der Haß und das Ressentiment «sind die einzigen Leidenschaften, deren Äußerungen zur Sympathie weder geneigt machen noch vorbereiten, solange wir uns nicht über die Ursachen unterrichten, die sie hervorrufen;»[487] aber sobald man sie kennt, entsteht die Sympathie.

Smith, der unter starkem Einfluß der Stoiker steht, ist der Ansicht, daß «die Selbstbeherrschung (selfcommand) nicht nur eine große Tugend ist, sondern daß alle Tugenden von ihr ihren hauptsächlichen Glanz beziehen»[488], denn sie allein kann verhindern, daß die Leidenschaften «zur Verletzung aller Regeln führen.»[489]

Mit dieser Theorie erklärt Smith die verschiedenen Gefühle, das Gute und das Böse, die Tugenden und unter ihnen die der Gerechtigkeit, auch die Nützlichkeit. Aber auch den Neid? Er definiert ihn als «die Leidenschaft, die mit bösartigem Mißvergnügen die Überlegenheit derer betrachtet, die tatsächlich ein Recht auf die Überlegenheit haben, die sie besitzen.»[490] Er bezeichnet ihn als hassens- und verabscheuenswerte Leidenschaft [491], und zählt sie zu denen, die «die Menschen voneinander trennen und

484. Smith, Adam: The Theorie of moral sentiments, 1759, I, 1, 1, 4, ed. Raphael & Macfle, Oxford, 1976, S. 10
485. Ders., a.a.O., II, 2, 3, 4, S. 87
486. Ders., a.a.O., I, 1, 2, 3, S. 15
487. Ders., a.a.O., I, 2, 3, 5, S. 36
488. Ders., a.a.O., VI, 3, 11, S. 241
489. Ders., a.a.O., VI, 3, 2, S. 237
490. Ders., a.a.O., VI, 3, 16, S. 244
491. Ders., a.a.O., VI, 3, 16, S. 243

darauf aus sind, die Bande der menschlichen Gesellschaft zu zerreißen.» Obgleich Smith überraschenderweise behauptet, daß «die Plebs niemals die Höherstehenden beneidet»[492], hält er ihn für eine sehr gewöhnliche Empfindung, denn er gebraucht das Beiwort «beneidet (*envied*)»[493], um glückliche persönliche Umstände zu bezeichnen. Wiederholt bestätigt er, daß die Sympathie mit fremder Freude oder fremdem Schmerz entsteht, «wenn kein Neid ist»[494]. Und schließlich vertritt er die Ansicht, daß der Neid der Armen auf die Reichen die Einrichtung der weltlichen Regierung zur Gewährleistung des Eigentums erforderlich macht.[495] Andererseits teilt Smith die Besorgnis und die Auffassung der Stoiker und erklärt, daß «die Vorsicht uns häufig raten wird, unseren Wohlstand zurückhaltend zu zeigen, und uns lehren wird, den Neid zu meiden, der mehr als durch irgendetwas anderes durch den Erfolg erregt wird.»[496] Smith leugnet also nicht, sondern bestätigt die universale, machtvolle Gegenwärtigkeit des Phänomens Neid.

Aber wenn der Mensch von Natur mit fremder Freude und fremdem Schmerz Sympathie empfindet, wie kann er dann neiden? Und wenn er mit jedem Gefühl sympathisiert, wenn er seine Motive kennt, warum sympathisiert er dann nicht mit dem, der ihn beneidet? Die allgemeine Theorie erklärt nicht nur nicht diese so universale Empfindung, sondern findet in ihr einen Einwand von außerordentlichem Gewicht, denn wenn die Sympathie eine moralische Gleichstimmigkeit ist, so ist der Neid genau das Gegenteil, eine Unstimmigkeit. Es läßt sich aber das Gefühls- und Sittenleben nicht auf etwas gründen, das nicht allumfassend ist.

Die Sympathie ist für die Moral Smith's etwas wie die spontane Solidarität und die prästabilierte Harmonie für seine Wirtschaftswissenschaft. Diese Begriffe haben eine optimistische Weltanschauung zum Inhalt, und was gerade am meisten zum Pessimismus hinsichtlich der Psychologie des Menschen führt, ist die Verbreitung und Vertiefung des Neides. Smith erkennt ihn, vermag ihn aber nicht zu erklären. Trotz mancher sehr

492. Ders., a. a. O., I, 3, 1, 11, S. 47
493. Ders., a. a. O., I, 3, 3, 8, S. 65
494. Ders., a. a. O., I, 3, 1, 5, S. 45
495. Ders., An inquiry into the nature and causes of the wealth of nations, 1776, ed. Roatledge, London, 1893, V, 2, 1, S. 554
496. Ders., The theorie, I, 3, 1, 10, S. 47

scharfsinniger konkreter Beschreibungen krankt seine Theorie
der sittlichen Gefühle an engelhafter Naivität.

Das Schweigen, das die liberal geprägten Denker über den Neid
breiten, beginnt bei Smith und ist ein Erfordernis der moralischen Hypothese von der dem Menschen innewohnenden Güte,
der politischen Hypothese vom Naturzustand und der wirtschaftlichen von der prästabilierten Harmonie.

Kant

Immanuel Kant (1724–1804), der Vater der modernen Philosophie, unterscheidet zwischen den «vornehmen Gefühlen», die
vorübergehende Hindernisse der Überlegung darstellen, und den
«hinterlistigen Leidenschaften»[497], die «Krebsschäden für die
reine praktische Vernunft»[498] und «durch die Vernunft des Subjekts schwer oder gar nicht bezwingbar sind»[499]. Es gibt glü-
hende angeborene Leidenschaften, wie die geschlechtliche, und
andere erworbene kalte, wie den Geiz[500]. Der Neid ist «der Hang,
das Wohl anderer mit Schmerz wahrzunehmen, obzwar dem
eigenen dadurch kein Abbruch geschieht»[501]. Er ist eine «Leidenschaft»[502], deren «Regungen in der Natur des Menschen liegen»[503], was soviel bedeutet, wie sie zu den angeborenen zu
rechnen. Und der Neid unterscheidet sich von der bloßen Mißgunst, als er «zur Tat (jenes Wohl zu schmälern) ausschlägt.»[504]
Auf dem vom englischen Empirismus erschlossenen Wege fortschreitend, legt Kant dar, daß der Neid dem vergleichenden
Wesen bestimmter Werturteile entspringt. Der Neider glaubt,
eigenes Wohl durch «das Wohl anderer in den Schatten gestellt
zu sehen, weil wir den Maßstab dessen nicht in unserem eigenen
Wert, sondern nur in der Vergleichung mit dem Wohl anderer zu
schätzen wissen»[505]. Und Beweis dafür ist, daß überlegene und
vorteilhafte Umstände «beneidenswürdig»[506] genannt werden.

497. Kant, Immanuel, Anthropologie in pragmatischer Hinsicht, 1798, ed. Cassi-
    rer, Bd. 74, S. 149
498. Ders., a. a. O., 81, S. 163
499. Ders., a. a. O., 73, S. 143
500. Ders., a. a. O., 81, S. 164
501. Ders., Die Metaphysik der Sitten, II, 36, ed. Cassirer, Bd. VII, S. 272
502. Ders., a. a. O., II, 36, S. 273
503. Ders., a. a. O., II, 36, S. 272
504. Ders., a. a. O.
505. Ders., a. a. O.
506. Ders., a. a. O.

Für Kant ist der Neid «scheußlich»[507] als eine «sich selbst folternde und auf Zerstörung des Glücks anderer wenigstens dem Wunsche nach gerichtete Leidenschaft, mithin der Pflicht des Menschen gegen sich selbst sowohl als gegen andere entgegengesetzt»[508].

«Die schreckliche Familie des Neides wird vom Undank und der Schadenfreude gebildet»[509], die er auch «feindselige Freude» nennt.[510] Diese letzte nennt er «gräßlich»[511]. Es ist allgemeine Tatsache, daß es so aussieht, als «sei in dem Unglück unserer besten Freunde etwas, das uns nicht ganz mißfällt»[512]. Ebenso wie der Neid ist diese Leidenschaft «freilich nach den Gesetzen der Einbildungskraft, nämlich des Kontrastes, in der Natur begründet»[513]. Die Bösartigkeit solchen Verhaltens ist eindeutig: «Sich zu freuen, mithin dergleichen Ereignisse auch wohl zu wünschen, ist ein geheimer Menschenhaß und das gerade Widerspiel der Nächstenliebe, die uns als Pflicht obliegt»[514], außerdem ist er ein dem Grundsatz der Gemeinschaftlichkeit oder «Teilnehmung» entgegengesetztes Gefühl.

In einer Glosse, die besonderer Exegese verlangt, kommt Kant auf das wesentliche Problem zurück, ob der Neid ein besonderes Merkmal des Menschen ist. Und er stellt fest: «Alle Laster, welche selbst die menschliche Natur hassenswert machen würden, wenn man sie (als qualifiziert) in der Bedeutung von Grundsätzen nehmen wollte, sind inhuman, objektiv betrachtet, aber doch menschlich, subjektiv erwogen, d. i., wie die Erfahrung aus unserer Gattung kennen lehrt.»[515] Dieser Text widerspricht dem vorhergehenden nicht, wenn man das Objektive als moralische Pflicht versteht und das Subjektive als die anthropologische Gegebenheit. Aber das Problem kompliziert sich, weil Kant zu dem Schluß kommt, daß «obzwar Menschen, leider! auch in viehische Laster verfallen, berechtigt doch nicht, eine zu ihrer Spezies gehörige Anlage dazu ihnen beizulegen»[516].

507. Ders., a. a. O.
508. Ders., a. a. O., II, 36, S. 272/3
509. Ders., a. a. O., II, 36, S. 272
510. Ders., a. a. O., II, 36, S. 274
511. Ders., a. a. O., II, 36, S. 273
512. Ders., Die Religion innerhalb der Grenzen der bloßen Vernunft, I, 3, ed. Cassirer, Bd. VI, S. 172
513. Ders., Metaphysik, a. a. O.
514. Ders., Metaphysik, a. a. O.
515. Ders., a. a. O., II, 36, S. 275
516. Ders., a. a. O.

Wie werden solche Anlagen oder Veranlagungen definiert? Kant zufolge «verstehen wir unter Anlagen eines Wesens sowohl die Bestandstücke, die dazu erforderlich sind, als auch die Formen ihrer Verbindung, um ein solches Wesen zu sein. Sie sind ursprünglich, wenn sie zu der Möglichkeit eines solchen Wesens notwendig gehören, zufällig aber, wenn das Wesen auch ohne dieselben an sich möglich wäre»[517]. Die ursprünglichen, die den Menschen von jedem anderen Tier unterscheiden, sind «seine technische (mit Bewußtsein verbundene mechanische) zur Handhabung der Sachen, seine pragmatische (andere Menschen zu seinen Absichten geschickt zu brauchen) und die moralische Anlage in seinem Wesen (nach dem Freiheitsprinzip unter Gesetzen gegen sich und andere zu handeln)»[518].

Für Kant ist der Neid demnach keine dem Menschengeschlecht innewohnende Eigentümlichkeit, gründet sich vielmehr, wie schon Thomas von Aquin dartat, auf einen motus oder eine Regung der menschlichen Natur. Das ethische Problem stellt sich, sobald diese natürliche Regung zum Ausbruch kommt.[519] Die Kant'sche Lehre vom Neid ist im Grunde moralisch, und bevorzugt wird die deduktive Methode. Die gesamte Analyse führt zu einem Verdammungsurteil ohne Milderung. Im schwächsten Punkt, dem der Naturgegebenheit des Neides, nimmt Kant eine eklektische, der traditionellen Scholastik entsprechende Haltung ein. Das neuartigste, das notwendig relative Wesen des Neides und das auf einem Vergleich beruhende Urteil, auf das er fußt, ist nicht originell und weniger tiefgehend und systematisch formuliert als bei Hume.

Holbach und Madame de Staël

Wie geht Paul Holbach (1725–1789), ein radikaler Materialist, für den die klassischen Dualismen Körper-Seele und Leidenschaft-Vernunft keinen Sinn haben, das Problem des Neides an, und wie löst er es? Laut Holbach «beschränken alle Leidenschaften sich darauf, irgendein reales oder eingebildetes Gut zu begehren und ein tatsächliches oder scheinbares Übel zu fürchten und zu fliehen»[520]. Folglich «sind die Leidenschaften und Begier-

---

517. Ders., Die Religion, I, 1, S. 167
518. Ders., Anthropologie, II, 106, S. 216
519. Ders., Metaphysik, II, 36, S. 272
520. Holbach, Paul Heinrich, La morale universelle, 1776, I, 1, 5, span. Übers., ed Moreno, Madrid, 1812, vol. I, S. 14

den für den Menschen wesentlich, seiner Natur zugehörig, von seiner Existenz untrennbar und für seine Erhaltung notwendig.»[521] Und Holbach tritt der stoischen Überlieferung entgegen, die bis dahin auf alle Moralisten so tiefen Einfluß gehabt hatte: «Der von Leidenschaften und Begierden freie Mensch, weit davon entfernt, vollkommen zu sein, wie einige Philosophen behauptet haben, wäre für sich selbst und die anderen unnütz und stünde im Gegensatz zum gesellschaftlichen Leben»[522]. Aber diese Leidenschaften dürfen sich nicht frei entfalten, es sind ihnen zwei Grenzen gesetzt, nämlich dürfen sie weder dem Subjekt noch den übrigen Schaden verursachen. «Der gute Mensch ist nicht der, der die Leidenschaften nicht kennt, sondern der, dessen Leidenschaften im Einklang mit seinem steten Wohlbefinden stehen, das untrennbar ist vom Wohlbefinden derer, die mit ihm zum Nutzen ihres eigenen Glückes zusammenzuwirken haben».[523] Ein Handeln wird moralisch durch seine Wirkung auf das menschliche Glück qualifiziert: «Tugend ist die Gewohnheit, zum Wohle des gesellschaftlichen Lebens beizutragen, und Laster ist die Gewohnheit, das Wohl der Gesellschaft zu schädigen und zu zerstören»[524].

Die natürliche Regung ist negativ, wenn sie den lasterhaften Neid entstehen läßt, ist aber positiv, wenn sie tugendhaften Wettstreit erzeugt.[525] Neider ist, wer «die verabscheut, die achtenswerte Vorzüge und Eigenschaften besitzen».[526] Er ist kein außergewöhnlicher Gemütszustand, «der Neid und die Eifersucht sind natürliche Leidenschaften bei allen Menschen»[527], und jeder Sterbliche, der sich durch seine Gaben, seine Leistung, durch sein Glück, durch sein Ansehen oder durch seine Reichtümer auszeichnet, ist Gegenstand des öffentlichen Neides»[528].

Holbach macht sich die alte Feststellung zu eigen, daß das «gesellschaftliche Leben eine dauernde Qual ist für den, der von dieser unseligen Leidenschaft befallen ist»[529], und er fügt hinzu, daß seine logische Zuflucht die Einsamkeit wäre. Unser Autor

521. Ders., a. a. O., S. 16
522. Ders., a. a. O., S. 28
523. Ders., a. a. O., S. 31
524. Ders., a. a. O., S. 35
525. Ders., a. a. O., S. 31
526. Ders., a. a. O., S. 186/7
527. Ders., a. a. O., S. 187
528. Ders., a. a. O.
529. Ders., a. a. O., S. 188

stellt fest – und nimmt damit Schopenhauers unerbittliche Analyse vorweg – daß, wenn der Neid auftritt, er es immer heuchlerisch tut, «tugendhafte Gefühle»[530] vortäuscht oder «sich als Stifter öffentlichen Wohls maskiert»[531]. Das erste ist der Fall der Überkritik und der Verleumdung, das zweite der gewisser politischer Ideologien. Bei Holbach findet sich eine vorauseilende scharfsinnige Annäherung an dieses Hauptthema. Was sind die Hilfsmittel des demagogischen Neides? Gegen die Verleihung von Posten an angeblich unverdiente Männer protestieren, die Reichen anklagen, weil sie ihr Vermögen nicht verdienen, den edelsten Handlungen niedrige Motive unterstellen, die Mängel des Beneideten übertreiben usw.[532] Kurz: Der Neider maskiert sich mit Interesse für das öffentliche Wohl, wenn er die beschwichtigen will, die ihm zuwider sind»[533]. Holbachs Texte scheinen eine vorweggenommene Beschreibung des Egalitarismus, der in Babœuf mit seiner «Verschwörung der Gleichen» seinen Höhepunkt erreichen und die darauffolgenden Sozialismen durchsetzen sollte. Daher kommt es, folgert Holbach, daß der Neid eine «ungesellige Eigenschaft» ist[534a], was für seinen empirischen Materialismus soviel heißt wie zutiefst unmoralisch. Es ist bemerkenswert, daß die schärfste und früheste Verurteilung der revolutionären Ideologie von einem unerbittlich traditionsfeindlichen Atheisten, Hedonisten und Mechanisten stammt.

Germaine Necker, Baronin de Staël (1766–1817), schrieb in einer der Krisen ihres ereignisreichen Gefühlslebens das scharfsinnige Buch «De l'influence des passions sur le bonheur des individus» (1796), dessen viertes Kapitel dem Neid und der Rache gewidmet ist. Für die Autorin bedeutet neiden «sich unterlegen fühlen»[534b]. Manchmal ist diese Unterlegenheit nicht einmal real, sondern eingebildet, denn sie schreibt dem Beneideten «unbekannte Vorzüge» zu. Und das «schreckliche Gefühl» hört nicht auf, bis der Neider glaubt, daß der andere «an Vermögen, Bega-

530. Ders., a. a. O., S. 190
531. Ders., a. a. O., S. 188
532. Ders., a. a. O.
533. Ders., a. a. O.
534.a Ders., a. a. O., S. 186
534.b Necker, Germaine, baronesse de Staël-Holstein: De l'influence des passions sur le bonheur des individus, Lausanne 1796, S. 192

bung und Glück unterlegen ist». Der Egalitarismus um jeden
Preis ist das Endziel, von dem der Neider besessen ist: «Er zieht
die Gleichheit in der Hölle der Abstufung im Himmel vor»[535]. In
dieser ehernen Sentenz zog eine der brillantesten Frauen der
modernen Welt die Quintessenz ihrer Erfahrung. Unmittelbare
Zeugin der französischen Revolution, des Kaiserreiches und der
Restauration – vielleicht einer der lehrreichsten Abschnitte der
Geschichte –, deckt Madame de Staël die letzte Wurzel des
Neides auf: das Minderwertigkeitsgefühl.

DIE ZEITGENOSSEN

Schopenhauer

Arthur Schopenhauer (1788–1860), dessen berühmter Pessimis-
mus eher essentiell als existentiell ist, beschäftigte sich mit dem
Neid eingehender als mit irgendeiner anderen menschlichen
Schwäche. Er geht von der Tatsache aus, daß «der Neid dem
Menschen natürlich ist»[536], er ist «eine Eigenschaft, die jeder
Mensch in sich trägt»[537] und daher «ist kein Mensch ganz frei
davon»[538]. Wie entsteht ein solcher Gemütszustand? Durch den
Vergleich des Eigenen mit dem Fremden. Der Neid entspringt
«aus der ihm unvermeidlichen Vergleichung seines eigenen Zustandes mit dem anderer»[539], entsteht aber nur, wenn dieser
Vergleich eine augenscheinliche Unterlegenheit enthüllt. Schopenhauer hält diese «Unvermeidlichkeit» für offenkundig, und
um zu vertiefen, fragt er sich, warum die tatsächliche oder eingebildete Unterlegenheit bekümmert. Und er gibt eine seiner Le-
bensauffassung entsprechende Erklärung: Es ist nicht irgendein
Untergeordnetsein, das den Neid entstehen läßt, es ist eine Unterlegenheit im Glück, ist der Glaube, daß der andere glücklicher ist. Und warum bekümmert das fremde Wohlergehen? So
kommen wir zur tragenden und im stärksten Maße innovatorischen Behauptung: «Denn daß der Mensch beim Anblick fremden Genusses und Besitzes den eigenen Mangel bitterer fühle, ist

535. Dies, a. a. O., S. 191
536. Schopenhauer, Arthur, Aphorismen zur Lebensweisheit in Parerga und
     Paralipomena, 1851, in: Sämtliche Werke, ed. Weichert, Bd. VI, S. 414
537. Ders., Gedanken über vielerlei Gegenstände, 110, in Parerga, a. a. O.,
     Bd. VII, S. 185
538. Ders., Über die Grundlage der Moral, 1840, a. a. O., Bd. V, S. 347
539. Ders., Gedanken, a. a. O., S. 185/6

natürlich, ja unvermeidlich»[540], «weil sie sich unglücklich fühlen, können die Menschen den Anblick eines vermeintlichen
Glücklichen nicht ertragen»[541], der Neid betont die Unglückse-
ligkeit, die für Schopenhauer der menschliche Normalzustand
ist. Der Neid ist demnach ein Gefühl, das letzten Endes ein
existentielles Fundament hat.

Wenn der Mensch gewöhnlich unglücklich ist, wenn es unvermeidlich ist, daß er seine Glücksebene mit der der übrigen
vergleicht, wenn dieser Vergleich ihm fremde glücklichere Umstände bewußtmacht und wenn diese Tatsache ihm nachdrücklich einen schmerzlichen Mangel eigenen Glückes deutlich
macht, wird der Neid nach Wahrnehmung und Deduktion ein
universell unvermeidliches Gefühl sein. Kann das Unabwend-
bare ethisch schlecht sein? Schopenhauers hartes Urteil über die
Neider enthält ein Moment der Gnade: «daher denn ist der Neid,
wenngleich verwerflich doch noch einer Entschuldigung fähig
und überhaupt menschlich.»[542] Diese moralische Schlußfolgerung ist ohne logischen Zusammenhang mit der Fragestellung.
Und ebenso konsequent in ihrer ganzen Beweisführung ist die
originelle These, daß «in gewissem Betracht das Gegenteil des
Neides die Schadenfreude ist»[543] und an anderer Stelle hält er sie
für dem Neide «diametral entgegengesetzt».[544] Hier teilt der
Philosoph die allgemeine Ansicht, die beide Empfindungen eng
miteinander verknüpft. Schopenhauers Überlegung schließt sich
systematisch den voraufgegangenen an: Jedoch ist Neid zu fühlen, menschlich; Schadenfreude zu genießen teuflisch... Der
Egoismus kann zu Verbrechen und Untaten aller Art führen:
aber der dadurch verursachte Schaden und Schmerz anderer ist
ihm bloß Mittel, nicht Zweck, tritt also nur accidentell dabei
ein. Der Bosheit und Grausamkeit hingegen sind die Leiden und
Schmerzen anderer Zweck an sich und deren Erreichen Genuß.
Dieserhalb macht jene eine höhere Potenz moralischer Schlechtigkeit aus. Die Maxime des äußersten Egoismus ist: «Neminem
juva, imo omnes, si forte conducit (also immer noch bedingt)
laede. Die Maxime der Bosheit ist: Omnes, quantum potes,

540. Ders., a. a. O., S. 196
541. Ders., Die Welt als Wille und Vorstellung, 1819, Ergänzungen, 46, a. a. O.,
   Bd. III, S. 598
542. Ders., Gedanken, a. a. O., S. 196
543. Ders., Grundlage, a. a. O., S. 348
544. Ders., a. a. O.

laede. – Wie Schadenfreude nur theoretische Grausamkeit ist, so Grausamkeit nur praktische Schadenfreude.»[545] Das reine Denken Schopenhauers wird von einer Fülle phänomenologischer Beschreibungen bereichert: Der Neid ist – wie schon gesagt – «ein Unglück»[546] für den, der ihn leidet. Aber der Philosoph ist sich klar, daß er nicht so sehr wegen der überlegenen Größe des beneideten Gutes wächst, sondern der Art der beneideten Eigenschaft wegen. In diesem Punkt übertrifft Schopenhauer seine Vorgänger. Die zufälligen Eigenschaften sind im allgemeinen vorübergehend, und erlöschen sie, so verschwindet die Ursache des Neides. Trotzdem, die wesentlichen Eigenschaften bleiben: «Hingegen für den auf Naturgaben und persönliche Vorzüge, dergleichen bei Weibern die Schönheit, bei Männern der Geist ist, gerichteten Neid gibt es keinen Trost der einen und keine Hoffnung der anderen Art, so daß ihm nichts übrig bleibt, als die so Bevorzugten bitter und unversöhnlich zu hassen.»[547] «Am unversöhnlichsten und giftigsten ist er, wenn er auf persönliche Eigenschaften gerichtet, weil hier dem Neider keine Hoffnung bleibt, und zugleich am niederträchtigsten, weil er haßt, was er lieben und verehren sollte.»[548] Schopenhauer stellt sich in die aristotelische Überlieferung, wenn er annimmt, daß der Neid zwischen einander Ähnlichen aufkommt: «Es gibt», so schreibt er, «drei Aristokratien: 1. die der Geburt und des Ranges, 2. die Geldaristokratie, 3. die geistige Aristokratie. Jede dieser Aristokratien ist umgeben von einem Heer ihrer Neider, welche gegen jeden ihrer Angehörigen heimlich erbittert und, wenn sie ihn nicht zu fürchten haben, bemüht sind, ihm auf mannigfaltige Weise zu verstehen zu geben: «Du bist nicht mehr als wir!» Hingegen werden die der einen Aristokratie angehörigen sich mit denen einer der beiden anderen meistens gut und ohne Neid vertragen.»[549] In diesem Punkt extrapoliert Schopenhauer unzulässigerweise seine eigene Erfahrung als Philosoph, der nicht die Vornehmen noch die Reichen beneidete, berücksichtigt aber nicht so gewöhnliche Gegebenheiten wie den Neid des Parvenu auf den Aristokraten und den vieler Intellektueller auf den Mächtigen.

545. Ders., a. a. O.
546. Ders., Aphorismen, a. a. O., S. 414
547. Ders., Gedanken, a. a. O., S. 197
548. Ders., Grundlage, a. a. O., 347
549. Ders., Aphorismen, a. a. O., S. 415

Schopenhauer verharrt bei der Heimlichkeit dieses Gefühls und
der vielgestaltigen Verkleidung seiner Äußerungen. Der Neider
«versteckt sich so sorgsam wie die geheimen Wollustsünden
und wird nun ein unerschöpflicher Erfinder von Listen Schlichten und Kniffen, sich zu verhüllen und zu maskieren, um unge-
sehen seinen Gegenstand zu verwunden. Da wird er zum Beispiel die Vorzüge, welche sein Herz verzehren, mit unbefangen-
ster Miene ignorieren, sie gar nicht sehen, nicht kennen, nie
bemerkt noch davon gehört haben, und wird so im Dissimulie-
ren einen Meister abgeben. Den, dessen glänzende Eigenschaften
an seinem Herzen nagen, scheinbar als unbedeutend gänzlich
übersehen, gar nicht gewahr werden und gelegentlich ganz vergessen haben. Dabei aber wird er vor allen Dingen bemüht sein,
durch heimliche Machinationen jenen Vorzügen alle Gelegenheit sich zu zeigen und bekannt zu werden, sorgfältig zu entziehen. Sodann wird er über sie aus dem Finstern Tadel, Hohn,
Spott und Verleumdung aussenden, der Kröte gleich, die aus
einem Loch ihr Gift hervorspritzt. Nicht weniger wird er unbe-
deutende Menschen, oder auch das Mittelmäßige, ja Schlechte
in derselben Gattung von Leistungen, enthusiastisch loben.»[550]
Schwerlich findet sich in der Weltliteratur eine unerbittlichere
Zergliederung der heimtückischen und hinterlistigen Dialektik
des Neides.
Was rät der Philosoph? Den Neid «nicht erregen»[551]. Die Beneideten müssen sich von der Mißgunst der Neider fernhalten und
nach Möglichkeit «jede Berührung mit ihnen vermeiden»[552].
Es ist das Leben der Ausnahmemenschen im elfenbeinernen
Turm und die Absonderung des Zumeistbegünstigten, die schon
die Griechen empfahlen. Und wäre das nicht möglich, so bliebe
die Alternative der Demütigung oder der Verachtung: «Daher
eben Verstand und gar Genie sich auf der Welt erst Verzeihung
erbetteln müssen, wo immer sie nicht in der Lage sind, die Welt
stolz und kühn verachten zu dürfen.»[553]
Was ist die gesellschaftliche Wirkung des Neides? Es ist die
Verbindungslosigkeit und daraus folgend die Nichtzugehörig-
keit: «Der Neid nämlich baut die Mauern zwischen Du und Ich
fester auf, dem Mitleid wird sie dünn und durchsichtig, ja bis-

550. Ders., Gedanken, a. a. O., S. 197
551. Ders., Aphorismen, a. a. O., S. 415
552. Ders., a. a. O., S. 415
553. Ders., Gedanken, a. a. O., S. 197

weilen reißt es sie ganz ein, wo dann der Unterschied zwischen Ich und Nicht Ich verschwindet».[554]

Der Neid erweist sich als das gesellschaftsfeindliche Gefühl schlechthin. So ist die beklemmende Schlußfolgerung, in die eine Welt von Neidern einmündet: «Je glänzender man ist, desto mehr steht man allein».[555]

Das Problematischste an dieser Lehre ist der Gegensatz zwischen dem Neid und der Schadenfreude, zu dem Schopenhauer durch eine wertende Entscheidung gelangt und nicht durch Erfahrung. Das Erhellendste ist die Demaskierung der neidischen Machenschaften und das Fortgeschrittenste der Hinweis auf die radikale Insoziabilität des Neides.

Marx

Karl Marx (1818–1883) unterscheidet in seinen zum ersten Male 1932 veröffentlichten Manuskripten von 1844 zwischen dem noch «unvollendeten Kommunismus»[556] und dem seinen, dem vollendeten Kommunismus. Jener ist «roh», dieser wissenschaftlich. Und den ersten beschuldigt er des Neides.

Marx definiert den Neid als «eine versteckte Form der Habsucht», was überaus ungenau ist, denn selten ist die Habsucht, die sich nicht versteckt. Er fügt hinzu, «daß er sich gegen jedes reichere Privateigentum» richte, was nicht richtig ist, denn es gibt Menschen, die die reicheren nicht beneiden, und also wird nicht «jeder» überlegene Reichtum geneidet, und schließlich erklärt er, daß die Sucht des Neiders die «allgemeine Nivellierung» ist, eine exakte Beobachtung, die die Beziehungen zwischen dem Kommunismus und dem Neid verdeutlicht. Aber «nur der rohe Kommunismus ist die Vollendung dieses Neides und dieser Nivellierung von dem vorgestellten Minimum aus». Es wird angenommen, daß es im vollendeten Kommunismus auch nicht das allergeringste gleiche Privateigentum gibt, sondern alles öffentliches Eigentum ist.

Marx' Bemühen, seinen Kommunismus des Neides zu entledigen ist teils rhetorisch und teils utopisch. Die Anerkennung des

554. Ders., a. a. O., S. 186
555. Ders., a. a. O., S. 198
556. Alle Zitate stammen aus einem einzigen Text, der sich im zweiten Abschnitt «Privateigentum und Kommunismus» des II. Manuskripts «Privateigentum und Arbeit» der Ökonomisch philosophischen Manuskripte (1844) befindet. Erschienen als Anhang zu Erich Fromm, «Das Menschenbild bei Marx», Ullstein Materialien, 1980.

neidischen Charakters der Egalitarismen und in Sonderheit des Kommunismus ist die realistische Note seines Denkens, das immer darauf aus ist, die übrigen Systeme zu karikieren und das eigene zu idealisieren. Marx begnügt sich aber nicht damit, den Neid jenen anderen Kommunisten aufzuhalsen, und versucht dasselbe mit den Freihändlern, wenn er behauptet, daß «Neid und Nivellierungssucht sogar das Wesen der Konkurrenz ausmachen», was falsch ist, denn die Konkurrenz ist gewöhnlich Wetteifer und schafft, statt gleichzuschalten, Rangordnung. Die Haltung Marx' gegenüber dem Neid ist nicht eigentlich begrifflich, sondern politisch. Er ist sich über das Gewicht der Anklage im klaren und beschränkt sich darauf, sie zurückzuweisen und sie – ohne irgendwelche Begründung durch wahrnehmbare Tatsachen – den übrigen weiterzureichen.

Nietzsche

Friedrich Nietzsche (1844–1900) war von einer tödlichen Abneigung gegen die klassische Moral in ihrer aristotelischen, stoischen und vor allem christlichen Fassung bewegt.

Das kritische Bemühen wurde nicht durch die Konstruktion dessen, was er die Moral des edlen Menschen, der «blonden Bestie»[557] nannte, ausgeglichen. Obschon von der griechischen Philologie geformt, lag seine Art zu denken und zu schreiben: gleichnishaft, aphoristisch, verschwommen und prunkend auf der Linie der chinesischen, hinduistischen und hebräischen Weisheitslehren und nicht der abendländischen. Sein unter höchstem Druck kochendes und schließlich explodierendes Gehirn brachte kein System hervor, sondern Geistesblitze. Sein Leben war vom Neuen Testament besessen, und viele Seiten Nietzsches wollten ein Antievangelium sein, was ihm nicht im entferntesten gelang. In der «Genealogie der Moral» (1887) ist sein zentrales Thema das passiv eng mit der Frustration und der Ohnmacht und aktiv mit der Rache und dem Neid verknüpfte Ressentiment.

Nach Nietzsche ist das Ressentiment der Gemütszustand «solcher Wesen, denen die eigentliche Reaktion, die der Tat versagt ist, die sich nur durch eine imaginäre Rache schadlos halten»[558]. Es ist nicht die Folge einer Verhinderung, nicht einmal eines

---

557. Nietzsche, Friedrich, Zur Genealogie der Moral, 1887, I, 11, in: Werke, ed. Kröner, Bd. VII, S. 318
558. Ders., a. a. O., I, 10, S. 313

Verzichts, sondern einer Unfähigkeit zu handeln. Der im Ressentiment Befangene ist «ohnmächtig»[559], er hat einen «ungesättigten Instinkt»[560], der mit einer gedanklichen Operation befriedigt wird.

Warum gibt diese Ohnmacht, abgesehen davon, daß sie unglücklich macht, Veranlassung zur Rache, und sei es auch nur im inwendigen Bereich? Nietzsche beschreibt den seelischen Vorgang detailliert: «Hierin allein ist, meiner Vermutung nach, die wirkliche psychologische Ursächlichkeit des Ressentiments, der Rache und ihrer Verwandten zu finden, in einem Verlangen... einen quälenden, heimlichen, unerträglich werdenden Schmerz durch eine heftigere Emotion irgendwelcher Art betäuben..., und dazu braucht man einen Affekt und zu dessen Erregung den ersten besten Vorwand. «Irgend jemand muß schuld daran sein, daß ich mich schlecht befinde.»[561] Diese Verlagerung der Verantwortung für mein Unglück auf einen anderen macht den Regenten, den Vorgesetzten, den Vater, den Nachbarn oder die Gesellschaft in ihrer Gesamtheit zu Bösewichtern.

Der im Ressentiment Befangene lebt in einer Welt «unterirdischer Rache, unersättlich in Ausbrüchen gegen die Glücklichen»[562], die er für schuldig an den eigenen Mißhelligkeiten hält. Dann widerfährt ihm dasselbe wie dem Neider, «Leiden sehen tut wohl, leidenmachen noch mehr»[563]. Aber die höchste Rache des im Ressentiment Befangenen wird sein, die Glücklichen davon zu überzeugen, daß «es eine Schande ist glücklich zu sein! Es gibt zuviel Elend!»[564] Der vom Ressentiment Erfüllte kehrt die Ethik um: «...vielmehr frage man sich doch, wer eigentlich böse ist im Sinne der Moral des Ressentiments. In aller Strenge geantwortet: eben der Gute der anderen Moral»[565]. Es ist die «verkehrte Welt»[566], ist «eine Umwertung aller Werte»[567].

Das Ressentiment ist eine gedankliche Operation, um die Verantwortung für das eigene Scheitern bei anderen abzuladen, um die Ohnmacht zu sublimieren und letztendlich um eine Wert-

559. Ders., a.a.O., I, 10, S. 314
560. Ders., a.a.O., III, 11, S. 422
561. Ders., a.a.O., III, 15, S. 436
562. Ders., a.a.O., III, 14, S. 431
563. Ders., a.a.O., II, 6, S. 351
564. Ders., a.a.O., III, 14, 431
565. Ders., a.a.O., I, 11, 317
566. Ders., a.a.O., III, 14, S. 432
567. Ders., Götzendämmerung, 1889, Vorwort, in: Werke, a.a.O., Bd. VIII, S. 85

skala aufzustellen, die den glücklichen Sieger in einen Böse-
wicht verwandelt und den verbittert Gescheiterten gut sein läßt.
Diese Folgerungsmanöver sind Verfälschungen. Der im Ressentiment Befangene betrügt sich, denn er ist «weder aufrichtig,
noch naiv, noch mit sich selber ehrlich und geradezu»[568]. Aber
diese Manöver sind feingesponnen, und die Gewohnheit ihrer
Durchführung entwickelt die Geistesfähigkeiten.

Unter den dem Ressentiment verwandten Emotionen ragt der
Neid hervor, und viel von dem, was Nietzsche von jenem sagt,
ist auf diese Leidenschaft anwendbar, die er als «gallicht»[569]
bezeichnet, als mit der «Hündin Sinnlichkeit»[570] verwandten
«Winkelneid»[571] mit dem «schiefen Blick»[572] und dem «bösen
Blick».[573] Nietzsche besteht auf dem selbststrafenden Wesen
eines Gefühls, das «unsinnig macht... und erstickt»[574] «zerstört»[575] und «wendet zuletzt, gleich dem Skorpion gegen sich
selber den vergifteten Stachel.»[576]

Was erregt den Neid? Das fremde Glück. «Diese räucherigen,
stubenwarmen, verbrauchten, vergrämten, vergrämelten Seelen
– wie könnte ihr Neid mein Glück ertragen!»[577] Beneidet wird
der, der «höhersteigt»[578], der «große Mann»[579], der «reichste»[580]
und der «nicht neidische»[581]. Nietzsche stimmt mit den Klassikern darin überein, daß «große Verbindlichkeiten nicht dankbar
machen, sondern rachsüchtig, und wenn die kleine Wohltat
nicht vergessen wird, so wird noch ein Nagewurm daraus.»[582]

Was ist das Ideal? Zarathustra wendet sich folgendermaßen an
den Sonnengott: «So segne mich denn du ruhiges Auge, das ohne
Neid auch ein allzugroßes Glück sehen kann»[583]. Es ist eine

568.a Ders., Genealogie, I, 10, S. 315
568.b Ders., a. a. O.
568.c Ders., Jenseits von Gut und Böse, 1886, 264, in: Werke, a. a. O., Bd. VII,
    S. 251
569. Ders., Also sprach Zarathustra, 1892, VI, in: Werke, a. a. O., Bd. 6, S. 392
570. Ders., Jenseits, 264, S. 251
571. Ders., Zarathustra, S. 78
572. Ders., a. a. O., S. 48
573. Ders., a. a. O., S. 69 und 197
574. Ders., a. a. O., S. 195
575. Ders., a. a. O., S. 61
576. Ders., a. a. O., S. 51
577. Ders., a. a. O., S. 256
578. Ders., a. a. O., S. 93
579. Ders., Jenseits, 126, S. 102
580. Ders., Zarathustra, S. 160
581. Ders., a. a. O., S. 246
582. Ders., a. a. O., S. 128

Theodizee im absoluten Widerspruch zur olympischen Mythologie. Es gibt demnach ein «Wesen, groß genug, um Haß und
Neid nicht zu kennen».[584] So lautet das Bekenntnis des Philosophen: «Lieber noch Säulenheiliger will ich sein als Wirbel der
Rachsucht».[585] Aber der Neid läßt Zugeständnisse ratsam erscheinen, die denen Senecas entsprechen, wenn Nietzsche auch
häufig die Stoiker schmähte: «Die Neigung, sich herabzusetzen,
sich bestehlen, belügen und ausbeuten zu lassen, könnte die
Scham eines Gottes unter Menschen sein».[586] Also muß man
sich verkleiden: «Vor uns selbst stellen wir uns alle einfältiger,
als wir sind: wir ruhen uns so von unseren Mitmenschen aus»[587]
und «ein Talent haben ist nicht genug, man muß auch Eure
Erlaubnis dazu haben».[588] Ein Gegengift ist die Liebe: «Und oft
will man mit der Liebe nur den Neid überspringen».[589]
Das Neue in Nietzsches Denken über den Neid ist dessen Einfluß auf die Moral, wenn er zum Ressentiment führt und letzten
Endes zur Umwertung der Werte. So kommt es, daß eine ursprünglich heimliche und selbststrafende Leidenschaft die Weltauffassung verändern kann. Dies ist die These, die Scheler auf
rationalem Wege weiter führen sollte als sein pathetischer Vorgänger.

Freud

Sigmund Freud (1856–1939) steht der Metaphysik näher als der
Naturwissenschaft, weil beherrschend in seinem Werk nicht die
Daten sind, sondern die hypothetischen abstrakten Modelle zur
Struktur der seelischen Funktionen. Wie der Marxismus ist die
Psychoanalyse fast zur Religion geworden.
«Nach langem Zögern und Schwanken» – schreibt Freud im
letzten Jahre seines langen Lebens – «haben wir uns entschlos-
sen, nur zwei Grundtriebe anzunehmen, den Eros und den De-
struktionstrieb. Das Ziel des ersten ist, immer größere Einheiten
herzustellen und so zu erhalten, also Bindung, das Ziel des
anderen im Gegenteil, Zusammenhänge aufzulösen und so die
Dinge zu zerstören. ... In den biologischen Funktionen wirken

583. Ders., a. a. O., S. 10
584. Ders., a. a. O., S. 66
585. Ders., a. a. O., S. 148
586. Jenseits, 66, S. 93
587. Ders., a. a. O., 100, S. 98
588. Ders., a. a. O., 151, S. 106
589. Ders., Zarathustra, S. 80

die beiden Grundtriebe gegeneinander oder kombinieren sich miteinander.»[590] Als Forscher vom Triebleben besessen, beschäftigte er sich wiederholt mit der Liebe, dem Haß, der Eifersucht, der Scham usw., und immer aus einem Blickwinkel des Sexus interessierte er sich auch für die Angst, die Melancholie, den Gram und die Trauer. Ohne seinen Pansexualismus aufzugeben, widmete Freud dem Neid einige wertvolle Seiten. Die ursprüngliche Freud'sche These geht davon aus, daß der Neid die Wurzel der Soziabilität ist. Anders als Trotter[591] glaubt Freud nicht, daß der Herdentrieb etwas Primäres ist, sondern etwas Abgeleitetes, er entspringt «dem anfänglichen Neid, mit dem das ältere Kind das jüngere aufnimmt».[592] Freud zufolge wäre dieser «primitive Neid» mit der Beseitigung des Neugekommenen zu befriedigen gewesen, aber da es das nicht erreichen kann, fühlt sich das Kind gezwungen, sich mit den übrigen zu vereinen, und es bildet sich ein «Massen- oder Gemeinschaftsgefühl, das dann in der Schule seine weitere Entwicklung erfährt».[593]

Was ist der kategorische Imperativ dieser Ethik, die aus der Ohnmacht, die elterliche Liebe zu monopolisieren, sich ableitet? «Die erste Forderung dieser Reaktionsbildung ist die nach Gerechtigkeit, gleicher Behandlung für alle... Wenn man schon selbst nicht der Bevorzugte sein kann, so soll doch wenigstens keiner von allen bevorzugt werden.»[594] Der grundlegende Trieb der Liebe zu den Eltern läßt den Neid entstehen, der die gleichmacherische Soziabilität hervorbringt. Dies ist die Entstehungsgeschichte des Herdentriebes des Menschen, aber andere, ähnliche Triebe gehorchen einem ähnlichen Mechanismus: «Der Gemeingeist, esprit de corps usw. verleugnet nicht seine Abkunft vom ursprünglichen Neid.»[595]

Ist die ungleiche Verteilung des Eigentums die Ursache des Neides und allgemein der schlechten Absichten einiger Menschen gegen andere? Freud äußert sich negativ und in frontalem Gegensatz zu der stillschweigenden Annahme von Marx: «Ich habe

590. Freud, Sigmund, Abriß der Psychoanalyse, 1938, Fischer TV, 1972, S. 12.
Die Unterscheidung erscheint bereits in Das Ich und das Es, 1923, Fischer TV 1960, S. 193 ff.
591. W. Trotter, Instincts of the herd in peace and war, 1916
592. Freud, Massenpsychologie und Ich-Analyse, 1921, S. 61
593. Ders., a. a. O.
594. Ders., a. a. O.
595. Ders., a. a. O.

nichts mit der wirtschaftlichen Kritik des kommunistischen Systems zu tun, und ich kann nicht untersuchen, ob die Abschaffung des privaten Eigentums zweckdienlich und vorteilhaft ist, aber seine psychologische Voraussetzung vermag ich als haltlose Illusion zu erkennen».[596] Aus welchen Gründen? Weil mit der Abschaffung des Privateigentums «die Unterschiede von Macht und Einfluß»[597] nicht verschwinden werden und vor allem weil «noch das Vorrecht aus sexuellen Beziehungen bleibt, das die Quelle der stärksten Mißgunst und der heftigsten Feindseligkeit unter den sonst gleichgestellten Menschen werden muß».[598] Die Einschränkung der Sexualität führt Freud zu einer Radikalisierung, nicht aber zu einem Irrtum. Es ist höchstwahrscheinlich, daß es Neid gibt, solange eine Frau einen Mann einem anderen vorzieht.

In bestimmten Bibelexegesen stellt Abel den Acker dar und Kain die Stadt. Auf jenem ist eine Art Einsamkeit möglich und in dieser ist das Zusammenleben unvermeidlich. So gesehen hat die Gesellschaft einen neidischen Ursprung, aber das ist fast ein affektiver Zufall. Für Freud handelt es sich nicht um eine mehr oder weniger anekdotische Wechselbeziehung, es ist eine inwendige Gründung des politischen Gemeinschaftsgefühls auf den Neid und daher die Radikalität des wesentlich neidischen gleichmacherischen Anspruches. Aus dem Zusammenwirken von Eros und Destruktionstrieb entsteht die Gesellschaft, sie ist eine Synthese von Gegensätzen und ein unsicheres Gleichgewicht, in dem der Neid die Hauptrolle spielt. Dieser tiefschürfende, anregende Gedankengang hat nicht einmal im weiten Schoß der psychoanalytischen Schule Fortsetzer gefunden.

Unamuno

Miguel de Unamuno (1864–1936), der sich, manchmal mit befremdlicher Ungeniertheit und ein andermal mit leidenschaftlicher Tiefe, mit nahezu allem Menschlichen beschäftigt, schrieb den Essay «Der spanische Neid» (1919) und widmete seinen Roman «Abel Sanchez» (1917) dem Thema des Neides und des Hasses, einer zweifelhaften Dualität, die das ganze Buch hindurch aufrechterhalten bleibt.[599] Er bezeichnet diese Leiden-

596. Ders., Das Unbehagen in der Kultur, 1930, Fischer TV 1972, S. 103/4
597. Ders., a. a. O.
598. Ders., a. a. O.
599. Unamuno, Miguel de, Abel Sanchez, 1917, ed. Austral, 1980, 15a ed S. 49, 61, 73, 100, 150 etc.

schaft als «psychische Krankheit»[600], «schreckliche Plage»[601], «innerlichen Brand»[602], «tödlichen Krebs»[603] des menschlichen Geistes und besonders der «spanischen Seele».[604] Er ist der «nationale spanische Aussatz»[605], «das Ferment des spanischen Gesellschaftslebens».[606] Spanien ist ein Land, in dem Gebot zu sein scheint: «Hasse Deinen Nächsten wie Dich selbst».[607] Und der Fehler folgt den Kolonisatoren nach Übersee: «Dieses unser Grundübel, Zwillingsschwester des streitsüchtigen Müßiggangs, haben unsere Ahnen den hispanoamerikanischen Völkern übertragen, und bei denen hat seine stinkende Blüte, so glaube ich, noch stärker geblüht als bei uns».[608] Seine empirische Schlußfolgerung ist schneidend: «Als Ganzes sind wir ein Haufen Neider, wir sind es, die Hispanier auf dieser Seite des Atlantiks und ihr seid es, die auf der anderen Seite».[609] Und die Stadt Madrid nannte er gewöhnlich «Neidstadt» (Envidiopolis).

Unamuno anerkennt nichtsdestoweniger das universale Wesen des Neides: «Wer all sein Scheitern fremdem Neid zuschreibt ist ein Neider. Und sind wir es nicht alle? ... Er ist die Erbsünde».[610] Wie Aristoteles meint er, «daß nicht der Fremde beneidet wird, sondern die desselben Volkes unter sich, nicht der ältere, der einer anderen Generation, sondern der Gleichaltrige, der Kamerad. Und der größte Neid unter Brüdern... Entschieden, der Neid ist eine Art von Verwandtschaft.»[611] Und ein Echo Nietzsches ist in dem Gedanken, daß das Handeln, und sei es auch kriminell, «von dem bösen Gefühl befreit»[612], von Neid und Haß. Und in Übereinstimmung mit Schopenhauer schreibt er: «Der Neid ist sehr scharfsinnig und fruchtbar im Erfinden von Schmeicheleien und Lobhudeleien»[613] und von «boshaften Li-

600. Ders., La agonia del christianismo, 1931, in: Ensayos, ed. Aguilar, Madrid, 1942, vol. I, S. 1013
601. Ders., La envidia hispanica, 1909, in: Ensayos, a. a. O., vol. II, S. 335
602. Ders., a. a. O.
603. Ders., a. a. O.
604. Ders., a. a. O.
605. Ders., Abel Sanchez, S. 11
606. Ders., a. a. O.
607. Ders., a. a. O., S. 150
608. Ders., La envidia, S. 335
609. Ders., a. a. O.
610. Ders., Abel Sanchez, S. 46
611. Ders., a. a. O., S. 133/134
612. Ders., a. a. O., S. 100
613. Ders., La envidia, S. 337

sten» wie dem «mit Lob Nivellieren».[614] Es sind Feststellungen, die auf persönlichen Erfahrungen des Schriftstellers beruhen. Was sind die Ursachen? Nach Unamuno «kommt der Neid von geistiger Trägheit»[615], «ist Tochter gedanklicher Oberflächlichkeit und des Fehlens großer innerer Anliegen»[616] und des «geistigen Geizes»[617] und ist «Gefährtin des Dogmatismus».[618] Für Unamuno ist die Geistesträgheit weder ein Quietismus noch ein Nichtstun, denn sie ist mit intensiver Lebensweise vereinbar und mit vielem Studieren, sie ist eine «Trägheit der Intelligenz».[619] Eine schwer zu verstehende Unterscheidung, es sei denn, für Unamuno gelte jeder Verstand als träge, der nicht so gebraucht wird, wie er es für richtig hält. Jedenfalls wird Unamuno zum Abweichler und Einzelgänger, denn es besteht nahezu Einmütigkeit, daß der Neid ein vielschichtiges Produkt der Seele ist, von Leuten, die sich selbst beobachten, sich vergleichen und ihre Unterlegenheitsgefühle zu überwinden suchen, indem sie Tatsachen und Werte manipulieren. Unamuno selbst widerspricht sich, wie es in seinem Werk häufig vorkommt, und erwähnt als gewöhnlich neidisch die Kleriker, die Gelehrten und bestimmte Schriftsteller, sie alle von größerer oder kleinerer, aber ihrem Wesen nach aktiver Intelligenz.

Unamuno, der sich so sehr für das Sujet Kain interessierte, schloß sich der exegetischen Tradition an, die den brudermörderischen Neider mit dem Ursprung der Stadt in Verbindung bringt, und verallgemeinert: «Der Neid war, ist und wird der stärkste Zement der bürgerlichen Bruderschaft».[620] Diese Anschauung mit Freudschen Anklängen scheint die These Schelers vorwegzunehmen. Schließlich stellt Unamuno eine politische Korrelation her: «Der Neid ist die Mutter der Demokratie».[621] Ihrerseits «erzeugen Friede und Demokratie nahezu zwangsläufig den Neid ... Die Demokratien sind neidisch».[622] Und er deutet zwei Motive an: die besagte Trägheit und den Egalitarismus. Es ist die Nichtanpassung an Unterlegenheit und Andersartig-

614. Ders., a. a. O.
615. Ders., a. a. O.
616. Ders., a. a. O., S. 338
617. Ders., La agonia, S. 1013
618. Ders., La envidia, S. 338
619. Ders., a. a. O., S. 337
620. Ders., Civilitas, en Rosario de sonetos liricos, 1911, in: Obras Completas, ed. Escelicer, Madrid, 1966, vol. VI, S. 379
621. Ders., La envidia, S. 337
622. Ders., a. a. O., S. 338

keit: Die Neider «können nicht ertragen, daß andere sich auszeichnen»[623], und als Reaktion versuchen sie, sie gleichzuschalten. Die gleichmacherische Einschnürung der wenigen durch die
vielen vollzieht sich in vielen Bereichen menschlicher Betätigung. Unamuno hebt zwei hervor: die Politik mit der demokratischen Methode und die Ideologie mit dem Mittel der allgemein
anerkannten Werte. Auch hinsichtlich dieser letzten ist er deutlich: «Ursprung jeder Orthodoxie, in der Religion wie in der
Kunst ist der Neid.»[624] Mit dem Hinweis, daß der politische und
ideologische Egalitarismus die Besonderheit in Straftat verwandelt, zielt Unamuno auf die überwiegende gesellschaftliche Wirkung des Neides.

Der tiefschürfende Beitrag Unamunos ist die Aktualisierung des
Sprichworts, das auf Ibn Hazm zurückgeht: «In Spanien... beneidet man den Gelehrten... mit doppelter Feindseligkeit wie in
irgendeinem anderen Land».[625]

Scheler

Max Scheler (1874–1928) bezeichnet die Wiedereinsetzung des
Gefühls, verfällt aber nicht in irrationalen Vitalismus. Er pflegte
alle philosophischen Disziplinen und widmete sich in besonderem Maße dem Gefühls- und Sittenleben.[626] Mit dem Neid beschäftigte er sich thematisch in der Schrift «Das Ressentiment
im Aufbau der Moralen» (1912).

Nach Scheler werden die Werte unmittelbar nicht durch den
Verstand, sondern durch das reine Gefühl erfahren.[627] Damit
wird das von den Intellektualismen aller Zeiten so verachtete
Gefühlsleben in den philosophischen Vordergrund gerückt.

Für Scheler entspringt der Neid «dem Ohnmachtsgefühl, das
sich dem Streben nach einem Gute dadurch entgegenstellt, daß
ein anderer es besitzt».[628] Er ist eine Leidenschaft, die an «be-

623. Ders., Abel Sanchez, S. 76
624. Ders., a. a. O.
625. Ibn Hazm (Abenhazam) de Córdoba, Epistola apologetica en Al-Makkari:
     The history of the mohammedan Dynasties of Spain, engl. Übers. P. Gayan-
     gos, London, 1840, vol. I, S. 169; span. Übers. E. Garcia-Gomez en Introduc-
     ción a El collar de la paloma, 3a ed. Madrid, 1971, S. 43
626. Scheler, Max, Der Formalismus in der Ethik, 1913–1916; Zur Phänomeno-
     logie und Theorie der Sympathiegefühle und von Liebe und Haß, 1913; Die
     Ursachen des Deutschenhasses, 1917, usw.
627. Ders., Das Ressentiment im Aufbau der Moralen, 1912, Ficke Verlag, Ber-
     lin, 1955, Bd. 3
628. Ders., a. a. O., S. 44

stimmte Objekte» gebunden ist[629], die verschwindet, wenn das Gut, um das ich jemanden beneide, mein eigen wird»[630], und die sehr viel «geistiger» ist[631] als andere, wie die Wut. Es gibt in diesem Affekt Abstufungen: «Der ohnmächtigste Neid ist zugleich der furchtbarste»[632], so «derjenige Neid, der sich auf das individuelle Wesen und Sein einer bestimmten Person richtet: der Existentialneid».[633] Scheler rechnet den Neid zu den «Gemütsbewegungen und Affekten, die an sich normal sind und zum Grundbestande der menschlichen Natur gehören».[634] Bedeutet das, daß er moralisch als neutral oder positiv zu bezeichnen ist? Nein! Scheler verneint, daß der Neid zu den Kräften gerechnet werden kann, die «die Zivilisation entwickeln», weil «der Neid den Willen zum Erwerb nicht spannt, sondern entspannt».[635] Er ist ein «Gegenimpuls»[636], der sich gegen die positiven Werte richtet. Wie dann erklären, daß es in der Natur einen Trieb ohne positive Funktionalität gibt? Der Philosoph beantwortet diese wesentliche Frage nicht.

Der Neid ist eines dieser Gefühle, die, wenn sie sich nicht entladen und systematisch verdrängt werden, eine «psychische Selbstvergiftung» hervorrufen[637], das Ressentiment, von Nietzsche geprägter Fachausdruck, den Scheler vollständig überarbeitet. Verdrängung ist gegeben, «wo weder eine sittliche Selbstüberwindung (bei der Rache z. B. ein echtes Verzeihen stattfindet) noch eine Handlung resp. ein adäquater Ausdruck der Gemütsbewegung in Ausdrucksäußerungen, z. B. Schimpfen, Schütteln der Faust usw.»[638] Diese Analyse, die zum Teil an die Freuds erinnert, wirft ernste Schwierigkeiten auf. Ein moralischer Sieg wäre es, das Geneidete zu erlangen, aber wenn das nicht gelingt, was wäre die kathartische Ausdrucksäußerung des Neides? Scheler löst dies Problem nicht. Vielleicht etwas wie eine Verfluchung oder der «böse Blick»? Die Erfahrung gibt keinen Anhalt, daß es typische emotionale Entladungen gibt, die

629. Ders., a. a. O., S. 41
630. Ders., a. a. O., S. 40
631. Ders., a. a. O.
632. Ders., a. a. O., S. 45
633. Ders., a. a. O.
634. Ders., a. a. O., S. 38
635. Ders., a. a. O., S. 45
636. Ders., a. a. O., S. 103
637. Ders., a. a. O., S. 38
638. Ders., a. a. O., S. 41

vom Neid befreien. Aus all dem ergäbe sich, daß, wenn der Neid naturgegeben ist und verdrängt zu werden pflegt, das Ressentiment des Neiders unvermeidlich wäre. Scheler formuliert diesen Schluß nicht, aber man kann nicht umhin, ihn von seinen Prämissen abzuleiten.

Die Hauptthese des Philosophen besteht darin, daß das Ressentiment sehr starke Wirkung auf die Ethik ausübt. Der im Ressentiment Befangene, der sich z. B. mit Neid vergiftet, ist unfähig, einen bestimmten Wert zu erlangen. Dann wird laut Scheler ein Prozeß ausgelöst, der darin besteht, den tatsächlichen Wert des Geneideten zu leugnen, dann alles zu entwerten, das mit diesem Wert in Zusammenhang steht, und schließlich kann man zu einem «universalen Negativismus der Werte» gelangen.[639] Die Neigung des im Ressentiment Befangenen, das «zu beleidigen, zu erniedrigen und zu verkleinern»[640], demgegenüber er sich ohnmächtig fühlt, führt ihn zu der gedanklichen Operation, die objektiven Werte zu verleugnen und ihre Rangordnung umzukehren. Mit dieser begrifflichen Manipulation werden falsche Moralbegriffe geschaffen. Scheler geht davon aus, daß einige der irrigen Gebote der Ethik seiner Zeit Frucht des Ressentiments sind, so der «Egalitarismus»[641], die «allgemeine Menschenliebe»[642], die «Unterordnung der Lebenswerte unter die Nutzwerte»[643] und der «Demokratismus»[644]. Dieser für die moderne Welt charakteristische «Umsturz der Werte» hat seinen Ursprung im «Sieg der Werturteile der vital Tiefstehenden, der Niedrigsten, der Parias des menschlichen Geschlechts, und das Ressentiment ist seine Wurzel».[645]

Scheler sagt es nicht ausdrücklich, aber aus der Aufzählung und der Analyse der das Ressentiment auslösenden Gefühle ergibt sich, daß die beiden hauptsächlichsten die Rache und der Neid sind. Letzterer ist nun schon nicht allein deshalb zu verurteilen, weil er selbststrafend und gesellschaftsfeindlich, sondern weil er eine der hauptsächlichen Triebkräfte des Umsturzes der moralischen Ordnung innerhalb des Individuums und der Gesellschaft ist.

639. Ders., a. a. O., S. 31
640. Ders., a. a. O., S. 37
641. Ders., a. a. O., S. 202
642. Ders., a. a. O., S. 96
643. Ders., a. a. O., S. 131
644. Ders., a. a. O., S. 139
645. Ders., a. a. O., S. 145

Melanie Klein

Melanie Klein (1882–1960) ist eine heterodoxe, in der Psychoanalyse des Kindes spezialisierte Freudianerin. Ihr umfangreiches Werk ist wenig systematisch, und die Terminologie ist ungenau, weshalb jede klare und deutliche Darstellung ihres Denkens einer Interpretation gleichkommt. Der Autorin zufolge beginnt die Angst der Kinder und besonders die depressive mit einer «primären Dissoziation»[646] oder einem unbewußten Widerspruch, der in den ersten drei oder vier Lebensmonaten erlebt wird. Und in dieser frühreifen Dissoziation ist der Neid gegenwärtig, ein gefühlsmäßiges Phänomen, das somit ein klinisch radikales und originäres Wesen gewinnt. Der Neid wird definiert als «ein unfreundliches Gefühl gegen eine andere Person, die etwas Begehrenswertes besitzt oder sich an ihm erfreut, wobei der neidische Trieb darauf gerichtet ist, es ihm wegzunehmen oder es zu beschädigen»[647]. Es handelt sich also nicht um einen bloß passiven Gemütszustand, sondern vielmehr um eine «destruktive»[648] Dynamik. Deshalb stellt sie ihn dem «Haß»[649] gleich. Es ist eine Auffassung vom Neid, die der Leidenschaft im traditionellen Sinne näher ist als dem Gefühl.

Der Beitrag dieser Forscherin besteht in der Formulierung einer These zum Ursprung des Neides. Nach ihrer Ansicht ist es ein Vorgang, der sich im Unbewußten des Neugeborenen vollzieht, wenn es die nährende Mutterbrust entbehrt, die das erste «beneidete Objekt»[650] darstellt. «Die Frustration läßt es sich einbilden, daß die Milch und die Liebe ihm willkürlich verweigert und von der Mutter zu ihrem eigenen Vorteil vorenthalten werden. Solche Mutmaßungen bilden die Grundlage des Neides. Zum Neid gehört nicht nur das Streben nach Besitz, sondern auch ein starker Wunsch, die Freude zu verderben, die die übrigen durch das begehrte Objekt erlangen können»[651]. Der Säugling will die Nahrung genießen und versucht gleichzeitig, sie zu zerstören. Dieses Paradox setzt einen schizoiden Zustand voraus, der schlechtes Gewissen zu enthalten pflegt: «Eine der tiefsten

646. Klein, Melanie, Envy and gratitude, 1957. Zitate nach der span. Übersetzung in: Obras completas, ed. Paidos, Buenos Aires, vol. VI, 1980, S. 32
647. Dies., a. a. O., S. 17
648. Dies., a. a. O., S. 84, auch S. 26, 79
649. Der neidische Teil der Persönlichkeit, der, der haßt, a. a. O., S. 70
650. Dies., a. a. O., S. 21
651. Dies., Das Gefühl der Einsamkeit und andere Essays, in: Gesammelte Werke, a. a. O., vol. VI, S. 226

Quellen der Schuld ist immer mit dem Neid auf die nährende Brust verknüpft und dem Gefühl, seine Vortrefflichkeit infolge der durch den Neid verursachten Angriffe verdorben zu haben».[652] Die Autorin gibt zu verstehen, daß der Neid «als die größte Sünde von allen verstanden wird, weil er das gute Objekt angreift und beschädigt, das der Lebensquell ist».[653] Der Neid ist, kurz gesagt, insoweit nicht überwundener Konflikt und Schuldgefühl, die Ursache, von der bei der Heilung der kindlichen Angst auszugehen ist.[654]

Der Neid ist nicht etwas zufällig Dahergekommenes, sondern ist vielmehr «in der Natur begründet»[655], ist «unersättlich»[656], Quelle großen Ungemachs[657] und benebelt so weitgehend, daß er «die Unterscheidung zwischen Gut und Böse verschwimmen läßt».[658] Es gibt aber Personen, die für den Neid prädestiniert sind im Verhältnis zu anderen. «Ein von Natur starkes Ich wird nicht leicht Beute des Neides».[659] Im Grunde ist er keine umweltbedingte Gegebenheit, sondern eine angeborene Schwäche. Was sind die Verteidigungsmittel gegen den Neid? Sie sind «unendlich»[660], und die Autorin zählt die «Idealisierung... und Verherrlichung»[661] des Geneideten auf. Ein anderes ist genau das Gegenteil: «abwerten».[662] Auch ist möglich, «in anderen Neid zu erwecken»[663] oder «sich dem Kontakt mit den Personen zu entziehen».[664] Aber die wirksamste Behandlung ist es, «die Dankbarkeit zu entwickeln, die zum Glück beiträgt, vom Ressentiment und vom Neid befreit»[665] und den Gegenimpuls erweckt, die «Liebe».[666]

Diese Theorie ist eine psychoanalytische Kuriosität. Erstens sind die obengenannten unbewußten Vorgänge bei Kindern von

652. Dies., Envy and Gratitude, a. a. O., S. 38
653. Dies., a. a. O., S. 28
654. Dies., El destete (Das Abstillen), in: Obras completas, a. a. O., Vol. VI, S. 250
655. Dies., Envy and gratitude, a. a. O., S. 11, auch S. 77
656. Dies., a. a. O., S. 18
657. Dies., a. a. O., S. 46
658. Dies., a. a. O., S. 79
659. Dies., a. a. O., S. 77
660. Dies., a. a. O., S. 65
661. Dies., a. a. O., S. 60
662. Dies., a. a. O., S. 63
663. Dies., a. a. O., S. 64
664. Dies., a. a. O.
665. Dies., The solitude, a. a. O., S. 226
666. Dies., Envy and gratitude, a. a. O., S. 11

drei Monaten unbeweisbar und sind nicht aus Jahre später durchgeführten Untersuchungen ableitbar. Zweitens ist es nicht korrekt, auf die ganze Menschheit bestimmte außergewöhnliche Zustände der Pathologie des Kindes zu übertragen. Drittens müßte man im Falle der künstlich aufgezogenen Kinder das ganze Schema von Melanie Klein vom mütterlichen Schoß samt seinen verschrobenen sexuellen Korollarien, das wir ausgelassen haben, um die Darstellung nicht zu komplizieren, auf die elementar fühllose Saugflasche übertragen. Viertens: Paßt die verdrehte, unnatürliche und falsche Vorstellung, daß die Mutter die Milch zu ihrem eigenen Vorteil zurückhält, in einen Verstand von drei Monaten? Fünftens: Wenn man neidet, weil man ein schwaches Ich besitzt, und es so ist, daß alle neiden, wäre zu schließen, daß es psychische Gesundheit überhaupt nicht gibt.

Schoeck

Helmut Schoeck (geboren 1923), Professor der Soziologie in Mainz, ist Autor der Abhandlung «Der Neid. Eine Theorie der Gesellschaft» (1966). Später veröffentlichte er fünf kritische Essays über den gleichmacherischen Sozialismus[667], die eine aus seinem Hauptwerk abgeleitete politische Stellungnahme enthalten.

Nach einem panoramaartigen Überblick über die Literatur, das Denken und besonders die Ethnologie gelangt der Autor zu dem Schluß, daß der Neid «allgegenwärtig» ist[668] und daß, wie das hypothetische goldene Zeitalter, die vermeintliche soziale Harmonie mancher primitiver Völker ein «Irrtum»[669] ist. Der Neid gehört zur Natur des Menschengeschlechts: «Die biologischen Grundgegebenheiten unserer Existenz machen die des Neidens ganz unfähige Person sehr unwahrscheinlich».[670] Aber dieser ausführliche, vielfache Beweis führt nicht zu systematischem Denken. Um eine Lehrmeinung nachzuvollziehen, muß man verstreute Sentenzen aufspießen und nach Überwindung bestimmter Paradoxe zu einem ganzen Körper gliedern.

Einerseits behauptet Schoeck, daß «der Neider die Verneinung der Grundlage jeder Gesellschaft ist»[671] und daß «das Beneiden

667. Schoeck, Helmut, Das Recht auf Ungleichheit, München 1979
668. Ders., Der Neid. Eine Theorie der Gesellschaft, 1966
669. Ders., a. a. O., S. 41
670. Ders., a. a. O., S. 327
671. Ders., a. a. O., S. 36

anderer stets ein sich nicht von selbst stillendes, ein negatives, unproduktives Gefühl ist»[672]. Es ist der bekannte Gedanke vom gesellschaftsfeindlichen Wesen des Neides. Aber andererseits behauptet er, daß «wir den Neid nicht nur als negative Erscheinung auffassen können»[673], da er ja manchmal «eine eigentliche Triebfeder zu positiver Leistung ist»[674], und vor allem, «daß er jedes soziale Zusammenleben überhaupt erst ermöglicht».[675] «Ohne die Neiderregbarkeit können wir uns das soziale Wechselspiel nicht denken»[676], «ohne Neid gäbe es keine größeren sozialen Gebilde... und der in diesem Begriff erfaßte emotionale Vorgang ist so konstitutiv für die gesellschaftliche Existenz»[677], und «weil wir ohne diese Eigenschaft sozial nicht organisierbar wären».[678]

Wie rechtfertigt der Autor seine neuartige These? Tatsächlich bringt er, flüchtig, nur ein Argument, das er nicht entwickelt. Er setzt voraus, daß «das Gemeinwesen als solches gesellschaftlicher Kontrollen bedarf»[679], unter denen er z. B. die mehr oder weniger anonymen Denunziationen wegen Nichterfüllung steuerlicher Vorschriften oder von Straftaten versteht. Also, die «wechselseitige spontane Aufsicht, die Menschen untereinander ausüben, die soziale Kontrolle, ist so wirksam dank des Neidfaktors».[680]

Alsdann ist das Problem nicht, den Neid zu unterdrücken, sondern «zu zähmen, zu kanalisieren»[681]. Worin besteht diese Kanalisierung? Schoeck beschränkt sich auf Andeutungen. Man muß «den Neid weitgehend ächten und – soweit er bleibt – auf Werte lenken, die für den Bestand der Gesellschaft nicht entscheidend sind.»[682] Doch zählt er diese Werte nicht auf. Ein Mittel gegen den Neid ist es, «ihn durch bestimmte Vorstellungen religiöser Art, Rationalisierungen der Ungleichheit der Lose... zu entmachten»[683]. Schließlich sind «soziale Hemmungen»[684] des Nei-

672. Ders., a. a. O., S. 253
673. Ders., a. a. O., S. 380
674. Ders., a. a. O.
675. Ders., a. a. O., S. 8
676. Ders., a. a. O., S. 16
677. Ders., a. a. O., S. 102
678. Ders., a. a. O., S. 273
679. Ders., a. a. O., S. 383
680. Ders., a. a. O., S. 102
681. Ders., a. a. O., S. 273
682. Ders., a. a. O., S. 381
683. Ders., a. a. O., S. 386
684. Ders., a. a. O., S. 7

des ausfindig zu machen, da «wir uns ein auch nur einigermaßen geordnetes Zusammenleben nicht vorstellen können, wenn es der herrschenden Kultur nicht gelungen ist, den Neid aller gegen alle weitgehend zu unterdrücken».[685] Ächten, entwaffnen, hemmen, unterdrücken, aber wie weit? Der Autor beschreibt weder diesen überwiegenden Teil des Neidtriebes, der eingeschränkt werden müßte, noch umgrenzt er «das Minimum notwendigen Neides».[686] Mangels der unerläßlichen Begriffsbestimmungen krankt das Schema an übermäßiger Ungenauigkeit. Die These wäre wie folgt zu formulieren: Der Neid kann nicht beseitigt werden, er ist sehr negativ, aber eine gewisse Dosis ist notwendig für das Funktionieren der gegenseitigen spontanen Kontrollen, die jede Gesellschaft verlangt. Außer der Tatsache der Universalität des Neides sind alle übrigen Punkte dieses Theorems doppeldeutig und sehr problematisch. Wir werden es in der zweiten Hälfte dieses Buches sehen.

Unter den praktischen Deduktionen stechen die Übereinstimmungen mit Scheler hinsichtlich der neidischen Wurzel des Egalitarismus, des Sozialismus und der Demokratie hervor. «Die utopische Sucht nach der egalitären Gesellschaft kann aber kaum einem anderen Motiv entsprungen sein als dem Unvermögen, mit dem eigenen Neid bzw. mit dem vermeintlichen Neid der noch weniger günstig situierten Mitmenschen fertig zu werden».[687] «Abgesehen von einigen früheren chiliastischen sozialrevolutionären Sekten, haben bisher allein der Marxismus und der abstrakte Sozialismus versucht, die neue Gesellschaft auf der Tugend des Neides zu errichten».[688] «Es wäre ein Wunder, wenn der demokratische politische Prozeß sich je der Benutzung des Neidmotives enthalten würde».[689] Die Pflege dieses Gefühls ist charakteristisch für den «Agitator» oder «Ingenieur des Neides»[690].

In Schoecks Werk sind die Anmerkungen und die Information wertvoller als die wertenden Thesen.

685. Ders., a. a. O., S. 31
686. Ders., a. a. O., S. 377
687. Ders., a. a. O., S. 122
688. Ders., a. a. O., S. 278
689. Ders., a. a. O., S. 223
690. Ders., a. a. O., S. 364

Diese historische Rekapitulation des Wesentlichen läßt erkennen, daß weitgehende Übereinstimmung in zwei Punkten besteht: der neidischen Beschaffenheit der menschlichen Natur und der radikalen Bösartigkeit dieses Gefühls. Einige Autoren betonen außerdem das gesellschaftsfeindliche Wesen des Neides. Es ist nichtsdestoweniger überraschend, daß die Literatur über eine so universale und so negative Neigung so spärlich ist. Wenige sind es, die sich mit dem Thema beschäftigen und im allgemeinen sind ihre Beiträge kurz, vereinzelt oder marginal, und häufig wiederholen sie allgemein bekannte Gedanken. Diese Zurückhaltung der Theoretiker enthüllt, daß im Menschengeschlecht eine starke Abneigung dagegen existiert, sich offen der so allgemeinen Neigung zum Neide zu stellen. Es ist etwas wie eine eigenartige Scham, die das größte Hindernis für die Lösung des Problems und die Beherrschung des Triebes ist. Die Menschheit hat auf den Neid mit mehr Unwissenheit und Verschleierung reagiert als auf das Geschlechtliche. Ein ethisches Problem von außerordentlicher Bedeutung für das individuelle und kollektive Glück ist gewöhnlich mit Heuchelei und fast im Geheimen angegangen worden. Die hauptsächliche methodologische Folgerung der Debatte ist, daß es bis heute kaum einen Willen zum Debattieren gegeben hat. Und vielleicht deshalb sind wir noch so fern von dem Ideal des Fray Luis de León: «Weder Beneideter noch Neider».[691] Da ist also ein Brachfeld, das energische Beackerung erwartet.

---

691. León, Fray luis de, Al salir de la cardel, in: obras completas, ed. F. Garcia, Madrid, 1957, 4a ed., vol. II, S. 794

DIE ANALYSE

DAS PROBLEM

Der Mensch verfügt über drei grundlegende Systeme, um sich in der Welt zurechtzufinden: das instinktive oder angeborene, das pathetische oder gefühlsmäßige und das logische oder verstandesmäßige. Er teilt die beiden ersten mit anderen Lebewesen, und das letztere ist, auf diesem Planeten, seine ausschließliche Besonderheit. Die offenbar niedere Herkunft der Emotivität ist eine erste wertende Feststellung, aber die Gefühle kranken an zwei grundlegenden Mängeln: Sie vermögen das Denkvermögen zu trüben und sogar auszuschalten, und sie vermitteln eine bruchstückhafte, mehrdeutige, kaum übertragbare und mitunter sogar falsche Information über die Wirklichkeit.

Der Dichter Pope gab einem Gedanken bildlich populären Ausdruck, den die Griechen den östlichen Weisheitslehren verdankten, wenn er schrieb, daß die Vernunft das Steuer sei und die Leidenschaften der Wind. Offenkundig urteilt man oft von Liebe oder Haß, Furcht oder Angst, das heißt von irgendeinem Gefühl bewegt, aber daraus läßt sich nicht folgern, daß der Verstand unbeweglich und inaktiv bliebe, wenn ihn nicht Gemütsbewegung antriebe. Sicher ist, daß das Denken eine andauernde Betätigung ist, die die gelassene Seele nicht hemmt, sondern befreit und läutert. Gelassenheit ist die ideale Atmosphäre für die Entwicklung der Vernunft.

Zwischen verschiedenen Möglichkeiten nur nach dem Gefallen oder Mißfallen zu wählen, das sie uns im ersten Augenblick einflößen, das heißt, uns nur durch Gemütsbewegung bestimmen zu lassen, ist gewöhnlich ein Irrtum, weil die Gefühle nur sehr unbefriedigend über die Wirklichkeit informieren und nicht dazu taugen, mit einem Minimum an Genauigkeit vorauszuplanen. Nach einem volkstümlichen Spruch kommt «novio» (Bräutigam) von «no vio» (ich sehe nicht). Die gefühlsbestimmte Sicht der Wirklichkeit ist von so ausgeprägter Ungenauigkeit

und Subjektivität, daß sie als Mittel objektiver Erkenntnis praktisch wertlos ist.

Das tägliche Leben des Mannes, und vor allem der Frau, ist
vorwiegend von Gefühlen bestimmt, und wenn einmal vom
Intellekt, dann wird mit solcher Häufigkeit von Mythen, Ideologien, Gemeinplätzen und Schlagwörtern Gebrauch gemacht –
den berühmten Vorurteilen oder «Idolen» Bacons –, daß es von
sehr dürftiger Rationalität ist. Die reine Vernunft flüchtet sich
in gewisse außergewöhnliche Augenblicke des Handelns einer
kleinen Minderheit, die das eigentliche aktive Subjekt des Ratio-
nalisierungsprozesses ist, den die Geschichte erkennen läßt. Die
der Form nach «logische» Existenz des größeren Teils der
Menschheit ist nicht nur unstet, sie beschränkt sich außerdem
darauf, fremde Gedankengänge zu konsumieren, was einen beachtlichen Fortschritt gegenüber dem primitiven Menschen darstellt. Mögen beide auch, was ihre Vernunft angeht, arme Teufel
sein, so besteht doch zwischen den archaischen Beschwörungs-
formeln des Schamanen und den zeitgenössischen Schlagworten
des Demagogen ein verheißungsvoller Abstand. Sofern die biologische und kulturelle Entwicklung sich fortsetzt, wird das Gefühlsleben nach und nach durch das des Denkens angereichert
werden, womit der Mensch sich seinem allewigen Ideal vom
reinen Geist annähern wird.

Der Neid ist ein Affekt, er ist darüber hinaus von solcher Universalität, daß man behauptet hat, er sei ein instinktiver Hang
des Menschengeschlechts. Trotzdem ist der Neid das am stärksten vom Verstand bestimmte Gefühlsphänomen, dasjenige,
dem die raffinierteste und vielschichtigste Wechselbeziehung
zum Verstand eignet. Aber darum ist er kein logisches und für
das Leben wertvolleres Gefühl als die übrigen. Im Gegenteil, er
ist eines der negativsten für den, der es empfindet, wie für den,
der es einflößt. Diese relative Rationalität und diese entschie-
dene Bösartigkeit erklären, warum er eine Erscheinung ist, die
eifersüchtig verborgen gehalten wird und mit der die Wissenschaften sich nicht befaßt haben. In einer seltsamen Mischung
aus Furcht und Scham setzt der Mensch seit Zehntausenden von
Jahren den Neid stillschweigend voraus und geht ihm aus dem
Wege, ohne sich dazu zu entschließen, ihm mit dem logos entge-
genzutreten. Darum geht es jetzt.

Definition, Ursprung und Typologie

Der Neid wird nicht gewollt noch erkannt, er wird empfunden. Er ist nicht Wollen noch Erkennen, er ist Empfindung. Eine Empfindung ist ein unbestimmter Zustand von Gefallen oder Mißfallen. Der Neid gehört zur Gruppe der schmerzhaften und intentionalen Empfindungen, denn er ist ein durch etwas Äußeres hervorgerufenes Mißbehagen. Er ist kein örtlicher physischer Schmerz noch eine Erregung oder heftige psychosomatische Erschütterung, er ist ein allgemeines Unbehagen, gleichmäßig und andauernd und mit geringen oder unmerklichen körperlichen Auswirkungen. Was den Neid von anderen unangenehmen Empfindungen unterscheidet, ist seine Ursache.

Seit den Klassikern wird wiederholt, daß der Neid Kummer über fremdes Gut ist. Auch Aristoteles spricht von diesen Gütern (*ta agathá*), die, wie der Reichtum, Neid erwecken. Aber das ist nicht richtig. Niemand neidet einen aufgegebenen Schatz, er begehrt ihn nur. Damit etwas geneidet wird, muß es zwei Voraussetzungen erfüllen: wertvoll sein und «jemandes» sein. Dieser Genetiv ist wesentlich: Ohne einen Eigentümer gibt es keinen Neid. Weshalb ist es notwendig, daß das Gut jemandem gehört? Weil nicht die Güter geneidet werden, sondern der Genuß, den sie normalerweise verschaffen. Die fixe Idee des Neiders ist das Glück des Nachbarn. Aber nicht jedes fremde Glück wird geneidet. Notwendig ist, daß der Neider dieses Mehr an Glück entbehrt, das der andere genießt. Der Neid erfordert ein relatives Glücksvakuum und schließlich die Erkenntnis des Unvermögens, es innerhalb einer annehmbaren Zeitspanne auszufüllen. Der Neid ist das Mißbehagen, das angesichts eines fremden, höheren, begehrten, unerreichbaren und nicht assimilierbaren Glückes empfunden wird.

Diese trockene Beschreibung offenbart, daß es sich nicht um einen Zustand handelt, der, wie der Hunger, durch innere Kräfte bewirkt wird. Er ist kein Instinkt oder angeborener Trieb. Er ist eine intentionale Empfindung, zu der man nach einem ziemlich verwickelten, aus Tatsachen und Werturteilen und Folgerungen bestehenden Denkprozeß gelangt. Zeichnen wir diesen logischen, mehr oder weniger bewußten, gewöhnlich stillschweigenden Verlauf nach, der in Gewohnheit auszuarten pflegt und der sich in eine fast reflexartige Reaktion verwandeln kann.

Der Ausgangspunkt ist die Einschätzung von etwas Äußerlichem: einer Eigenschaft, einer Stellung, eines Besitzes. Wenn dieser Wert einer Person gehört, wird vorausgesetzt, daß er ihr Glück verschafft. Der folgende Schritt ist ein Vergleich, der zu der Entdeckung führt, daß man weniger ist oder hat als der andere. Es ist nicht schwer, einen Unterschied des Ranges oder quantifizierbarer Mittel zu bemessen, aber es handelt sich nicht darum, sondern um die Freude, die sie vermitteln. Wie ist das Glücksgefälle festzustellen? Objektiv nicht, denn ein jeder ist auf seine Weise glücklich, und es ist unbestreitbar, daß größere Macht oder größerer Reichtum nicht notwendig mehr Glück einschließen. Gewöhnlich geht es so vor sich, daß das Subjekt sich an die Stelle des anderen versetzt und zu der Überzeugung gelangt, daß es unter dieser Voraussetzung glücklicher wäre. Ein künstlicher gedanklicher Austausch macht dieses Werturteil möglich. Auch kann das Subjekt sich für so wenig glücklich halten, daß jedes vermeintliche fremde Glück ihm überlegen scheint. In beiden Fällen besteht ein Bewußtsein glücksmäßiger Unterlegenheit und eines relativen Mangels im Vergleich zum Nächsten. Dieses Bewußtsein kann Anstrengungen auslösen, um eine entsprechende Stellung zu erlangen. Das ist der Wetteifer. Aber es kann geschehen, daß man sich trotz heftigen Verlangens für unfähig hält, sie zu erlangen. Das Unvermögen kann entweder subjektiv sein, wenn es im Erkennen persönlicher Unfähigkeit besteht, oder objektiv, wenn das Gut, das das fremde Glück bewirkt, unwiederholbar oder unübertragbar ist, wie eine Augenfarbe. Wenn diese ohnmächtige Unterlegenheit sich als nicht assimilierbar erweist, verspürt man ein Mißbehagen. Diese schmerzliche Empfindung angesichts des vermeintlichen höheren Glückes des anderen ist der Neid.
Was ist die Ursache des Neides? Nach Alfred Adler der Machtwille. Von Natur ist das Kind ein organisch und funktionell dem Erwachsenen unterlegenes Wesen. Dieser Umstand, manchmal verstärkt durch die Behandlung in Familie und Schule, schafft ein Unterlegenheitsgefühl, das einen Impuls mit umgekehrtem Vorzeichen entstehen läßt, den Machtwillen. Ein Erwachsener, der den kindlichen Minderwertigkeitskomplex nicht überwunden hat, ist ein geistig Behinderter, aber wenn sich andererseits seine Herrschsucht nicht dem menschlichen Gemeinschaftsgefühl anpaßt, wird dieser Erwachsene aggressiv sein und wird unter Stolz, Habsucht, Haß, Eifersucht und Neid leiden. «Wo

Durst nach Macht und Überlegenheit ist, da erscheint häufig der Neid.» Die Beschreibung Adlers ist zwar teilweise aufschlußreich, hält sich aber nicht genau an die Tatsachen.

Der Wunsch, das Unbehagen über die eigene Unterlegenheit durch Verbesserung der Leistung des Nächsten zu neutralisieren, ist der Wetteifer. Der Neid hingegen verleitet zum Versuch, den durch die eigene Frustration verursachten Schmerz durch Erniedrigung des anderen zu beseitigen. Der Wetteifer läßt einen sich steigern, der Neid läßt einen sich verkleinern. Im Neider ist die vorherrschende Absicht nicht, mehr zu sein, sondern den anderen weniger sein zu lassen. Es gibt keinen Willen zum Übertreffen, eher zum Gleichmachen. Der Prototyp des «Willens zur Macht» ist Nietzsches «Übermensch», ungestüm, ungehemmt, herausfordernd und schöpferisch, während der Neider ängstlich, heuchlerisch, schmeichlerisch und steril ist. Der Machtwille verursacht nicht den Neid, aber wenn er der vorherrschende Impuls ist, lenkt er die Empfindung auf die politischen Werte und führt dazu, daß vornehmlich die soziale Stellung geneidet wird.

Nicht aller Neid gründet sich auf den Machtwillen, aber genausowenig auf den Minderwertigkeitskomplex, denn wer an ihm leidet, fühlt sich nicht jemandem in etwas unterlegen, sondern der Mehrzahl in nahezu allem. Er ist nicht, wie der Neider, ein Mensch, der sich gelegentlich in einer untergeordneten Stellung befindet, sondern der sich unveränderlich und von seiner Anlage her unterlegen fühlt. Wer am Minderwertigkeitsgefühl leidet, ist antriebsschwach und neigt zu Kleinmut und Resignation, während der Neider zu Verzweiflung und Ressentiment neigt. Der Neid entstand nicht aus dem Wunsch zu herrschen, sondern eher aus dem zu überleben.

Entspringt der Neid der Begrenztheit der Güter? Auf unserem Planeten gibt es nicht ein unbegrenztes physisches Gut: Es gibt knappe, wie das Gold, und noch überreichliche, wie die Luft. Der Maßstab wäre darum nicht absolut, sondern relativ, und in diesem Falle würden die Güter um so mehr geneidet, je knapper sie wären. Aber diese Verhältnismäßigkeit wird nicht eingehalten, denn beispielsweise wird etwas so Seltenes wie Juwelen weniger geneidet als etwas so Häufiges wie ein höheres Amt. Richtig ist wohl, daß es keinen Neid ohne eine gewisse Knappheit gibt, unter anderem letztlich aus dem Grunde, daß alles begrenzt ist, oder, um es fachgerechter auszudrücken, weil die

Kontingenz eine nahezu transzendentale Eigentümlichkeit alles Weltlichen ist, ohne Ausnahme. Hingegen ist nicht richtig, daß wo Knappheit auch Neid ist.

Die wesentliche Vorbedingung des Neides ist nicht der objektive Mangel, wie einige meinen, sondern die subjektive Unerreichbarkeit. Es gibt seltene Güter wie das Gold, die trotzdem überall jedermann angeboten werden. In der Mehrzahl der Fälle ist es nicht das Problem des Neiders, daß ein Gut mehr oder weniger begrenzt ist, sondern daß er es begehrt und es ihm praktisch unerreichbar ist, nicht so sehr seiner Knappheit wegen, sondern mangels der notwendigen Fähigkeit, es zu erlangen. Es gibt trotzdem eine archetypische Sachlage, in der Wünschbarkeit und Unerreichbarkeit von der Knappheit abhängen: Die Güter des Grundbedarfes in einer primitiven Gesellschaft. In der steinzeitlichen Familie lebten die Frauen, die Alten, die Kinder und die Kranken auf Kosten der von den Jägern gemachten Beute. Es wäre nicht außergewöhnlich, wenn in diesem Kreise, während der Jäger seinen Hunger befriedigte, sich die anderen mit dem Gedanken abquälten, daß die glückliche fremde Sättigung Ursache der Nichtbefriedigung des eigenen Hungers und vielleicht des Todes sein könnte. Sollten diese ohnmächtigen schiefen Blicke erste Vorläufer des neidischen «bösen Blicks» sein? Die Möglichkeit ist nicht auszuschließen, daß der allererste und häufigste Ursprung des Neidgefühls sich in der archaischen Beschränkung des eigenen Grundbedarfes aufgrund Fremdverbrauches findet. Es wäre der ursprüngliche Neid oder das Mißbehagen angesichts des durch fremde Nutzung eines unentbehrlichen und nur beschränkt verfügbaren Gutes bedrohten Überlebens. Aber diese mögliche Hypothese, die ich für die wahrscheinlichste halte, gestattet weder für jene Verhältnisse, und noch viel weniger für die derzeitigen, die Herstellung des notwendigen Kausalzusammenhanges zwischen der Knappheit und dem Neid. Der tatsächliche Zusammenhang ergibt sich aus der Unerreichbarkeit.

Läßt sich eine Typologie des Neides skizzieren? Schematisch ja. Dem Objekt nach kann der Neid existentiell, sozial oder besitzbezogen sein, je nachdem, ob die Person ihrer Eigenschaften, ihrer Stellung oder ihres Vermögens wegen beneidet wird. Der existenzielle Neid ist der, der sich auf die Überzeugung gründet, daß der andere glücklicher ist, weil er intelligenter, stärker, geschickter, eleganter usw. ist. Fast existenziell ist der, den nicht angeborene Eigenschaften erregen, die aber so zuinnerst in das Wesen des Beneideten eingegangen sind, daß sie, wie eine Gewohnheit, Teil von ihm sind: so die Heiligkeit oder bestimmte Fähigkeiten. Der existentielle Neid ist verhältnismäßig selten, denn man neigt dazu, die angeborenen Mängel mit dem Geschick oder dem Zufall zu erklären, was fatalistischem Reagieren und der resignierten Hinnahme des widrigen Ungleichgewichts entgegenkommt. Aber wenn der existenzielle Neid nicht durch irgendeine Überlegung verarbeitet oder entschärft wird, erweist er sich infolge des Feststehens und der Unabänderlichkeit des Objekts als einzigartig zäh und hartnäckig und überaus zerstörerisch, denn er betrifft das Wesen des Neiders schlechthin.

Der soziale Neid ist der, der sich auf die Annahme gründet, der Nächste sei glücklicher aufgrund der Stellung, die er durch Geburt oder Aufstieg im Gemeinwesen einnimmt. Im ersten Falle ist es ein an den existenziellen angrenzender Neid, weil er als solcher erfahren wird und teilweise dessen Merkmale teilt. Im zweiten Falle ist es ein aufgrund tatkräftigen Handelns erworbener und daher dem besitzbezogenen ähnlicher Neid, er ist flexibel und weniger dauerhaft. Der soziale Neid kann kollektiviert und gegen eine Gruppe gerichtet werden, im allgemeinen gegen eine Klasse oder Schicht. In diesem Falle wird er gewöhnlich – wie wir noch sehen werden – geteilt, und es bilden sich stillschweigende oder offene Vereinigungen von Leuten, die im Neid auf dieselben Höherstehenden übereinstimmen. So die bürgerlichen Parteien gegenüber den aristokratischen. Alle Formen des Neides sind politische Bindemittel, aber der soziale ist es seinem Wesen nach.

Und der Besitzneid ist der, der sich auf die Annahme gründet, daß der andere glücklicher ist, weil er mehr Vermögen besitzt. Das Geld ist das bevorzugte Gut, weil es erlaubt, weitere Güter zu erwerben, wenn auch nicht alle, denn es gibt solche extra commercium. Was nicht erwerbbar ist, erzeugt ein besonders schmerzhaftes, chronisches Gefühl. Der Besitzneid ist alltäglich, steht an erster Stelle und ist am häufigsten.

Die konkreten Neidgefühle sind gewöhnlich vermischt, weil tatsächlich eine enge Verbindung besteht zwischen dem, was einer ist, der Stellung, die er einnimmt, und dem, was er besitzt, und weil der Neider gedanklich Abhängigkeiten zwischen dem Sein, der Macht und dem Haben herstellt. Trotzdem liegt der

Akzent stets auf einem der drei Grundbereiche der neidbaren Objektwelt.

Dem Ursprung nach entstammt der Neid dem Stolz, dem Machtwillen und der Habsucht. Der Stolz betont die persönliche Unterlegenheit und erzeugt den existentiellen Neid. Die Wertschätzung seiner selbst ist bei den hervorragenden Menschen weniger gewöhnlich als bei den Mittelmäßigen und kann in sehr radikaler Form bei den geringsten auftreten. Es ist die Form des in jenen Kollektiven endemischen Neides, die, wie das spanische Volk in bestimmten Epochen, Würde und Stolz überbewerten. Der Machtgier entspringt der Sozialneid. Der Wunsch aufzusteigen macht die Rangunterschiede schmerzhaft, sei es in der Hierarchie des Adels, der Behörden oder der Regierung. Es gibt reinen Sozialneid bei bestimmten außergewöhnlichen Politikern, aber er pflegt mit dem existentiellen und vor allem mit dem Besitzneid einherzugehen, in welchem Falle es sich um Machtgier um des Besitzens willen handelt.

Aus der Habgier oder der Begier nach Sachen entspringt der Besitzneid, der gewöhnlichste und von der modernen Konsumgesellschaft am stärksten angeregte. Die Werbung löst ebenso die zu befriedigende wie die nicht zu befriedigende Nachfrage aus, und das erzeugt Ohnmacht, die Abschußrampe des Neides. Und die Standardisierung der Tätigkeiten und der Produkte gleicht die Wünsche einander an, und da sie nicht nach Neigungen und Geschmacksrichtungen differenziert, konzentriert sie die Nachfrage auf die gleichen Güter, fördert damit den Vergleich und macht den Saldo der Unterlegenheit noch offensichtlicher. Wer beispielsweise sein vorherrschendes Interesse auf ein Auto gerichtet hat und das seine mit einer moderneren und luxuriöseren Maske vergleicht, empfindet eine vollständigere Unterlegenheit als der, der zwei Geräte verschiedener Zweckbestimmung miteinander vergleicht, zum Beispiel seinen Tennisschläger mit der Violine des Nachbarn. Die gleichmacherischen, für die monopolkapitalistischen, besonders das marxistische System kennzeichnenden Kräfte, gehen darauf aus, Angebot und Nachfrage zu vereinheitlichen, was nicht notwendigerweise den Verbrauch vereinheitlicht, aber statt dessen die Vergleiche vereinfacht und die Unterschiede verabscheuungswürdiger und beneidenswerter macht. Die qualitative Einförmigkeit des Marktes unter den kommunistischen Regimes hat den elementarsten

Neid geweckt, den quantitativen Besitzneid, und hat ihn auf das weite Feld des täglichen Bedarfes ausgedehnt. Nach der Zahl der Subjekte gibt es den individuellen oder privaten Neid und den geteilten oder öffentlichen. Dieser letzte erfordert einen gewissen Grad der Verbindung untereinander und offene oder heimliche Anführerschaft. Der öffentliche Neid läßt sich ohne eine Offenheit weder verbreiten noch organisieren, aber da die Empfindung nicht eingestanden werden kann, bedarf sie einer maskierenden Legitimierung, die eine egalitäre Ideologie mit dem Anschein von Nächsten- oder Gerechtigkeitsliebe zu sein pflegt. Der individuelle Neid braucht bloß heimlich zu sein, aber der kollektive muß heuchlerisch sein.

Wertfreundlicher Neid
Gesagt wird, daß nicht Übel geneidet werden, sondern Güter: Tugend, Reichtum, Erfolg. Plutarch drückt es mit einem verführerischen Gleichnis aus: Geneidet wird «das hell Strahlende» *(lamprós)*. Niemand hat diese Behauptung in Zweifel gezogen, und trotzdem ist sie höchst problematisch. Wenn der Neid eine schmerzhafte Empfindung ist, wie kann er durch einen Güterwert hervorgerufen werden? Das Gute, das, was der von ihm hervorgerufenen Freude wegen erstrebt wird, wie kann es unerfreulich sein? Es wäre ein Widerspruch, der sich nicht durch die Annahme auflöste, daß der Neider eine Art von moralisch Invertiertem ist, den das Gute abstößt, weil er dann nicht das beneidete, von dem er meinte, es brächte Unglück.
Sicher ist, daß das formale Objekt des Neides nicht die guten Dinge sind, es ist das nicht akzeptierte Unvermögen, das vermeintlich höhere Glück des Nächsten zu erlangen. Was das Gefühl des Mißbehagens erzeugt, ist eindeutig negativ und fehlerhaft: ein Unvermögen, eine Unterlegenheit, Frustration, Verzweiflung. Kein Gut wird als solches geneidet, sondern weil es einem anderen gehört. Der Neid bricht nicht aus dem Widerwillen gegen einen Güterwert hervor, sondern aus der genau entgegengesetzten Regung, aus der Hochschätzung von etwas Wertvollem: Vermögen, Schönheit, Macht, die man heftig begehrt und nicht erlangt. Der Neider verkennt weder die Werte noch lehnt er sie ab, im Gegenteil, er ist hinter ihnen her und lauert ihnen auf, ersehnt sie und ist für sie so sensibel, daß er leidet, wenn er sich das Glück vorstellt, das sie dem Beneideten verschaffen und dessen er entbehrt. Es ist nicht richtig, daß wo ein

Gut auch Neid ist, aber sehr wahr, daß wo Neid ist, etwas hoch geschätzt wird. In diesem Sinne ist der Neid wertfreundlich, das Ressentiment hingegen ist es nicht. Wenn ein Gefühl durch Selbstinduktion oder innere Entwicklung anwächst und nicht durch ein Handeln befreit oder durch eine Überlegung überwunden wird, erscheint das Ressentiment. Es handelt sich um die Potenzierung von Haß, Rache und vor allem Neid. Diese Art von inwendiger Gefühlsmultiplikation ist einer der verwickeltsten Affekte der menschlichen Psyche und kommt daher eher bei den Intelligenten und Differenzierten als bei den Dummköpfen und Tölpeln vor.

Am charakteristischsten für das Ressentiment ist seine besessene Hartnäckigkeit, die von somatischen Reflexen fast freie Inwendigkeit, die Tiefe der eigenen Ohnmacht und, einzigartig, die spitzfindige Weise, es zu ertragen oder zu verdrängen. Zergliedern wir die verschiedenen Momente des Manövers unter der archetypischen Voraussetzung des Neides. Die Analyse machte deutlich, daß das Drama des Neides mit einem Werturteil über ein Gut beginnt: «Der Genuß hiervon – Eigenschaft, Stellung oder Besitz – verschafft dem anderen Glück.» Nun besteht die kunstvolle Gedankenoperation des im Ressentiment Befangenen darin, dieses den Vorgang einleitende Urteil mittels einer entschiedenen Handhabung seiner eigenen Wertvorstellungen aus der Welt zu schaffen. Das Verfahren leugnet einfach, daß «das» wertvoll sei. Wer zum Beispiel seinen Nächsten beneidet, weil er geliebt wird, überzeugt sich selbst, daß es kein Gut ist, Gegenstand der Liebe zu sein. Dieser Angriff auf ihre Wurzel bringt die Begründung des Neides zu Fall. Die Ränke des Ressentimentbefangenen macht da jedoch gewöhnlich nicht halt und gehen daran, den Erfolg auszunützen. Wenn geliebt zu werden nicht gut ist, ist es dann bloß neutral oder schlecht? Die selbsttätige Dynamik einer so energischen psychischen Anspannung und das gewaltige geistige Trägheitsmoment der bereits vollbrachten Anstrengung der Verleugnung eines Wertes, sie veranlassen den Ressentimentbefangenen zu einem letzten Schachzug, der Behauptung, daß «das» ein Unwert ist, konkret, daß sich lieben lassen beispielsweise Unterdrückung und Egoismus in sich schließt. So lautete der abschließende Urteilsspruch: «Wer genießt, was ich entbehre, handelt strafwürdig, denn sein vermeintliches Gut ist ein Übel.» Diesen verzweifelten gewaltsamen letzten Schritt nannte Nietzsche mit einer

Wortschöpfung «Umwertung». Mit aller Deutlichkeit geht es darum, einen Wert umzukehren oder «umzudrehen», ihn zu verleugnen und sein Gegenteil zu behaupten – um einer Wertverkehrung willen.

Mit dieser Entscheidung von äußerster logischer Gewaltsamkeit erreicht der Ressentimentbefangene zweierlei Absichten: Die erste ist die Auflösung des Neides, denn wie kann einer glücklicher sein, der einen Unwert besitzt? Er muß ein Unseliger sein, würdig des Mitleids oder der Verachtung. Die zweite, weitergehende Absicht ist auf Vergeltung aus: Diejenigen, die jene Sache für wertvoll erklärten, deren Mangel mich unberechtigterweise leiden machte, sind der Verherrlichung eines Unwertes schuldig. Auf diese Weise wandelt der Neider Vorbildliches in Anstößiges und den Beneideten in einen Geächteten und damit die antike Selbstbestrafung in die Strafung eines anderen. Die Umkehrung der Werte ist nicht nur im Falle des Neides brauchbar. Sie ist auf jedes Minderwertigkeitsgefühl aufgrund schlechten Gewissens anwendbar. Das Schuldgefühl wegen Übertretung einer Norm wird durch theoretische Umkehrung des Gebots zu Befriedigung über erfüllte Pflicht. Und gleichzeitig wird der, der sich in seiner vermeintlichen Vorbildhaftigkeit wie ein stillschweigender oder tatsächlicher Richter ausnahm, zum Gestraften abgewertet. Den zum Beispiel, der es mir mit seiner vermeintlichen Tugend der Sanftmut so vorkommen ließ, als sei ich wegen eines angeblichen Lasters des Jähzorns und Despotismus angeklagt, ihn verurteile ich mittels moralischer Umkehrung wegen verabscheuungswürdiger Feigheit und Schwäche. Das ideale Ziel des Ressentiments ist, den anderen dahin zu bringen, daß er das, was er für tugendhafte Lebensführung hielt, als gottloses Betragen ansieht. So erreicht die Umkehrung der Werte ihren Höhepunkt. In der Vorstellung des Ressentimentbefangenen, der z. B. den Reichen beneidet, ist es das Ziel, daß der sich schuldig fühlt, weil er nicht arm ist, und für seine Überlegenheit um Verzeihung bittet.

Aber der Ressentimentbefangene triumphiert nur selten mit seiner doppelten Absicht: Befreiung von erlittenem Schmerz und Entschädigung für angetanen Schaden. Tatsächlich vermag er sich nicht vollständig davon zu überzeugen, daß das Wertvolle ein Unwert ist, und dieser Zweifel stört den Vorgang der Befreiung. Andererseits kann er nicht alle, einschließlich seiner Opfer, davon überzeugen, daß verderbt sind, die man für verdienstvoll gehalten hat. Aus dem Ressentiment kommt man also nicht mit der ihm eigenen Dialektik heraus, ihretwegen bleibt man immer im Ressentiment befangen.

Kurz, der Neid ist Schmerz, weil er wertfreundlich ist, und das Ressentiment ist Versuch der Läuterung durch Wertfeindlichkeit. Der Neid ist das Gefühlskorrelat einer unrichtigen Beweisführung und das Ressentiment Widerlegung der peinlichen Schlußfolgerung durch Umkehrung ihrer Prämisse. Der Gedankengang des Ressentiments ist doppelt so verwickelt wie der des Neides und verzehrt viel mehr innere Kraft.

Heimlicher Neid
Die Hoffart, der Geiz, die Wollust, der Jähzorn, die Völlerei, die Faulheit werden eingestanden, und es wird sogar mit ihnen geprahlt. Es gibt nur eine unaussprechliche Todsünde: den Neid. Er ist finster, verborgen, ewig maskiert. Er verbirgt sich vor den übrigen mit vielerlei Verkleidungen, und sein Symbol müßte die Gesichtsmaske sein. Dem Neider selbst widersteht es, seine eigene Empfindung so zu sehen, wie sie ist, und er verbannt sie in das Unbewußte oder gibt ihr ein anderes Gesicht, um sie unkenntlich zu machen. Die Menschen verhehlen ihren Neid und außerdem verleugnen sie ihn. Was ist der Grund dieser Heimlichkeit? Die Behauptung, es wäre ein Atavismus, löste das Problem nicht, sondern führte es lediglich auf seine Ursprünge zurück, und dort müßte es erneut aufgeworfen und gelöst werden, weil jeder Trieb irgendeine Funktion erfüllt. In diesem Falle, welche? Auch wenn der Neid keine bewußte Reaktion wäre, sondern eine erworbene Gewohnheit oder ein angeborener Hang, bliebe die Frage offen, warum er ganz allgemein mit solcher Hartnäckigkeit verborgen gehalten wird. Der Hermetismus des Neides ist kein unlösbares Rätsel, er besitzt eine nie formulierte, aber einleuchtende Ätiologie. Der Neider verbirgt seine Empfindung aus zwei Hauptgründen, einem praktischen und einem moralischen. Der erste ist ein taktischer Beweggrund. Das Geneidete pflegt unerreichbar zu sein, weil es nicht wiederholt oder übertragen werden kann: So die Begabung oder die Schönheit. Und wenn es sich um ein austauschbares Gut handelt, wie das Geld, ist der Neider neidisch, weil er sich für unfähig hält, es zu erlangen. Darum hört das Mißbehagen nicht auf, bis der Beneidete sein Glücksgut verloren hat. Nur dann erlischt die Ursache des Nei-

des. Dies Erlöschen kann vom Zufall erhofft werden, will man aber aktiv in den Vorgang eingreifen, ist es der Wirksamkeit wegen ratsam, sich verborgen zu halten. Die guten Sitten erlauben nur das, den übrigen abzunehmen, was sie zu Unrecht besitzen. Aber der Neid ist Kummer über fremdes Gut, weil es einem anderen gehört, nicht, weil er es unberechtigterweise genießt, denn das wäre nicht Neid, sondern eine andere sehr verschiedene Sache, der Unwille, eine verständliche, edle Empfindung. Der eingestandene Neid machte jede Handlung mit dem Ziel, ihre Ursache zu beseitigen, gesellschaftlich unzulässig. Die Kundmachung der Leidenschaft disqualifizierte den Versuch, sie zu befriedigen, und machte ihn zunichte. Um unter günstigsten Voraussetzungen gegen den Beneideten zu Felde zu ziehen, muß der Neider seine Empfindung verhehlen und andere vorzeigbarere und zweckmäßigere Regungen vortäuschen. Meistens tut der Neider so, als liebe er seinen Nächsten oder die Gerechtigkeit. Die Verstellung ist für den Neider ein taktisches Erfordernis, denn gestünde er sein Geheimnis ein, wäre er praktisch außer Gefecht.

Bei den übrigen Lastern wertet die Kundmachung nicht ab und kann sogar vorteilhaft sein. Der Anmaßende sieht den Abstand sich vergrößern, der ihn von den übrigen trennt, wenn sie seinen Hochmut kennen. Den Geizigen bittet man nicht. Der Ruf der Geilheit bedeutet einen zusätzlichen Reiz. Der Choleriker wird gefürchtet. Der unersättliche Fresser ist ein Ansporn für mögliche Gastgeber, und den Faulen braucht man nur für Dinge, die keine Anstrengung erfordern. Aber die Offenbarung ist die Achillesferse des Neides, wird er entdeckt, ist er entwaffnet. Der andere Grund erklärt nicht nur die Heimlichkeit, sondern auch den Selbstbetrug. Ein inwendiges Urteil mißbilligt den Neider und beschämt ihn. Warum dies unheilbar schlechte Gewissen, das mit solcher Heftigkeit bei anderen Lastern nicht vorkommt? Warum gibt es keine mildernden Umstände für den Neider? Bei den übrigen Hauptsünden gibt es eine positive und teilweise entschuldigende Seite. Beim Hochmütigen findet sich vielleicht tatsächliches Format oder Selbstvertrauen, beim Geizigen Strebsamkeit, Genügsamkeit und Sparsamkeit, beim Lüsternen Zärtlichkeit und Vitalität, beim Jähzornigen Kraft und Mut, beim Schlemmer Gesundheit und Überschwang, beim Müßigen Erlesenheit und Geist. Aber beim Neid ist nicht einmal nur obenhin oder flüchtig eine Andeutung von Wert zu entdekken. Der Neid ist absolut schlecht, ist negativ für das aktive und passive Subjekt, ist reine Bösartigkeit, denn es gibt keinerlei Rechtfertigung für den Kummer über fremdes Glück, und Freude an fremdem Mißgeschick ist eine verderbte Empfindung ohne die geringste Spur von Gutartigkeit. Ein Grundbestand unbeugsamer praktischer Vernunft hindert einen daran, sich als objektiv böse zu bekennen, es sei denn, es handele sich um ein zurückliegendes bereutes Tun. Aber der Neid ist keine Tat, die mit ihrer Durchführung abgeschlossen ist; er ist ein andauerndes Handeln, ein fortgesetzter Gemütszustand, und so lange man sich darin befindet, muß man ihm gedanklich ein anderes Gesicht geben, um dem Ekel zu entgehen, den jeder Mensch empfindet, wenn er sich für verderbt in actu hält. Die absolute Bösartigkeit des Neides ist der moralische Grund dafür, daß wer unter ihm leidet, ihn verborgen hält, sogar vor sich selbst.

Die Verheimlichung des Neides ist kein lediglich psychologisches Faktum, sie ist eine menschliche Entscheidung, die auf einem komplexen Denkvorgang beruht. So gesehen bestätigt sich, daß der Neid dem Denken entspringt und kein elementarer Instinkt ist wie die Sexualität oder die Aggression. Geneidet wird nicht, weil der Gencode es so befiehlt, geneidet wird aufgrund einer Überlegung. Der Neid ist die intellektuellste der Empfindungen, nicht nur, weil er in nur sehr geringem Umfang hormonell abgestützt ist, sondern weil er, trotz der Falschheit seiner Prämissen, einen logischen Ursprung hat. Er entspringt einem Syllogismus, und andere Syllogismen veranlassen, ihn zu verbergen, und darum ist er – wie die Vernunft – voller Listen. Eine so kopflastige Leidenschaft hat die moralischen Abmahnungen fast unversehrt überstanden, sie kann jedoch durch eine Behandlung ins Wanken kommen, die bisher nicht systematisch angewandt wurde: die begriffliche Kritik.

Verwirrender Neid

Über den Neid spricht man nicht, aber dieser Hermetismus macht ihn nicht zu einem Gefühl rein innerlicher Wirkung. Der Neider fühlt sich zu gewissen Machenschaften veranlaßt, um die vermeintliche Unterlegenheit im Glück zu verringern oder aufzuheben. Und da er sich bei diesem Vorhaben nicht verraten will, verbirgt er seine Leidenschaft und verwendet verwirrungstiftende Methoden. Die passivste und vorsichtigste dieser Methoden ist das Schweigen. Der Neider tut so, als kenne er das

Vermögen, die Stellung oder die Eigenschaften des Beneideten nicht. Wenn jemand zu ihm darüber spricht, spielt er mit Ungläubigkeit, Überraschung oder Desinteresse den Unwissenden.

Es ist nicht so, daß ein energischer Willensakt den Beneideten aus seinen Gedanken auslöscht, es ist so, daß er, obwohl ihm seine Person gegenwärtig ist, dies zu verbergen sucht, indem er den Anschein erweckt, als sei seine Existenz ihm unbekannt. Innerhalb der Minderheiten verwandelt sich der geteilte Neid gewöhnlich in Verschwörungen des Schweigens: nec nominetur in vobis. Unzählig sind die Denker und Künstler, denen ihre Zeitgenossen nicht nur die Anerkennung, sondern sogar den Widerspruch verweigert haben. Es ist ein Versuch der Beseitigung durch geistigen Ostrazismus, eine Verfolgung durch Übergehen, die verlogenste von allen, ist der als Nichtachtung verkleidete Neid. Das neidische Schweigen ist die Kunst, das Dasein zu zerstören.

Wenn sich das Schweigen aus objektiven oder subjektiven Gründen als unpraktisch erweist, betreibt der Neider Überkritik, die darin besteht, das Negative zu betonen und zu vervielfachen und das Positive für nebensächlich zu erklären oder zu übergehen. Nichts Menschliches ist vollkommen, und immer krankt es an Unzulänglichkeiten. Mit außerordentlicher Unterscheidungsschärfe geht der Neider über das Wohlgetane hinweg und stöbert das Mangelhafte auf: Er sieht intellektuelle Mittelmäßigkeit bei den Athleten, körperliche Schwäche bei den Genies, ästhetische Fühllosigkeit bei den Wissenschaftlern, Geschmacklosigkeit bei den Künstlern, Überspanntheit bei den Neuerern, Gewöhnlichkeit bei den Konservativen usw., usw. Bei allen seinen Urteilen entwickelt er eine abwertende Tendenz: Ist das Denken tief, ist es dunkel, wenn wahrhaftig einfältig, wenn brillant übersteigert, wenn erschütternd gekünstelt, wenn überzeugend dialektisch, wenn genau unvollständig, wenn schön unklar usw. Und wenn nichts anderes mehr übrigbleibt, als eine Leistung anzuerkennen, nimmt man Zuflucht zum Vergleich mit dem Ideal, das es sein könnte oder müßte. Es ist der Maximalismus, immer antihistorisch und niemals vernünftig noch gerecht. Die neidische Überkritik ist die Kunst, das Große zu verkleinern.

Der folgende Schritt geht ad hominem: Das Werk mag mehr oder weniger gelungen sein, aber der Autor läßt viel zu wünschen übrig oder ist ganz einfach unmöglich. Und wenn die Person des Beneideten unangreifbar ist, hat er nicht irgendeinen verkommenen Ahnen, einen Gauner von Bruder, eine ungetreue Gattin oder einen Spitzbuben von Sohn? Mit der Herabwürdigung des Autors und seines Intimkreises trachtet man das Werk zum Gemeineigentum zu machen, vor allem aber untergräbt man sein Wohlbefinden, womit sich die Unterlegenheit im Glück in Gleichheit im Unglück verwandelt. Haben sie erst einmal das Unglück des Cid, des Cervantes oder des Quevedo herbeigeführt, fällt es den Neidern weniger schwer, die Eroberung von Valencia, den Quijote oder den Buscón zu bewundern, weil sie ja nicht mehr Glücksgüter des anderen, sondern potentiell eigene sind. Die neidische Diffamierung ist die Kunst, den Hochstehenden zu erniedrigen.

Weiter geht die Verleumdung oder vorsätzliche Erfindung eines ungehörigen Verhaltens. Es ist die gewagteste der verwirrungstiftenden Methoden, aber einer, der neidet, gilt lieber als Verleumder denn als Neider. Wenn er nicht übersehen, herabsetzen oder denunzieren kann, ersetzt er das tatsächliche Gute durch das eingebildete Böse. Schweigen bedeutet die Existenz, Überkritik den Wert leugnen, Diffamierung das Unzulängliche hervorheben und Verleumdung Niedertracht erfinden. Es sind die vier Hauptwege, um unter dem Vorwand der Strenge die fremde Überlegenheit in Unbedeutenheit, Unvollkommenheit, Unzulänglichkeit oder Verdorbenheit zu verwandeln.

Diese Methoden enthüllen die raffinierte Arglist des Neiders. Aber aus dieser Sicht wird deutlich, daß es sich um eine nach Entstehung und Katharsis überaus subtile und komplizierte Empfindung handelt. Weder ihr Input noch ihr Output sind elementar und spontan wie alles Instinktive, sondern komplex und durchdacht wie die höheren Funktionen des Menschen. Der Reifeprozeß des Gefühls und der Verlauf der Reaktionen, die es auslöst, enthüllen einen hohen Grad von Rationalisierung.

Die Praxis der verwirrungstiftenden Methoden führt zur Bildung geistiger Gewohnheiten, die sich gegen den Neider wenden. Was als entstellende Absicht beginnt, wandelt sich zu einem entstellten Geist. Es gibt Neider, die nur das Entstellte, Verdorbene, Falsche sehen und die an einen Punkt gelangen, an dem sie nicht aus Bosheit, sondern aus einem unüberwindlichen Beharrungsmoment heraus die Dinge verdrehen. Am Ende hat der Neider den Sinn für die Wirklichkeit verloren, kann er fast nichts mehr genießen, weil er über die Werte hinweggleitet und dafür seine Neugier auf Negatives unersättlich ist. Der Neid führt schließ-

lich zu einer ausgeprägten Erkenntniskurzsichtigkeit und einer
verdrehten ethischen Selektivität, Wurzel zunehmender Frustration und Enttäuschung und wachsenden Unglücks. Nicht
jeder Verbitterte ist ein Neider, aber der allesverschlingende
Neid führt zu Verbitterung und Vereinsamung. Endlich ist die
selbstverwirrende Wirkung des Neides eine intellektuelle
Selbststrafung, die sich der anderen zugesellt, dem gefühlsmäßigen Unbehagen.

Kurz, der Neider ist ein Grübler, dem es darum geht, Wand-
schirme und Zerrspiegel zwischen den Beneideten und die übrigen zu stellen und am Ende zwischen sich selbst und seine
Umgebung, und deshalb ist er nicht objektiv und sondert sich
von der Welt ab. Der Neid, wenn er Verwirrung stiftet, informiert falsch, karikiert, vereinsamt, ist einseitig und anti-mäeu-
tisch. Er ist eine für die Erkenntnis nutzlose Empfindung, die,
anstatt zu erhellen und zu enträtseln, verfinstert, verfälscht und
von der Wirklichkeit entfernt.

Globaler Neid

Nach dem Aufstand der Engel und der Erbsünde, die gewisser-
maßen Neid auf Gott war, berichtet die Genesis vom ersten
Verbrechen, das vollführt wurde, weil Kain Neid auf seinen
Bruder Abel empfand. Diese alte Geschichte bezeugt symbo-
lisch, daß der Neid auf die Ursprünge des Menschengeschlechtes
zurückgeht. Zu allen Zeiten haben die Moralisten die Universalität des Neides festgestellt, und dasselbe haben seit dem vergangenen Jahrhundert die Soziologen getan. Neid, immerdar und
überall.

Was ist der Grund dieser Universalität? Man hat sich zu helfen
gesucht mit einem motus, einem Trieb oder Instinkt, den man
heute lieber ein Verhaltensmuster nennt. Wenn der Neid ein
Trieb wäre, wäre er unkompliziert, spontan, stereotyp, bestimmt, funktionell, andauernd, notwendig und sogar in der
Lage, im leeren Raum aktiv zu werden, nur um die ihm innewohnende Spannung zu entladen. Aber wir haben schon gesehen, daß zum Neid ein verwickelter logischer Vorgang gehört
und damit ein hoher Grad von Rationalisierung. Überdies wird
er erworben, begründet, nimmt verschiedene Formen an, wird
von verschiedenen Anreizen ausgelöst, ist negativ, zeitlich, ver-
meidbar und bedarf eines Objektes. Er ist kein triebhaftes Verhalten, und die Erklärung muß eine andere sein.

Die Ursachen der Universalität des Neides sind nicht biologischer, sondern intellektueller Art und sind nicht bei den lebensbedingenden, sondern den geistigen Vorgängen zu suchen. In dem der Neidempfindung vorangehenden Denkvorgang gibt es einen entscheidenden Brennpunkt: den Vergleich des Neiders mit dem Beneideten. Diese zwischenmenschliche Gegenüberstellung gehört zum Wesen des Menschen. Ein jeder bedarf einer Vorstellung von sich selbst, und wenn er in einer Gesellschaft lebt, entwickelt er diese Vorstellung, indem er sich in erster Linie mit seinen Nächsten vergleicht. Diese Gegenüberstellung erlaubt ihm zu wissen, ob er hoch oder niedrig, stark oder schwach, häßlich oder schön, intelligent oder dumm ist usw. Und gleichzeitig mit diesem Sicheinschätzen sieht er sich, da es ja nicht zwei gleiche Menschen gibt, in einem Verhältnis von Unterlegenheit oder Überlegenheit. Alle identifizieren wir uns und ordnen wir uns ein in Bezug auf die anderen. Dieses Vergleichen ist seinerseits unerbittlich, denn es ist auf die Struktur des menschlichen Erkennens gegründet. Ein unendlich vollkommenes Wesen würde alles unmittelbar und augenblicklich erkennen: eine absolute, erschöpfende, sofortige und unfehlbare Intuition. Das menschliche Erkennen ist hingegen immer relativ, bruchstückhaft, in Entwicklung begriffen und dem Irrtum unterworfen. Im Rahmen dieser Untersuchung ist der erkenntnistheoretische Relativismus von Wichtigkeit. Wie Kant sagt, ist das menschliche Erkennen an Zeit und Raum gebunden. Also wird jeder Punkt im Raum durch seinen Bezug zu anderen Punkten bestimmt: Jede Standortbestimmung ist auf einige willkürlich bezeichnete Referenzpunkte bezogen, alles befindet sich in bestimmter Entfernung von etwas Bekanntem. Wir wissen nicht einmal, ob das Universum ein Zentrum und Grenzen hat. Und dasselbe geschieht mit der Zeit, die sich nach einem Vorher und Nachher bestimmt und die wir für ewig halten: Jeder Augenblick wird unterscheidbar, weil er auf einen anderen folgt, ohne den er nicht datierbar wäre. Wir kennen weder eine absolute Stunde noch einen absoluten Ort, und wir bestimmen beide durch ihre Wechselbeziehungen. Wenn alles menschliche Erkennen raum-zeitlich ist und wir die Standorte und Zeitpunkte bestimmen, indem wir eines mit anderem vergleichen, leuchtet ein, daß menschliche Erkenntnis im wesentlichen relativ ist, auch wenn die Wahrheit es nicht sein mag.

Die Relativität des Erkennens tritt in allen Bereichen und Wissensgebieten und aus jeder Perspektive zutage. Sie soll hier nicht erschöpfend, sondern nur anhand von Beispielen behandelt werden. Grundlegend ist die logische Bezugskategorie, sie ist, wie Hartmann zeigte, eine Überkategorie und, wie Amor Ruibal darlegte, eine nahezu transzendentale Eigentümlichkeit. Die Existentialurteile sind behauptungsnegativ, und die Einbeziehung von Sinngehalten bedeutet Ausschließungen: Was dies ist, ist das andere nicht. Jede Präzisierung ist eine Abgrenzung von etwas gegenüber etwas, und definieren läßt sich nur, wenn man dieses von jenem abgrenzt. Die Wissenschaft ist eine Integration von Unterscheidungen. Die Zahlen haben einen Wert durch die Stelle, die sie unter den anderen einnehmen. Jedwede Schätzung einer Menge bedeutet mehr oder weniger Gewicht, mehr oder weniger Ausdehnung, mehr oder weniger Temperatur usw. berechnen, und die einer Eigenschaft heißt mehr oder weniger Nutzen, mehr oder weniger Güte, mehr oder weniger Schönheit abmessen. Derartige Bemessungen beziehen sich auf Bewertungsmaßstäbe und -stufen. Jedes Werturteil entspricht der Gegenüberstellung von zwei Extremen: mehr oder weniger tapfer, mehr oder weniger elegant usw. Um die Intelligenz abzuwägen, muß man sie mit der der Hochbegabten und der der Unterbegabten vergleichen. Alle Maßstäbe sind polar, und es gibt keine Wertbestimmung ohne Koordinaten und Grade. Und schließlich sind ein Lehrsatz und eine Gleichung nur innerhalb eines Systems Wahrheit, das heißt, wenn man sie in kohärente Beziehung zu den übrigen setzt. Das Wissen ist wie ein Netz und jede Erkenntnis ein Kreuzpunkt von Relativitäten, die sich auf ein Absolutes, für sich selbst nicht Erkennbares, beziehen. Die Vergleiche, die jeder Mensch zwischen sich selbst und den anderen anstellt, gehorchen demnach einem logischen Imperativ, denn nur so bildet sich eine Vorstellung von dem, was einer ist und was er wert ist, und sie gehorchen einem existentiellen Imperativ, weil jeder normale Mensch aus seinem Selbstbewußtsein lebt, die komplette Unkenntnis seiner selbst ist, wie die Amnäsie, ein krankhafter Zustand. Dieser zwischenmenschliche Vergleich, aus dem der Neid hervorgeht, ist also kein Steckenpferd oder eine Schwäche bestimmter Leute, er ist wegen der Relativität des menschlichen Erkennens erforderlich und daher eine unabänderliche Tatsache. Und aus der Unwiederholbarkeit eines jeden Individuums ergibt sich, daß einige anderen unterlegen sind, zumindest in mancher Hinsicht. Und da kein Sterblicher allen in allem überlegen ist, so ist das Bewußtsein teilweiser Unterlegenheit ein Zustand, dem kein Mensch entgeht. Wäre der Neid einfaches Bewußtsein konkreter Unterlegenheiten, wäre die Empfindung universell und überdies notwendig. Aber dies letzte ist er nicht, weil der potentielle Neid sich nur dann in effektiven wandelt, wenn das Subjekt unfähig ist, seine Unterlegenheit zu überwinden oder zu verarbeiten. Keiner kann alle Unterlegenheiten überwinden, und keiner ist, erkennt er sie als unüberwindlich, fähig, sie alle auf einmal zu verarbeiten. Daher die Allgemeinheit und die Gefährlichkeit des Phänomens. Dieses Quantum ohnmächtiger, nicht zu verarbeitender Unterlegenheit, bei manchen minimal und bei anderen ungeheuer groß, beherrschend und dauerhaft, ist der wahre Grund für die Universalität der Tatsache Neid.

Vorgefertigter Neid
Aristoteles folgend wiederholt man, daß die Nahestehenden (*enggýs*) und Ähnlichen (*homóios*) beneidet werden, konkret die Brüder, Verwandten, Nächsten, die mit demselben Beruf oder aus derselben Gesellschaftsklasse. Freud vertrat sogar die Auffassung, daß der erste Neid zwischen Geschwistern in der frühen Kindheit aufkäme. Die Charakterisierung des Neides als einer Empfindung unter sich Nahestehenden ist ungenau. Tatsächlich gibt es Neid unter Blutsverwandten, Kollegen, Mitgesellschaftern und Mitbewohnern, aber es ist kein auf genetischen, beruflichen, ehelichen und häuslichen Beziehungen, nicht einmal auf bloßem Zusammenleben beruhender Affekt. Alle diese Formen des Sichnaheseins können gegeben sein, ohne daß mit Notwendigkeit jene Empfindung auftritt.
Die wesentliche Vorbedingung des Neides ist nicht ein physisches, sondern ein geistiges Benachbartsein, es ist nicht das Zusammenleben, sondern das Sichkennen. Überträgt man das Sprichwort «nihil volitum quin praecognitum» (man will nichts, das man nicht zuvor kennt), ist zuzugeben, daß nur zuvor Bekanntes geneidet wird. Die Empfindung entspringt einem mehr oder weniger zutreffenden Urteil über das Glück des anderen. Normalerweise wird dieser andere ein Nahestehender sein, denn die Nähe ist ein unmittelbarer Anstoß zum Kennenlernen. Aber es kann auch mittelbare Kenntnis von etwas Entferntem sein, von etwas, das man weder sieht noch hört. Dieser Weg hat sich mit der Zivilisation unaufhörlich erweitert und ausgedehnt.

Es gab Zeiten, in denen die einzigen Informationsquellen die Natur und das Wort waren. Damals ließ sich ohne allzugroße Ungenauigkeit behaupten, daß der Neid sich auf den Nahestehenden konzentriere. In dem Maße, in dem sich der durch fremde Aussage erworbene Schatz an Kenntnissen vermehrt hat, haben die Möglichkeiten zugenommen, Verschiedenartiges und Entferntes zu beneiden.

Der heutige Mensch ist einer massiven Informationszufuhr durch die Massenmedien ausgesetzt, und dank dieser Meldungen kann er sich eine Meinung über das Glück von Personen bilden, mit denen er niemals umgegangen ist, oder von Gruppen, denen er nicht angehört, und aufgrund solcher Meinungen kann er neiden. Diese Möglichkeit wandelt sich in Wahrscheinlichkeit, wenn, wie bei diesen Medien üblich, durch parteiische Auslese, absichtlich irreführende oder ganz einfach vergiftende Redaktion die Information «gezielt» verbreitet wird, sie in unserem Falle darauf abzielte, die neidenswerte Art von Unterschieden zwischen Individuen oder Gesellschaftsschichten hervorzukehren. Es ist demnach einleuchtend, daß im Unterschied zu dem, was unter anderen Gegebenheiten geschah, die meisten Neidgefühle sich heutzutage nicht gegen die Nahestehenden und Ähnlichen, sondern gegen die Entfernten und Unähnlichen richten.

Ein Hauptmerkmal dieses mittelbaren Neides ist es, daß er sich nicht nur auf die Existenz eines nie gesehenen «Anderen», den uns gewisse Zwischenträger beschrieben haben, sondern, daß er sich auf ein Werturteil gründet, das man uns ebenfalls bereits vorgefertigt liefert. Es sind die Mittler, die für sicher erklären, daß der andere glücklicher ist und daß die Überlegenheit im Wohlbefinden eine Verminderung unserer eigenen Glücksmöglichkeiten bedeutet. So kommt es, daß die Ideologen und die Parteien des Egalitarismus zu Promotoren eines Neidgefühls werden, das seit Ende des 19. Jahrhunderts unaufhörlich an Verbreitung und Stärke gewonnen hat.

In unserer Zeit basiert der größere Teil des vorhandenen Neides nicht auf der Nähe, denn die Menschen leben ziemlich für sich und in gegenseitiger Unkenntnis im Schoße ungeheurer Massen, sondern auf beharrlichen, hartnäckigen, fleißigen und systematischen Verkündigungen einer Minderheit, die mit diesem Mittel die Macht erobern oder nur ihr persönliches Ressentiment gegen die Sieger befriedigen will. Leute, die beinahe nichts mit

dem Mann auf der Straße gemein haben, flößen ihm Neid gegen
Personen ein, die er nicht kennt und die gewöhnlich nicht so
sind, wie sie ihm geschildert werden. Es ist ein Fertig- und
Serienneid, dessen Objekt so weit entfernt ist, daß es bis zum
Verlust jeglicher Individualität entpersönlicht wird. Nicht dieser oder jener wird beneidet, sondern Abstraktionen wie «die
Reichen» oder «die Elite». Und gewöhnlich wird der Neid auf
diese Kollektive nicht dessentwegen geschürt, was sie sind, sondern wegen der Bezeichnungen, die ihnen das Ressentiment der
Ideologen verliehen hat: Die Unternehmer werden «Ausbeuter»
genannt, die Besseren «Privilegierte», die Vorgesetzten «autoritär», die Glücklichen «Egoisten» und so fort.
Neid auf das Andersartige, Besondere, das Unfaßbare, zuvor von
den Inquisitoren der Verschiedenartigkeit und Apologeten der
Gleichheit Verketzerte und Angeschwärzte. Diese unserer Zeit
eigentümliche Art vorgefertigten Neides, wenig gleicht sie der,
die Aristoteles beobachtete.

Der sich selbst strafende Neid

Der Neid erzeugt, wie alle unangenehmen Empfindungen, keinen örtlichen physischen Schmerz, sondern ein unbestimmtes
Mißbehagen. Im Unterschied zu anderen Empfindungen, wie
den Depressionen, hat er keinen unbewußten oder autonomen,
sondern einen bewußten und heteronomen Ursprung. Er kommt
nicht aus einem geheimnisvollen Inneren, sondern von einem
bekannten äußeren Reiz oder der geistigen Bewußtmachung dieses Reizes. Man muß an das Geneidete denken, um zu neiden.
Aber dasselbe gilt zum Beispiel für den Haß. Was den Neid
wirklich von anderen unangenehmen Empfindungen unterscheidet, ist seine notwendige Verknüpfung mit Mißbehagen,
das nicht ab und zu oder gelegentlich befällt, sondern ganz und
gar untrennbar von der Widerwärtigkeit ist. Der Neid ist von
Natur zurückwirkend schmerzhaft. Die Tatsache, daß er in sich
selbst die Strafe birgt, erklärt, warum man ihn, wenn auch unrichtig, mit dem Rost, dem Karzinom oder dem Wundbrand
vergleicht.
Gerechterweise ist zuzugeben, daß, wenn der Neid bösartig ist,
er eine Strafe in sich trägt, oder daß er sich selbst bestraft. Und
für mehr Neid mehr Leiden. Diese Verhältnismäßigkeit und
nicht allein die Selbstbestrafung ist es, was, vom Beneideten
einmal abgesehen, die Auffassung gestattet, daß er das einzige

«gerechte» Laster ist. Aber da ist der Beneidete, der auch negativ betroffen sein kann. Und da die Selbststrafung nicht das Neidgefühl auslöscht, noch die eventuell daraus folgenden feindseligen Handlungen ungeschehen macht, gäbe es zwar eine immanente Gerechtigkeit ad intra, aber keine nach außen wirkende gesellschaftliche, denn niemand versichert, schützt oder entschädigt den Beneideten.

Der Neid kann die belästigen, die, ohne Teil an ihm zu haben, ihn vor Augen haben und vor allem seine Opfer. Es gibt ein Mißbehagen beim Beneideten. Weshalb? Mehr als aus Mitleid oder Teilnahme für das fremde Mißbehagen aus Furcht vor den Reaktionen des Neiders, die, wenn sie zutagetreten, immer aggressiv sind: Wegnahme des Gutes, Verdrängung, Überkritik, Diffamierung, Verleumdung. Und wenn der Neid sich nicht in Handeln umsetzt, ist er doch immer eine Bedrohung. Der Beneidete spürt, daß ein potentieller Angreifer um ihn ist, wenn ihm auch Ort, Stunde und Methode der Aggression unbekannt sind. Die Unbestimmtheit der Gefahr erweist sich als einzigartig beunruhigend: Angst des Beneideten vor einer heimtückischen, fortwährenden und ungewissen Gefährdung.

Der böse Blick und der Fluch, Hexereien, die dem Neider zugeschrieben werden, haben den beklemmenden Effekt der Ungewißheit. Sich beneidet zu wissen oder es vorauszusehen bewirkt eine Reihe von schmerzhaften Zuständen, die von der bloßen Belästigung und Beunruhigung bis zur Lähmung reichen.

Hat ein Gefühl, das peinigt und Pein verursacht, irgendeine erfreuliche Begleiterscheinung? Mehr als Freude – Befreiung ist es, wird der Neid ausnahmsweise befriedigt, aber solange das Gefühl andauert, ist da nur Unbehagen. Es ist nicht dasselbe mit der Schadenfreude, die gewöhnlich dem Neid gleichgestellt wird. Es gibt zwei Gründe für diese Verknüpfung. Erstens, daß beide Empfindungen in gewisser Hinsicht entgegengesetzt und komplementär sind. Der zweite, bessere Grund ist der, daß beide aus dem Vergleich des eigenen Glücksniveaus mit dem fremden entstehen, und daß beide die Sympathie ausschließen. Es sind zwei sehr verschiedene Empfindungen von unterschiedlicher Bösartigkeit. Der Neid hat das vermeintlich verlorene Gut zum Vorwand, aber die Freude am fremden Schmerz entbehrt tatsächlicher wie eingebildeter mildernder Umstände.

Der Neid hat keine Funktion
Erfüllen die Gefühle nützliche Funktionen in der Ökonomie des Lebens? Zumindest drei hauptsächliche: Glücklichmachen, Orientieren und Reagieren. Es gibt Gefühle, die Freude vermitteln und die deshalb Formen des Wohlgefallens sind. Das Glücklichsein und das Unglücklichsein sind die beiden großen Gemütszustände. Ist irgendeine Form nicht gefühlsmäßigen Glücklichseins möglich? Die Theologen schreiben den Engeln eine Wonne von Geist und Wille durch Erkennen und Liebe zu, eine der den Seligen gleiche Wonne. Und es ist vielleicht nicht auszuschließen, daß die Entwicklung eine fortschreitende Ersetzung des Gefühls durch die Logik sein wird, und daß der Mensch schließlich zum reinen logos wird ohne irgendwelche Beimischung von Emotivität. Aber im derzeitigen Zustand erfüllen die Gefühle ganz offenkundig eine für das Glücklichsein wesentliche Funktion, sie sind die vorherrschende Übersetzung des menschlichen Glükkes. Alle Gefühle bringen Wohlbehagen oder Mißbehagen mit sich, es gibt keine neutralen Emotionen. Damit sind die Gefühle für das menschliche Verhalten richtunggebend, sie lassen das Unangenehme meiden und das Angenehme suchen. Und häufig stimmt, was gefällt, mit dem Zuträglichen und Nützlichen überein, und was mißfällt mit dem Unzuträglichen und Schädlichen, beispielsweise der Geruch von Fäulnis. Das Erkennen und das Fühlen sind sehr unterschiedliche Bereiche, aber entgegen dem gewöhnlich Behaupteten sind sie einander nicht absolut entgegengesetzt, und teilweise überschneiden sie sich. Die Gefühle erfüllen eine elementare und vielseitige Informationsfunktion. Bei den Tieren gibt es eine starke und entscheidende Gefühlstätigkeit, die wie ein embryonales Erkennen arbeitet. Im homo sapiens wirkt diese Funktion fort, ist allerdings allmählich rückläufig und manchmal derart abgelenkt, daß sie ihre richtungweisende Eigenschaft verloren hat.
Es gibt Gefühle, die somatische Reaktionen oder psychische Reflexe auslösen, die zu bestimmten Verhaltensweisen führen. Darwin zeigte, daß diese Interdependenzen in vielen Fällen funktionell sind. So die Wut, weil sie zum Angriff reizt, und die Angst, weil sie zur Flucht treibt. Noch deutlicher ist die biologische Zweckhaftigkeit der Gefühle bei den zwischengeschlechtli-

chen Beziehungen und damit bei der Fortpflanzung. In bestimmten Fällen stellen sich die Gefühle als kohärent strukturierte Mechanismen im Gefüge des Lebens dar und rechtfertigen und erklären sich durch ihren Beitrag zur Erhaltung der Art. Der Neid erfüllt keine dieser drei Funktionen. Er ist in erster Linie eine unangenehme Empfindung. Wo Neid ist, ist niemals Wohlbefinden, ist immer Mißbehagen. Die Schadenfreude ist nicht der Höhepunkt des Neides, sondern sein Erlöschen wegen des Wegfalls des Motives, und ist eine ganz andersartige Empfindung, die einzig in der Gegnerschaft übereinstimmt. Das inwendig selbststrafende Wesen des Neides beraubt ihn jeder beglückenden Zweckhaftigkeit. Wenn ein Gefühl durch das Glück, das es einschließt, gerechtfertigt wird, wäre der Neid das abwegigste der Gefühlserlebnisse.

Zweitens vermittelt der Neid keine gültige Information über die Umwelt. Im Gegenteil, er stellt den überlegenen Menschen als Feind und Ärgernis dar und nicht als Freund und Vorbild, verengt und verdüstert den Lebenshorizont, anstatt ihn zu erweitern und zu erhellen, identifiziert den eigenen Weg zum Glück mit dem fremden, was zu Unkenntnis seiner selbst und Entpersönlichung führt, nähert nicht an, sondern entfremdet und erschwert das Kennenlernen des Nächsten, und schließlich geht er nicht aus dem Sinn und benebelt ihn, womit er den Wirklichkeitssinn verwirrt und die Denkfähigkeit mindert. Mit Recht schrieb Ariston von Cheos, der Neid sei eine «Augenkrankheit der Seele» (13, fr. 4., ed. Wehrli, p. 34), eine Verblendung oder Blindheit. Wenn ein Gefühl sich durch Vermittlung wirklich richtungweisender Informationen über die Lebensumstände rechtfertigte, gehörte der Neid zu denen, die am ehesten das Gegenteil bewirkten, weil er eben keine Informationen vermittelt.

Und drittens, bereitet der Neid auf angemessene Reaktionen vor? Der Neider ist darauf aus, das Glück des Beneideten zu schmälern, was für diesen nicht vorteilhaft ist und keine Mehrung des eigenen Wohlbefindens bedeutet, sondern Mißbehagen. Nichtsdestoweniger läßt sich die Frage stellen, ob der Neid nicht auf längere Sicht in dem Maße, in dem er den anderen beraubt, den Neider bereichert. Der Neid vermag nur in sehr geringem Umfang etwas wegzunehmen. Außerdem fällt das Gut, das der Beneidete verliert, fast nie dem Neider zu. Aber selbst in diesem außergewöhnlichen Falle, entschädigt das Ergebnis für das Lei-

den während der langen Wartezeit? Und im Falle der unwahr-
scheinlichen Eventualität, daß es dafür entschädigt, wäre der
Wetteifer, der durch den Neid zunichtegemacht wird, nicht viel
einträglicher gewesen? In der rein egoistischen Spannung zwischen dem «Ich» und dem «Du» ist der Nutzen des Neides
unerheblich. Auf allen übrigen Gebieten ist die Empfindung von
höchster Unanständigkeit und Unzuträglichkeit: Sie spornt
nicht zum Erschaffen an, sondern zum Zerstören, nicht auf-,
sondern abzuwerten, nicht zu verdeutlichen, sondern zu verwir-
ren, nicht Rangordnung, sondern Uniformität zu schaffen: Der
Neid führt zu nichts Positivem.

Der Neider genießt nicht, ist richtungslos, stellt sich nicht auf
positives Handeln ein, er leidet, ist nicht informiert und fühlt
sich zu negativem Verhalten hingezogen. Vom Individuum her
gesehen, ist er nicht eine bloß überflüssige, sondern abträgliche
Empfindung. Erfüllt der Neid eine gesellschaftlich nützliche
Funktion für das Gemeinwesen, auch wenn er für ein jedes
seiner Mitglieder unangenehm ist? Nach Freud leitet sich die
Soziabilität vom Neide her: Dieser wäre der Urtrieb und jene der
abgeleitete. Der Prozeß vollzieht sich in dem bevorzugten Sze-
narium des Wiener Psychiaters, in der frühen Kindheit. Dies ist
der hypothetische Nachvollzug: Das Kind empfängt den neuen
Bruder mit Neid, und da es ihn nicht beseitigen kann, verbündet
es sich mit ihm, um Liebe und Gaben der Eltern zu gleichen
Teilen mit ihm zu teilen. Aber die Tatsachen untermauern eine
derartige Erklärung nicht. Bevor der jüngere Bruder geboren
wurde, befand der Erstgeborene sich bereits in der familiären
Gesellschaft und klammerte sich fest an sie. Auch wenn er
niemals aufgehört hätte, einziges Kind zu sein, wäre er soziabel
geblieben, denn sein Herdentrieb war schon vor dem Erscheinen
irgendeines neuen Gliedes der Gruppe vorhanden. Aber da ist
mehr: Warum ist der Brudermord so abwegig, wenn der erste
Impuls auf die Beseitigung des Bruders gerichtet ist? Warum ist
die Gestalt des Kain außergewöhnlich und nicht archetypisch?
Das Neidgefühl erfordert das Vorhandensein von mindestens
zwei Personen und einer Beziehung zwischen ihnen oder einer
vorhergehenden Gemeinschaft. Es kann Zusammenleben ohne
Neid geben, aber keinen Neid ohne Zusammenleben, also ist
dies nicht dessen Ursprung.

Es ist andererseits illusorisch anzunehmen, das erste Gefühl des
Kindes für seinen Bruder sei der Neid, der eine der komplizierte-

sten und am stärksten vom Intellekt bestimmten Empfindungen ist. Was weiß der kleine Erstgeborene vom Glück des Neugeborenen? Und wer hat bewiesen, daß es ihm weh tut? Die experimentelle Psychologie macht deutlich, daß eines der ersten kindlichen Gefühle die Eifersucht auf jeden Bewerber um die mütterliche Zuwendung ist, das heißt die Sorge, ein glückhaftes Monopol zu verlieren. Aber das ist nicht Neid. Nehmen wir an, es handele sich um einen begrifflichen Irrtum und daß Freud an die Eifersucht als Wurzel der Soziabilität dachte. Auch diese These wäre unrichtig, weil auch die Eifersucht die Gesellschaft voraussetzt und ein eifersüchtiger Robinson unvorstellbar wäre. Außerdem verbünden sich die Neider gegen die Beneideten, wo aber, außer in Tragikomödien, verbünden sich das Opfer und der Urheber der Eifersucht? Sie ist eine noch trennendere und gesellschaftsfeindlichere Empfindung als der Neid.

Und schließlich sind die Liebe und die elterlichen Gaben kein meßbarer hinterlegter Schatz, den die Kinder unter sich verteilen könnten. Die Liebe ist ein Verströmen, das der Liebende frei dahingibt und das niemand von außen erzwingen noch verteilen kann. Und etwas ähnliches ließe sich von den Gaben sagen, auch sie sporadisch und frei dahinströmend. Würde der Erstgeborene in Erfüllung des angenommenen Vertrages auf Gleichbehandlung ein Geschenk zurückweisen, bis der jüngere Bruder ein gleiches erhalten hätte? Und umgekehrt? Es ist eine unwahrscheinliche und von der Erfahrung widerlegte Annahme.

Kein Punkt der Freud'schen Beweisführung ist aufrechtzuerhalten, und man versteht, daß sie kein positives Echo gefunden hat. Die Gesellschaft ist die grundlegende Tatsache, denn jeder Mensch stammt von Eltern ab und überlebt in der Regel jahrelang dank ihnen und dem Herdeninstinkt, bei ihnen zu bleiben. Und diese Gemeinschaft ist ohne die geringste Spur von Neid lebensfähig. So wie Schmerz und Freude Gefühle des Einzelnen sind, so verlangen Neid und Eifersucht die Gesellschaft als conditio sine qua non, sie schaffen sie nicht, sie brauchen sie.

Der Neid ist nicht der Ursprung der Soziabilität, aber ist er nicht nützlich, um dem Zusammenleben als Rückgrat zu dienen? Könnte er eine unfreiwillige und aufopferungsvolle Art des Dienstes an den übrigen sein? Nach Schoeck ließe sich ohne den Neid keine Gesellschaft organisieren, weil er der Motor der gegenseitigen spontanen Überwachung ist, die die Bürger untereinander ausüben, das heißt der gesellschaftlichen Kontrolle.

Diese These schließt eine Reihe von Hypothesen ein, die mir unbegründet scheinen. Die Disziplin einer Gruppe, erhält sie die gegenseitige Kontrolle der Mitglieder untereinander? Nein. Herrschaft hat die großen politischen Einheiten geschaffen und erhalten, nicht spontaner Gemeinsinn. Von Sumer bis zur Sowjetunion gibt es nicht eine Ausnahme. Und etwas ähnliches vollzieht sich mit den kleineren Einheiten. Berauben wir ein Heer seiner Anführer, wird sich Flucht und Plünderung ergeben. Der Tod des Familienvaters führt zur Trennung der Geschwister, es sei denn, daß eines ihn ersetzt. Der gesellschaftliche Zusammenhalt entspringt nicht der Zusammenarbeit der Bürger, sondern der Autorität. Es gibt keine größere Gesellschaft ohne Recht, und das ist eine vom Souverän mit Hilfe von Richtern und Gendarmen zwangsweise durchgesetzte Ordnung. Die universelle rechtliche Selbstkontrolle ist eine teils anarchische, teils demokratische Utopie. Die gegenseitige Kontrolle wird mehr oder weniger stark sein, aber Grundlage der Gesellschaftsordnung ist sie nicht. Könnte sie wenigstens ihre wesentliche Vorbedingung sein? Auch das nicht, denn in allen Regierungsformen, seien sie despotisch oder bloß autoritär – wie die bekannten es in ungeheurer Mehrzahl gewesen sind –, wurde die Disziplin ohne gegenseitige Kontrolle aufrechterhalten und manchmal sogar gegen den stillschweigenden oder nachdrücklichen Widerstand der Bürger.

Das Übliche ist nicht, daß die Regierten sich gegenseitig überwachen, sondern daß sie die Regierung kontrollieren, wenn auch im allgemeinen erfolglos. Und spontan ist unter den Menschen nicht die Denunziation, sondern das Schweigen und eher Komplizität als Anklage. Dieses Verhalten offenbart sich von der Familie und der Schule an. Die von nicht interessierter Seite vorgebrachte Anklage ist außergewöhnlich, kommt sie aber vor, ist es dann immer aus Neid? Da haben wir eine weitere unbegründete Hypothese. Wer die Behörden von einer rechtswidrigen Handlung unterrichtet, tut es gewöhnlich, damit man ihn schützt oder ihm etwas zurückerstattet. Beweggrund ist das eigene Interesse, soweit es durch die Rechtsordnung geschützt ist. Es gibt auch, wenn auch selten, von bloßen Zeugen gemachte Anzeigen. Aber der Beweggrund ist gewöhnlich das bürgerliche Zusammengehörigkeitsgefühl, der Wunsch, bei der Anwendung des Gesetzes mitzuwirken, oder die Belohnung, nicht der Neid. So erklärt es sich, daß, obgleich diese Empfindung so allgemein ist, Zeugen der Anklage aufgefordert oder sogar unter Druck gesetzt werden müssen. Welches Neidgefühl befriedigt, wer einen Mörder, einen Vergewaltiger, einen Räuber oder einen Brandstifter anzeigt? Gegen welch vermeintliche überlegene und unerreichbare Glückseligkeit wird rebelliert? Die des Vatermörders, des Notzüchtigers oder des Pyromanen? In diesen Zusammenhängen ist kein Raum für den Neid. Die Spitzel motiviert das Geld, das Versprechen der Straflosigkeit für ihre eigenen Straftaten oder die Konkurrenz. In der Unterwelt werden die Spannungen gewöhnlich durch interne Abrechnungen gelöst. Niemand leugnet, daß der Neid zu gewissen Anzeigen führen mag, zum Beispiel wegen Steuerhinterziehung oder Diebstahl, aber sind es diese sporadischen Denunziationen, die das Steuerwesen und das Eigentum in einem Staate erhalten? Wenn die Besteuerung vom verräterischen Nachbarn abhinge, nur wenige zahlten Steuern.

Außerdem können die gesellschaftlichen Kontrollen vom System her nicht anonym sein. Im Gegenteil, vom Henker abgesehen, der ein bloßes Werkzeug ist, haben alle Instanzen der Staatsgewalt Bezeichnungen und sind öffentlich, und ebenso sind es die Aussagen der Zeugen vor den Gerichten. Aber der Neid ist heimlich und seine Taktik ist der Hermetismus. Nur manchmal kann man den Stein werfen und die Hand verbergen, aber im allgemeinen geschieht das Gegenteil. Seiner Unsäglichkeit wegen gestattet der Neid keine wirksame gesellschaftliche Kontrolle, und wenn er ausnahmsweise in diesem Sinne wirkt, kommt er nur als Indiz oder Arbeitshypothese in Betracht, denn beim Neider läßt sich nur geringe Glaubwürdigkeit voraussetzen. Es ist richtig, daß kein Neid, wo kein Zusammenleben, aber falsch ist, daß der Neid das Zusammenleben ermöglicht. Das Neidgefühl eint nicht, sondern trennt, es ist nicht gesellschaftsbildend, sondern gesellschaftsfeindlich. Es gibt Gemeinschaften, die sich auf die Liebe, den Vorteil und die Notwendigkeit gründen, aber auf den Neid gründet sich nur die gelegentliche und negative der Neider gegen die Beneideten, und nicht einmal derartige Genossenschaften erhalten sich aus sich selbst heraus, sie brauchen einen Demagogen.

Der Neid ist nicht die Stütze des Zusammenlebens, aber trägt er dazu bei, es gerechter zu machen? Die egalitäre These leitet sich von folgendem Syllogismus her: Gerechtigkeit ist Gleichheit, der Neid fördert die Gleichheit, also dient er der Gerechtigkeit.

Die erste Prämisse ist falsch, weil die Gerechtigkeit nicht darin besteht, allen das gleiche zu geben, sondern einem jeden, was ihm zukommt. Die zweite Prämisse ist ebenfalls falsch. Den Neider kümmert nicht die Ungleichheit im allgemeinen noch die Unterlegenheit des Nächsten, was ihn quält, ist die eigene Unterlegenheit, und sein Wunsch wäre es, sie um jeden Preis in Überlegenheit über den Beneideten zu verwandeln. Seine Empfindung steht subjektiv am Rande der Gerechtigkeit, und objektiv ist sie gewöhnlich ungerecht, weil es ihm nichts ausmacht, dem anderen wegzunehmen, was er zu Recht besitzt, und ihm nicht die Möglichkeit in den Sinn kommt, auf das, was er haben möchte, kein Anrecht zu haben. Wenn der Neider sich denen anschließt, die ihm Gleichheit versprechen, so tut er es nicht aus großmütiger Menschenfreundlichkeit, sondern aus schäbigem Egoismus und in der Hoffnung, daß eine große Komplizenschaft ihn von seiner eigenen persönlichen Ohnmacht und von seinem schlechten Gewissen befreit. Der echte Protest um der Gerechtigkeit willen ist nicht Sache des Neiders, er ist die des Unwillens, dessen Beweggrund nicht persönliche Unterlegenheit und konkrete Mißgunst sind, sondern eine abstrakte sittliche Auffassung von der Verhältnismäßigkeit zwischen Leistung und Lohn. Der Neid ist eine Empfindung Habgieriger und der Unwille eine von Altruisten. Die egalitären Ideologen, Alchimisten, deren Stein der Weisen der Neid ist, gründen ihre hochfahrende Botschaft auf unrichtige Postulate, Zirkel- und Fehlschlüsse, wie die hier zitierten.

Auch wenn das Neidgefühl der Tugend der Gerechtigkeit fernsteht und der Egalitarismus nicht gerecht sein mag, trägt er praktisch zum Ausgleich im Gemeinwesen bei? Der vereinzelte Neid ist im Sozialen nicht operativ; kollektiv und organisiert hat er jedoch, wie die französische und die sowjetische Revolution, zu bemerkenswerten Veränderungen der Gesellschaftsstruktur geführt, auch zum Teil zu katastrophalen Verteilungskämpfen. Aber diese Änderungen haben die Unterschiede eher umgekehrt als ausgeglichen: Die beneideten Gruppen wurden verfolgt, enteignet und erniedrigt und durch den Führungsapparat der Neider ersetzt. Dagegen war die unmittelbar gleichstellende Wirkung dieser Ablösung für die Massen eher rhetorisch als substantiell, wie die neue napoleonische Aristokratie und die sogenannte Nomenklatura beweisen. Die zeitgenössische Erfahrung zeigt, daß die großen gleichstellenden Veränderungen, die

immer im Aufstieg des Proletariats zum Mittelstand bestanden
haben, nicht die Frucht des Sturzes der Aristokratien noch der
Verteilung ihres Besitzes waren, sondern der wirtschaftlichen
Entwicklung, deren stärkste Antriebskraft, wie der Vergleich
von Ost und West bestätigt, der rangbildende Wetteifer ist und
nicht der gleichmacherische Neid.

Eugenio Raiga schrieb 1932 ein Buch mit folgendem Leitgedan-
ken: «Die gefürchteten und furchtbaren Methoden des Neides
sind eine Reaktion auf den Hochmut und die Verachtung der
Meistbegünstigten, sie mäßigen ihren Stolz und machen sie
einer Bescheidenheit geneigt, die ungeachtet ihrer womöglich
fehlenden Ernsthaftigkeit willkommen ist und es dem Rest der
Menschen erlaubt, sich einzubilden, er sei nicht zu Boden ge-
schmettert. Der vulgäre Neid mitsamt seinen Fehlern und
Schrecken hat insofern eine gesellschaftliche Funktion und entspricht in etwa den Erfordernissen des Gemeinschaftslebens.»
Wäre das die Rechtfertigung der zerstörerischen Empfindung?
Nein. Bescheidenheit ist die Tugend, sich selbst nicht überzube-
werten, nicht die Selbstachtung zu übertreiben, mit anderen
Worten, die harmloseste der menschlichen Neigungen zu beherrschen. Aber der Neid hat die gegenteilige Wirkung: Der
Beneidete verstärkt sein Überlegenheitsgefühl, häufig ist es gerade der Neid, der ihm die Überzeugung eingibt, bevorzugt zu
sein. Sicherlich ist das Gefühl, beneidet zu werden, eine Ermun-
terung zur Unbescheidenheit. Außerdem ist diese Tugend eine
wirkliche Überzeugung ohne Hintersinn, während die üblichen
Verteidigungsmittel gegen den Neid Maskierung, Täuschung
oder Heuchelei sind, hinter denen sich satanischer Hochmut
verbergen kann. Die Verschleierungstricks, zu denen der Beneidete greift, sind undenkbar in robinsonhafter Vereinzelung. Ein
Einzelgänger kann bescheiden sein, aber es gibt keinen Neid
ohne eine Mehrzahl von Personen. Zur Bescheidenheit gelangt
man durch objektive Selbstprüfung und Askese, zur Maskierung
hingegen durch die Drohung des anderen und aus List. Es sind
zwei verschiedene Welten. Kurz, der Neid führt nicht zur Bescheidenheit, sondern zur Lüge, und man kann nicht behaupten,
der Schwindel wäre ein gesellschaftliches Gut, das seinen Anstifter rechtfertigte.
Zusammengefaßt, wenn es ein aus der Sicht des Einzelnen wie
der Gruppe funktionsloses Gefühl gibt, dann den Neid.

Der Neid ist ein Irrtum

Die Stoiker waren der Ansicht, daß die Leidenschaften unvernünftig wären (*álogos*), und Hume war gegenteiliger Meinung (*not unreasonable*). Tatsächlich müssen, damit der Neid auftritt, die Sinneswahrnehmungen eine komplizierte gedankliche Aufbereitung erfahren. Der Neid ist eine Empfindung, die aus Urteilen und Überlegungen hervorgeht und eine deduktive Intelligenz erfordert. Sie ist vernunftbegabten Wesen eigentümlich, und der homo sapiens teilt sie mit keinem anderen Lebewesen. Ein nicht überlegter Neid ist undenkbar. Im strengen Sinne läßt sich nicht behaupten, daß der Neid irrational wäre, er ist, nach dem Ressentiment, der am stärksten rationalisierte Gemütszustand.

Wie erklärt es sich, daß die gestrenge und zweckbestimmte Vernunft einer schmerzhaften und gleichzeitig abträglichen und negativen Empfindung Raum gibt? Nichts im konkreten Menschen ist unfehlbar, und mit dem Neid geht ein Intellekt um, der dem Irrtum unterworfen ist. Es gibt faktische und dialektische Irrtümer. Der ganze Vorgang beginnt mit der Feststellung: «Der ist glücklicher als ich!» Sie gliedert sich in zwei Abschnitte: die Einschätzung des fremden Glücks und den Vergleich mit dem eigenen, konkret: «Der da ist glücklich», und «Sein Glück ist größer als meines».

Das Glück ist ein Wohlgefühl aufgrund des Gleichgewichtes von Gewünschtem und Besessenem. Es hängt demnach nicht allein von den objektiven Gütern ab, sondern vornehmlich von den Ansprüchen des Subjekts. Der subjektive Faktor ist wesentlich. Darum kann ein Epikureer schreiben, daß der größte Reichtum die Wunschlosigkeit sei, und darum gibt es Güter, die einige glücklich machen und andere nicht. Es gibt gewisse wahrscheinliche Verallgemeinerungen, aber keine absoluten Normen, um sich vom individuellen Wohlbefinden der übrigen ein Bild zu machen. Über das fremde Glück können nur die Aussagen des Betroffenen Auskunft geben: Gebärde und Wort. Es ist ein Geschehen mit nur einem einzigen Augenzeugen, der überdies Partei ist, eine wenig beweiskräftige Prozeßlage. Wenn jemand sagt, er sei glücklich, glauben wir ihm oder tun es nicht, aber niemals werden wir es beweisen oder bestreiten, noch weniger die Intensität dieses angeblichen Glücksgefühles bemessen können. Aus eigener Erfahrung wissen wir, daß Scham und Höflichkeit uns den Schmerz verbergen und ein gewisses Wohlbefinden vortäuschen lassen, und, um uns vor den Neidern zu schützen, vertuschen wir das Glück. Diese Gewohnheiten vervielfältigen die Problematik jeder Glücksäußerung. Zwei Wesen, die ein ganzes Leben miteinander verbringen, können sicher sein zu lieben, nicht aber geliebt zu werden, noch den Geliebten glücklich gemacht zu haben. Es ist zweifelhaft, ob wir die Dinge als solche zu erkennen vermögen, aber es ist unbestreitbar, daß unsere Informationen über fremde Gefühle ungenau, mittelbar, zufällig und häufig irrig sind. Das Glück ist reine Subjektivität, sehr schwierig mitzuteilen, nahezu unbeschreiblich und gemeinhin verschleiert. Das fremde Glück ist daher eine der unbekanntesten und unkenntlichsten Realitäten unserer Welt.

Wenn es sehr reiche oder schöne Menschen gibt, die Selbstmord begehen, und armselige Unglückliche, die sich leidenschaftlich an das Leben klammern, und wenn das Glück des anderen etwas Rätselhaftes ist und nur mittels eines zweifelhaften Parteiengeständnisses feststellbar, wie läßt sich dann mit Sicherheit das Urteil fällen: «Der da ist glücklich»? Aber es ist noch viel schwieriger zu behaupten, der andere wäre «glücklicher» als man selbst, weil jeder mengenmäßige Vergleich eine gewisse Genauigkeit der Maßeinheit erfordert, und wie soll man die Intensität von etwas praktisch nicht Erkennbarem im Nächsten bemessen? Der Neider muß auf jede erkenntnistheoretische Genauigkeit verzichten und die unmögliche objektive Richtigkeit durch ein höchst gewagtes Kunststück ersetzen, nämlich gedanklich die Stellung des Beneideten einnehmen. Und im Verlauf dieses dialektischen Sprunges verkündet er das folgende Urteil: «Wenn ich er wäre, oder mich in seiner gesellschaftlichen Stellung oder Vermögenslage befände, wäre ich glücklicher, als ich bin.» Die erste Voraussetzung ist ihrem wörtlichen Sinne nach eine Unmöglichkeit, denn niemand kann bleiben, wer er ist, und gleichzeitig ein anderer sein, und wenn gesagt werden soll, daß die eigene Person erlischt und sich in den Beneideten verwandelt, wie läßt sich dann voraussehen, was man empfinden wird, wenn man ein anderer ist. Das kann man nach, aber niemals vor der substantiellen Verwandlung wissen. Die zweite Voraussetzung, sich in gleicher Stellung oder im Besitze des gleichen Vermögens zu befinden, wäre vielleicht zu verwirklichen, es ist aber nicht sicher, wie wir uns verhalten würden, wenn die Voraussetzung eintritt. Die eigene Erfahrung verdeutlicht die Unglaubwürdigkeit hypothetischer Versicherungen: Das «Wenn mir geschähe, daß..., würde ich...» ver-

wirklicht man eigentlich nie, gewöhnlich tut man etwas anderes.
Der Gedankengang, der den neidischen Prozeß auslöst, hält elementarster Kritik nicht stand. «Der andere ist glücklicher als ich, weil, wäre ich an seiner Stelle, es mir besser ginge als in meiner jetzigen Lage» ist ein hypothetisches, bedingtes, ungewisses, nicht nachprüfbares Urteil mit so vielen Möglichkeiten des Irrtums, daß es vermessen wäre, darauf ein Verhalten zu gründen.
Aber nicht weniger zerbrechlich ist die nachfolgende Beweisführung. Hat er einmal seine vermeintliche Unterlegenheit im Glück angenommen, sagt sich der Neider: «Ich möchte, aber ich kann nicht.» Erstens kann dies Begehren des vermeintlichen fremden Glücks unsinnig sein, wenn dieses Glück nicht wirklich so ist, wie vorgestellt.
Zweitens, auch wenn der Beneidete tatsächlich glücklich ist, wird der Neider es in seiner Lage sein? Und ist drittens die Ohnmachtserklärung wirkliches Unvermögen oder Willensschwäche? In diesem letzten Falle ist das «Ich will, aber kann nicht» ein Selbstbetrug, denn richtig wäre: «Ich wünsche, will aber nicht». Und das Gefühl, sich wankelmütig oder träge zu wissen, hat keinerlei Ursache, sich in die Qual des Neides zu verwandeln. Wenn der in Erscheinung tritt, dann wegen des weiteren Irrtums der Hochstilisierung träger Schlaffheit zu verzweifelter Ohnmacht.
Setzen wir schließlich voraus, der Neider wäre wirklich unfähig, das wahrhaft höhere fremde Glück zu erlangen. In diesem Falle tritt der Neid nur in Erscheinung, verfällt man dem neuerlichen Irrtum zu meinen, dieses höhere fremde Glück mindere oder zerstöre das eigene. Keine der beiden Wirkungen ist sicher. Damit jede Mehrung des fremden Glückes über den arithmetischen Durchschnitt einer Bevölkerung hinaus eine Minderung des Glücksanteiles der übrigen bedeutet, wäre anzunehmen, daß das Glück etwas Objektives und Homogenes und der gesellschaftliche Gesamtbestand daran begrenzt und konstant ist. Solche Annahmen sind unsinnig: Das Glück ist subjektiv, heterogen, unbegrenzt und veränderlich. Damit irgendein Besitz an Gütern oberhalb des Gleichheitsquotienten eine verhältnismäßige Einschränkung der Glücksmöglichkeiten der übrigen bedeutete, wäre anzunehmen, daß ein bestimmtes Gut bei allen ein identisches Glücksgefühl hervorruft, und das ist falsch. Der Gedanke,

daß ein Glückszuwachs beim anderen eine Minderung des eigenen Glückes bedeutet, ist eine rudimentäre Extrapolation des Zustandes, der in den primitiven wirtschaftlichen Strukturen für die beschränkten Güter des täglichen Bedarfs gilt: Der Überverbrauch einiger ist Unterverbrauch der übrigen. Aber diese Art Güter ist nicht mehr Hauptgegenstand des Glückes und wird es wegen der kulturellen und wirtschaftlichen Entwicklung der Menschen immer weniger sein.

Und damit das fremde Glück das eigene vollständig aufhöbe, wäre notwendig, daß es durch den Genuß eines objektiv einzigartigen und unwiederholbaren und subjektiv ebenfalls einzigartigen oder unersetzlichen Gutes hervorgerufen würde. Es ist die romantische Situation des Liebenden, dessen Leben auf den Genuß eines ausschließlichen, unersetzlichen und einem anderen gehörenden Gutes fixiert ist. Nur dann wäre Unvereinbarkeit von zwei Glücksgefühlen gegeben. Aber gibt es denn diese Personen, die nur ein Gut begehren und am übrigen Universum kein Interesse haben? Auch wenn es so wäre, brächte eine solche pathologische Zwangsvorstellung Kummer über ein begehrtes und – da schon besessen – unerreichbares Gut hervor, nicht aber Kummer über fremdes Glück. Um zu dieser Empfindung zu gelangen, muß der Neider den endgültigen Irrtum begehen zu glauben, daß Ursache des eigenen Glücksdefizits eine Absicht des anderen sei. Aber, um zum romantischen Beispiel zurückzukehren, welche Schuld hat der andere daran, daß er vorgezogen wird?

Die Abträglichkeit und Überflüssigkeit des Neides legt den Schluß nahe, daß er eine widersinnige Empfindung ist. Zur selben Schlußfolgerung gelangt man, entdeckt man die Reihe von Tatsachen-, Einschätzungs- und Folgerungsirrtümern und die Reihe unrichtiger Hypothesen, die im gedanklichen Ablauf des Neidprozesses einander folgen.

DER NEID ALS POLITISCHER FAKTOR

Ursprung der Spaltung

Die politische Klasse ist wegen der Einheit der Staatsgewalt und ihrer verhältnismäßig seltenen Abordnungen oder Beteiligungen immer in zwei Hälften geteilt: derer, die an der Macht und im

I. Absolute Monarchie

II. Konstitutionelle Monarchie

III. Bürgerliche Republik

IV. Sozialistischer Zukunftsstaat

Genuß der mit ihr verbundenen Vorteile bleiben, und derer, die sie ersetzen wollen. Um ihre Zwecke zu erreichen, bedienen beide sich dreier Hilfsmittel: der Stärke, der fachlichen Vorbildung und der Unterstützung durch das Volk. Die Stärke ist rechtswidriger Druck auf Personen und geht von der Drohung über den Machtmißbrauch bis zur Revolution. Die fachliche Vorbildung bedeutet Gewähr leistungsfähiger Verwaltung, insbesondere in den Bereichen von Rechtspflege und Wirtschaft. Der Rückhalt beim Volk ist stillschweigend, wenn er Zustimmung und nicht Widerstand ist, und offenkundig, wenn er sich auf der Straße oder im Wahlkampf äußert. Je entscheidender dieses letzte Hilfsmittel wird, desto stärker ist der Einfluß der Regierten auf das öffentliche Leben, wie es im Abendland seit Ende des 18. Jahrhunderts geschieht. Aber das geschah nicht auf Initiative der Massen, sondern der bürgerlichen Politikerklasse, der es auf diese Weise gelang, die erblichen Monarchien und den Adel von Geblüt zu ersetzen.

Daß die führende Minderheit gespalten ist, gehorcht einer inwendigen Notwendigkeit, aber warum sind es die Regierten? Dies ist eine Frage ersten Ranges, die nicht gestellt zu werden pflegt, so als wäre die Tatsache eindeutig, und das ist sie nicht. Normal ist, daß das Volk im aktiven oder passiven Widerstand einig ist, wenn eine Gewaltherrschaft gegeben ist, und in der beständigen und maßvollen Forderung nach mehr Ordnung, mehr Gerechtigkeit und mehr Entwicklung, wenn es sich um eine mehr oder weniger annehmbare Verwaltung handelt. Das Gemeinsamkeitsgefühl ist – wie die Verhaltensforschung beweist – in jeder spezifischen Gruppe spontan und selbstverständlich.

Die Regierten stehen nicht wegen der Natur der Gesellschaft als solcher in politischem Gegensatz zueinander, sondern weil die politische Klasse nach Kräften bemüht ist, sie zu spalten. Das Motiv ist durchsichtig: Wenn die führende Minderheit geteilt ist und die verschiedenen Parteien auf die Zustimmung des Volkes aus sind, müssen sie die Massen gezwungenermaßen in einander entgegengesetzte Gruppierungen aufspalten. Es ist nicht so, daß ein paar Bienen sich vom Stock trennen möchten, sondern, daß jede Königin ihren eigenen Schwarm haben möchte. Wenn sich die Regierenden nicht systematisch der Unterstützung durch das Volk bedienten, gäbe es keine Vielzahl von Demagogien noch Massenparteien. Die Eliten spalten – um so mehr, je weniger autoritär sie sind – die Gesellschaften, um zu herrschen. Vollziehen wir den Prozeß nach.

Die Grenzhypothese ist die der Separatismen: Eine Region spaltet sich ab, um dem Souveränitätsstreben eines Fürsten oder von Minderheitsgruppierungen Genüge zu tun, nämlich derer, die zuvor das National- oder Unabhängigkeitsbewußtsein geschaffen haben. Aber jetzt handelt es sich um Spaltungen im Innern des Staates. In jedwedem System hält sich der Regierende leichter an der Macht, wenn die Untertanen in Gegensatz zueinander stehen und ihre Bestrebungen sich gegenseitig aufheben. Und in einer demokratischen Staatsform ist es für die Anwärter auf die Macht unerläßlich, daß eine Partei die stärkste und zahlreichste ist und sie unterstützt. Die politischen Massenparteien entwickeln sich nicht von der Basis aus, sondern werden von oben gebildet: Die politische Klasse ist es, die sie tauft, programmiert, strukturiert, finanziert und benutzt. Und mit Ausnahme der Weltanschauungsparteien beruht die Spaltung der Regierten auf dem Prinzip, eine eingebildete Linie zu ziehen, auf deren einer Seite die stehen, die einige «Privilegierte» nennen und andere für die Besten halten und auf deren gegenüberliegender Seite sich diejenigen befinden, die einige als «Volk» bezeichnen und andere für weniger fähig halten. Das Ziel einiger Parteien besteht darin, die größere Zahl zu überzeugen, daß sie «Volk» ist; das Ziel anderer ist, ihr einzureden, daß ihre Interessen von den Besten wahrgenommen werden. Wenn es auch ironisch scheinen mag, Tatsache ist, daß es mehr von der Propaganda als von der soziologischen Realität abhängt, ob die Menge des «Volkes» in einer Abstimmung zunimmt. Diese Unterscheidungen, wie die entsprechenden von rechts und links, sind relativ ungenau. Der Klassenkampf, den sich heute «Bourgeoisie» und «Proletariat» liefern, ist inzwischen in Mitteleuropa eine Erfindung der politischen Klasse. Sie ist es, die in jedem Augenblick die wechselnden Grenzen dieser angeblichen Klassen absteckt, sie über ihre angeblichen Interessen belehrt, Heftigkeit und Zeitpunkt ihrer Auseinandersetzung bestimmt und die schließlich auch die Seitenwechsel veranlaßt. Und das übliche Mittel, um die Vereinigung der Vielen («Volk» oder «Plebs» je nach Beobachter) und ihre Auseinandersetzung mit den wenigen («Privilegierte» oder «Beste», je nach Blickwinkel) voranzutreiben, ist die Anheizung des Kollektivneides. Treffend schreibt Simone Weil: «Der Begriff der Unterdrückung ist eigentlich eine Dummheit: Man

braucht nur die Ilias zu lesen. Und mit um so größerem Recht
der Begriff einer Klasse von Unterdrückern. Man kann nur von
einer Unterdrückungsstruktur der Gesellschaft sprechen».
Warum bedient man sich des zerstörerischen Neides und nicht
des schöpferischen Wetteifers? Weil dieser letzte nicht die Spaltung vertieft, wie es der polarisierten politischen Klasse dienlich
ist. Der Wetteifer verteilt die Energien über die ganze Gruppe
und läßt es nicht zur Bildung von unvereinbaren Parteiungen
kommen. Wie lassen sich die, die an einem Wettlauf oder einem
Wettkampf im Speerwurf teilnehmen, in zwei einander ausschließende Gruppierungen teilen? Unmöglich! Weil der Wettbewerb Verbundenheit ohne Diskriminierungen oder Ausnahmen schafft. Der geordnete Wettkampf vieler, um eine Rangordnung zu bestimmen, die vom Sieger bis zum Letzten reicht,
stellt alle Teilnehmer gleich und mündet in eine fortlaufende,
lückenlose Liste. Und beim Mannschaftssport ist es nicht anders, weil die Spieler austauschbar bleiben.
Im Gegensatz dazu stellt der Neid dem Unterlegenen den Überlegenen gegenüber, distanziert und trennt. Aber wenn dem so
ist, wie kann er dann dem gesellschaftlichen Zusammenhang
dienen? Der Neid als bilaterale Beziehung ist tatsächlich eine
trennende Spannung, die einen Abgrund zwischen dem «Ich»
und dem «Du» öffnet, den einer nicht auszugleichenden Unterlegenheit im Glück. Im Gegensatz zu dem, was beim Wettbewerb geschieht, fühlt sich der Neider in nichts mit dem Beneideten solidarisch. Der Wettbewerb bedarf des anderen, während
der Neid den Beneideten von den anderen trennt und er selbst
sich fortschreitend von seiner Welt absondert. Der Neid weckt
keinen Wettstreit, keine Vorbildlichkeit, sondern Niedrigkeit,
Unverträglichkeit und Einsamkeit. Wie läßt sich ein solches,
von seiner ganzen Anlage her gesellschaftsfeindliches Gefühl als
politisches Bindemittel verwenden? Indem man zwischen denen, die gemeinsame Neidgefühle hegen, ein Bündnis herstellt,
um die negativen Aktionen gegen die Beneideten durchzuführen, zu denen ihre Leidenschaft sie treibt. Unter den verwirren-
den und mittelbaren Machenschaften stechen Verdrängung, Erniedrigung, Mißachtung und Verleumdung hervor, und unter
den offenen und direkten Aggression und Enteignung.

Die soziale Gerechtigkeit

Die Demagogen, auch die gutgläubigen, appellieren an den Neid, weil seine Universalität alle Menschen zu seinen potentiellen Opfern macht und weil die unüberwindliche Ungleichheit der persönlichen Fähigkeiten und die nicht zu behebende Begrenztheit vieler gesellschaftlicher Güter dazu führen, daß die Mehrheit notwendigerweise bestimmten Minderheiten unterlegen ist. Die Pflege dieses neidischen Minderwertigkeitsgefühles ist – zumindest in heutiger Zeit – die vorherrschende politische Taktik. Das demagogische Anfeuern des Neides vollzieht sich, wie alles, das mit dieser unsäglichen Empfindung zu tun hat, nicht offen, sondern heimlich. Eine sehr aktuelle Verkleidung des Kollektivneides ist die sogenannte «soziale Gerechtigkeit». Worin besteht diese ideologische oder, wie Pareto sagen würde, ablenkende Argumentation? Erhoben wird das grundlegende Postulat, daß eine Gesellschaft um so gerechter ist, je gleicher ihre Mitglieder in Ausbildung, Stellung und Vermögen sind, und es wird hinzugefügt, daß man ohne Rast für diese «Gerechtigkeit» kämpfen wird. Die Attraktivität des Axioms und des Programms ist für die Neider selbstverständlich unübertrefflich, denn versprochen wird ihnen die Beseitigung der unverarbeiteten Unterlegenheit, die sie bedrückt. Die Gleichheit ist für den Neider das versprochene Paradies, der entscheidende Köder.

Eine erste Folgerung aus dieser ad-hoc-Auffassung von Gerechtigkeit ist die, daß diejenigen, die sich in höheren Stellungen befinden, schnöde Ausbeuter sind und der, der sich in einem Zustand von Unterlegenheit glaubt, ein unschuldig Ausgebeuteter ist. Diese Folgerung klingt dem Neider wie himmlische Musik, sieht er doch sein Mißbehagen über das fremde Glück sittlich gerechtfertigt und sein Ressentiment im vollen Umfang befriedigt: Er, der «besser» schien, ist jetzt «schlechter». Die zweite Folgerung ist, daß der Überlegene expropriiert und sein Vermögen unter die Unterlegenen verteilt werden muß. Diese zwangsweise Enteignung des Erfolgreichen und Fähigen und die daraus folgende unentgeltliche Bereicherung der Gescheiterten und Unfähigen erfüllt das höchste Streben des Neiders. Und obgleich in der Praxis fast nie der eigene Aufstieg erreicht werden mag, versucht und manchmal erreicht man, was für den Neider eigentlich wesentlich ist, die Erniedrigung des anderen. Aufrufe zum Kreuzzug wider die fremde Überlegenheit finden breiten Widerhall, nicht weil die Neider und im Ressentiment

Befangenen tatsächlich die Mehrheit wären, sondern weil sie es potentiell sind und die egalitären Ideologien unaufhörlich solche Gefühle schüren. Wenn die Ungleichheit hervorgehoben, sie für willkürlich und sogar verbrecherisch erklärt wird, wenn die unentgeltliche Verteilung versprochen wird und sich das neidische Schuldgefühl in der Unverantwortlichkeit eines Kollektivs – Partei oder Klasse – auflöst und es mit einer angeblich moralischen Grundlage gerechtfertigt wird, werden sich die neidischen Tendenzen vervielfältigen und verstärken.

So kommt es, daß, von wenigen Ausnahmen wie den Vereinigten Staaten abgesehen, wo der Wetteifer über den Neid die Oberhand behalten hat, der Neid zum entscheidenden Faktor in den politischen Auseinandersetzungen unserer Zeit geworden ist. Ließe man das Neidgefühl außer acht, die Geschichte wäre von der Revolution von 1789 und vor allem vom kommunistischen Manifest von 1848 an unerklärlich.

Nach Friedrich August von Hayek «stützt sich die soziale Gerechtigkeit auf den Widerwillen gegen die, die sich einer auskömmlichen Lebensstellung erfreuen, das heißt auf den Neid». Diese scheinbar schroffe These ist im Zusammenhang seines kühnsten Buches «The Mirage of Social Justice» (1976; Der Spiegel der Sozialen Gerechtigkeit) zu verstehen. Für den großen liberalen Denker ist der Ausdruck «soziale Gerechtigkeit» zunächst einmal ein Pleonasmus, da die Gerechtigkeit nur in der und für die Gesellschaft existiert. Aber sie ist überdies ein Begriff ohne genaue Bedeutung, denn niemand, es sei denn der Markt, hat sagen können, wie die absolut gerechte Verteilung von Besitz und Einkommen in einer Massengesellschaft aussehen würde. Nach Hayeks Meinung können nur persönliche Verhaltensweisen ethisch beurteilt werden. Das Ergebnis des Spieles der ökonomischen Kräfte mag für einige zufriedenstellender sein als für andere, aber es ist weder gerecht noch ungerecht. Die Moralität des Marktes messen ist das gleiche wie die des blinden Zufalles oder eines Felsblockes. Schließlich erfordert die Verwirklichung der sogenannten sozialen Gerechtigkeit die Planwirtschaft und die Betreuung der politischen Gewalt mit der Befugnis, jedem Bürger Aufgaben, Vergütungen und Entlohnungen zuzuweisen.

In einem totalitären System entspricht dieses Monopol der Tyrannei der Einheitspartei und in der Demokratie der Despotie der Mehrheit, die, um ihre Wahlklientel zufriedenzustellen, die

Minderheiten enteignet. So kann die theoretische soziale Gerechtigkeit sich in tatsächliche Ungerechtigkeit verwandeln. Die Analyse Hayeks ist größtenteils begründet. Es leuchtet ein, daß die Theorie von der sozialen Gerechtigkeit nicht über Verschwommenheiten hinausgekommen ist, wie «Beseitigung übermäßiger Ungleichheiten», «Abschaffung der Privilegien», «Umverteilung», «Sollen die mehr zahlen, die mehr haben» usw. Aber außer den utopischen Egalitaristen, die eine unmögliche identische Quote für jeden Bürger vorsahen, hat niemand befriedigende Präzisierungen beigebracht. Was ist der allgemeine gerechte Lohn? Was das gerechte persönliche Kapital? Was die gerechte Beteiligung des privaten Sektors? Was die gerechte Besteuerung? Da haben wir einige grundlegende, unbeantwortete Fragen. Es ist ebenfalls selbstverständlich, daß jede geplante zwangsweise Verteilung des gesellschaftlichen Vermögens die Abschaffung oder Verfälschung des Marktes einschließt, so daß der wirtschaftliche Mechanismus ins Stocken kommt und unzusammenhängend und sprunghaft funktioniert. Auch ist wahr, daß der Interventionismus zu zunehmenden Kontrollen führt und damit zu fortschreitender Beseitigung der Privatinitiative und der tatsächlichen Freiheiten bis zum Einmünden in totalitäre Modelle. Und sicher ist auch, daß die sogenannte soziale Gerechtigkeit in den sozialistischen Regimes ungerecht und despotisch ist und in den sozialdemokratischen parteiisch und expropriatorisch. Es ist also eine mehrdeutige «Gerechtigkeit»: unwirksam, antiliberal und von zweifelhaftem Gerechtigkeitssinn. Es ist verblüffend, daß in unserer Zeit eine so problematische Idee unbestritten hingenommen wird. Aber im wesentlichen läßt sich nicht behaupten, daß die soziale Gerechtigkeit eine bloße Äußerung des Neides wäre. Wer gerecht handelt, muß jedem das Seine geben. In diesem Sinne hat die austeilende Seite der Gerechtigkeit ein rationales und nicht gefühlsbestimmtes Fundament. Aber was zum Beispiel die Parteien marxistischer Prägung «soziale Gerechtigkeit» zu nennen pflegen, besteht darin, die weniger Produktiven dazu zu animieren, vom Staat zu verlangen, daß er ihnen auf der Grundlage der Enteignung der Produzierenden etwas übertrage, mit anderen Worten die Überlegenen herabzustufen, um die Unterlegenen zufriedenzustellen. Dieses Manöver ist zweifellos eine politische Verwertung des Neides. Die Verallgemeinerung dieser Methode läßt es sehr häufig so weit kommen, daß der Grundsatz der sozialen Gerechtigkeit im Grunde nur die pharisäische Institutionalisierung des Kollektivneides ist oder ein taktisches Zugeständnis, um ihn zu besänftigen. Gerecht ist es, das Vermögen der Gesellschaft im Verhältnis zu den Leistungen eines jeden Mitgliedes des Gemeinwesens zuzuteilen. Die gleichmacherische Verteilung unter Mißachtung von individuellem Wert und Unwert ist eher Ungerechtigkeit als Gerechtigkeit.

Die ideologische Korrelation
Je entwickelter eine Gesellschaft ist, um so ideologiefreier ist ihre Politik, weil es darum geht, die gemeinsamen Probleme objektiv aufzuwerfen und sie nicht mit emotionalen und vereinfachten Rezepten (den Ideologien) zu lösen, sondern mit vernünftigen und fachgerechten Überlegungen. Aber in jenen Staaten, in denen die Bürger periodisch aufgerufen werden, sich durch die Wahl zugunsten einer der zwei oder mehr miteinander streitenden Parteien auszusprechen, müssen die Wähler mobilisiert werden. Und die Massen lassen sich nicht mit ins Einzelne gehenden Programmen in Bewegung bringen, denn ihr rationales Unterscheidungsvermögen ist sehr beschränkt. Man mobilisiert sie mit einfachen Gedankenmustern, die als Ersatz der klassischen Ideologien dienen. Diese elementaren Motivationen, die mehr Werbespruch als genaue Definition sind, bestehen gewöhnlich aus dem Image eines Anführers, Rezepten allgemeinen wirtschaftlichen Interesses und irgendeinem Grundgefühl. Unter diesen letzten ist der Neid nach dem Nationalismus das Wichtigste.

Im allgemeinen sind die Mitglieder der politischen Klasse so neidisch wie die Gesellschaft, der sie angehören. Die Spanier sind es zum Beispiel mehr als die Deutschen, und diese sind es mehr als die Nordamerikaner. Aber die Frage ist, ob irgendeine Wechselbeziehung zwischen den Ideologien und der politischen Nutzung des Neides besteht. Der klassische Liberalismus und Sozialismus, die die beiden grundlegenden Ideologien im Übergang vom 19. zum 20. Jahrhundert waren, haben nicht aufgehört, sich zu entwickeln und zu verwässern, auch wenn man sich dem Namen nach noch auf sie beruft. Ihre schummerige Zwielichtigkeit ist an einen Punkt gelangt, an dem sie bereits nicht mehr als übernationale Bezugskoordinaten verwendbar sind. Die Analytiker haben auf eine ältere und umfassendere Zweiteilung zurückgegriffen, die von «Rechts» und «Links». Diese Bezeichnungen haben trotz ihrer Relativität und Ungenauigkeit einen gewissen deskriptiven Wert, weil sie mehr oder weniger der großen politischen Alternative unserer Zeit entsprechen: privat- oder staatswirtschaftliche Gesellschaft.

Verhalten die Rechte und die Linke sich dem Neide gegenüber verschieden? Die Führer der politischen Rechten sind sehr viel weniger solidarisch und sind uneiniger als die der Linken. In den Memoiren der rechten Politiker werden nicht die Gegner, sondern die Gesinnungsgenossen am schärfsten getadelt. Der Rechte, der sich zum Weggenossen der Linken wandelt, ist weitaus häufiger als umgekehrt. Dieses Verhalten rührt teilweise von größerem Selbstgefühl und Stolz, vor allem aber daher, daß die Führer der Rechten sich mehr beneiden als die der Linken. Vielleicht, weil die elitäre Dynamik der Rechten geschlossener und minderheitlicher ist als die der Linken, sicher ist, daß bei jener der Neid kräftiger blüht, und das ist ihre größte Schwäche. Wenn hingegen die rechten Anführer Kollektivgefühle zu wekken suchen, appellieren sie nicht an die Neider, weil nämlich die Mehrheit der Rechtswähler sich dem Kreise der Beneideten zugehörig fühlt. Und aus einem theoretischen Grunde: weil die Rechte den Kollektivneid immer für negativ hält. Im Gegensatz dazu ist der Neid das hauptsächliche Gefühlsingredienz der Motivationen, die die linken Anführer ihrer Basis andienen. Die Privilegierten zahlen lassen ist das Hauptangebot: Darauf pflegt sich das Thema Gleichheit zu beschränken. Diese Geldquelle hat unter anderem den Vorteil, daß sie nichts so mühsames verlangt wie die Schaffung von Reichtum oder Arbeitsplätzen, sondern etwas so einfaches wie die Erhöhung der Steuern für die Fähigeren und die, die mit höherer Produktivität arbeiten. Den Besseren strafen ist immer sehr viel einfacher als Bessere heranbilden. Das am leichtesten zu erfüllende Wahlversprechen ist das der Befriedigung der Neider mit dem Nachteil vieler.

Es ist paradox, daß der politische Sektor, der weniger an innerem Neid leidet, systematisch an den Neid als politische Motivation appelliert, während die Parteioligarchie, die den Sozialneid ächtet, in ihrem Inneren mehr unter ihm leidet.

Der Konservativismus und der Revolutionismus sind Meinungen und in einem gegebenen geschichtlichen Augenblick können sie auch zu Weltanschauungen werden, aber im Grunde sind sie Methoden, um politische Probleme zu lösen. Die konservative Methode besteht darin, die menschlichen Lebensumstände zu vervollkommnen, ohne irgend etwas von Wert zu zerstören, sie bedeutet einen realistischen, vorsichtigen Fortschritt durch Hinzufügen. Die revolutionäre Methode besteht darin, das Bestehende zu beseitigen, um es durch etwas Neues und angeblich allerbestes zu ersetzen. Sie ist ein idealistisches, kühnes, auf Auswechseln gerichtetes Handeln. Gibt es irgendeine Beziehung zwischen dem Neid und diesen beiden einander entgegengesetzten Arten, die res publica anzugehen?

Der Neid verursacht Mißbehagen bei dem, der ihn leidet, wie bei dem, der ihn einflößt, ist also vom Glück her zweifach negativ; er verdüstert den, der ihn verspürt, und läßt den sich verbergen, der ihn erregt, ist also vom Erkennen her zweifach negativ; er ist wider die Gemeinsamkeit, denn er trennt den Neider vom Beneideten, und diesen veranlaßt er zu sogar physischer Distanzierung, ist also von der Gesellschaft her zweifach negativ; und schließlich veranlaßt er den Beneideten zur Untätigkeit, und den Neider treibt er, den Beneideten zu erniedrigen und unter Umständen zu beseitigen. Einerseits hemmt, andererseits vernichtet er, ist also von der Wirkung her zweifach negativ.

Die mehrfache Negativität des Neides macht ihn für die zu einer nutzbaren Empfindung, die Zerstörerisches im Sinne haben, und das gilt für die Revolutionäre im ersten Abschnitt ihres Handelns, dem einzig gewissen, denn zum zweiten Abschnitt, dem konstruktiven, gelangen sie gewöhnlich nicht. Die logische und historische Analyse machen deutlich, daß der Neid eine typische Triebfeder der revolutionären Bewegungen, hingegen mit dem Konservativismus unvereinbar ist; einer Methode, die die schlichteinfache Zerstörung ablehnt. Die konservative Gesinnung ist dem Neid genau entgegengesetzt. Der Wetteifer ist es, der dazu ermuntert, den Nächsten zu übertreffen und letztendlich etwas zu schaffen.

Egalitarismus und Rechtgläubigkeit

Der organisierte Neid kristalliert gewöhnlich in gleichmacherischen Normen nicht gewohnheitsrechtlichen, sondern staatlichen Ursprungs. Es ist die Uniformität von oben, die erzwungene Gleichmacherei, sei sie ideologisch, wirtschaftlich oder gesellschaftlich. Die drei Facetten ergänzen sich gegenseitig und der Marxismus-Leninismus verficht die Utopie der dreifachen Gleichstellung, das heißt, daß alle dasselbe denken, der gleichen

Klasse angehören und über das gleiche Vermögen verfügen. Der ideologische Egalitarismus erfordert eine oberste Definitionsinstanz, ein zentralisiertes und gelenktes Erziehungswesen und ebensolche Massenmedien, und eine für alles, was nicht amtliches Gedankengut ist, unüberwindliche Zensur. Es ist kurz gesagt, die kulturelle Diktatur, äußerste Waffe des Egalitarismus. Die Neider finden in diesem System sicheren Schutz vor der Originalität, dem freien geistigen Wettbewerb und erkenntnismäßiger Überlegenheit. Nur der Macht ist das Denken erlaubt, die übrigen haben bloße Nachbeter oder nach der gleichen Schablone geschnittene Interpreten zu sein. Sich unterscheiden heißt in Ketzerei verfallen. Daher ist im Marxismus fast jeder dieses Namens würdige Denker «Abweichler» gewesen. Selbst in den Demokratien gibt es Dogmen, die die Ächtung eines andersdenkenden «Nichtangepaßten» gestatten. Der Neid der intellektuell Mittelmäßigen sucht einen Kanon aufzustellen, um auf ihn gestützt, die Unabhängigen anzuklagen und zu verdammen. Die Genossenschaft der Neider erzwingt eine «Rechtgläubigkeit», nicht nur, um sich schöpferischem Bemühen zu entziehen oder sein Fehlen zu verbergen, sondern um die übrigen zu zwingen, sich anzuschließen und mehr oder weniger freiwillig eine Erklärung folgenden Inhalts abzugeben: «Beneidet mich nicht, ich bin nicht anders, bin euch gleich, halte euren Katechismus für wahr und verurteile zur moralischen Ächtung einen jeden, der nicht Gesinnungsgenosse ist.» Schon hat man um Verzeihung für das Überlegensein gebeten und Besserung gelobt. Dieser Widerruf neutralisiert den Neid des establishment und verhilft zu einer Eintrittskarte zu den Massenmedien und den Budgets. «Entweder die Gewerkschaft der Rechtgläubigkeit oder das Ghetto» ist das Dilemma, das die Quintessenz aus der Taktik der raffiniertesten Bekundung des Kollektivneides zieht.
Aber die Lösung ist sie nicht. Innerhalb der Liga der Neider und hinsichtlich allem, was nicht Erniedrigung der Beneideten ist, treten andere unüberwindliche Unterlegenheiten zutage und mit ihnen neue dumpfe Neidgefühle, jenem Odium ähnlich, das, wie man sagt, unter denen desselben Klosters herrscht. Von seinen Ursprüngen her ist der Neid unheilbar.

Gesellschaftliche Entwicklung

Nietzsche schrieb, ein Volk stelle die Umschweife dar, die die Natur macht, um zu einigen wenigen großen Männern zu kommen. Ich denke, daß es tatsächlich die höchste Aufgabe einer Gruppe ist, überragende Individuen hervorzubringen. Daher hängt die Qualität einer Gesellschaft von ihrer Fähigkeit ab, hervorragende Persönlichkeiten hervorzubringen: Ein Genie wertet eine Familie auf, eine Schule, eine Nation, der Massenmensch nicht. Entgegen dem, was sich aus dem demokratischen Prinzip folgern ließe, richtet sich die Bewertung, die eine Nation in der Geschichte erfährt, vom klassischen Griechenland bis zum zionistischen Israel nicht nach der Zahl, sondern nach der Qualität.

Die Überlegenheit einer Persönlichkeit hängt ab von ihrer genetischen Struktur (Gesundheit, Intelligenzquotient, Ausdauer usw.), von ihrer Bildung (Wissen, Sitten usw.) und ihrem Rang (öffentliche Anerkennung und Inanspruchnahme).

Je mehr Neid, um so weniger kollektives Vermögen, große Menschen hervorzubringen, und um so geringere «soziobiologische» Qualität der Gruppe. Das selbststrafende Wesen dieser Leidenschaft ist sogar für die Gemeinwesen offenkundig: Je neidischer ein Volk, um so ärmer ist es an hervorragenden Persönlichkeiten, und damit um so weniger tauglich zu schöpferischer Leistung, zur Weiterentwicklung und zu einer Hauptrolle in der Geschichte. Die Krise der führenden Minderheiten Europas in der zweiten Hälfte dieses Jahrhunderts und ihr daraus folgender Abstieg ist ein Ergebnis des sich dank des Wirkens der gleichmacherischen Ideologien fortentwickelnden Sozialneides.

Aber es ist noch eine weitere Wechselbeziehung in Betracht zu ziehen: In den kleinen Gruppen ist die Verdrängung der Besten sehr schwierig, und die natürliche Auslese besitzt viele Möglichkeiten. Je größer hingegen und vielgestaltiger die Gruppe ist, nehmen als Folge des Neides die Möglichkeiten des Sicheinschanzens, des Ostrazismus und der Verbindungslosigkeit zu. In den primitiven Gesellschaften ist das übertragbare Kulturgut sehr begrenzt, und außer der magischen Esoterik gibt es wenig wissensmäßige Differenzierung. Wenn sich hingegen der Wissensschatz vermehrt, wird die Erziehung entscheidend für die Entwicklung der schöpferischen Ranggliederung oder die der neidischen Gleichmacherei. Und endlich wird in den elementaren Gruppen der Hochbegabte spontan anerkannt und sofort genutzt, in den hochentwickelten Völkern hingegen gestatten neidische Propagandamachenschaften das Aufrücken der Mittelmäßigen und die Zurücksetzung der Ausnahmemenschen. Aus alldem ist zu folgern, daß je nachdem, wie ein Volk sich modernisiert und zivilisiert, die negative Potentialität des Neides sich verstärkt und seine soziobiologische Gefährlichkeit zunimmt. Der Neid hat weniger große Männer im Europa des 16. Jahrhunderts zugrundegerichtet als in dem des zwanzigsten, und einer der Gründe der Hegemonie Nordamerikas ist die Schaffung einer die zunehmenden Möglichkeiten des Neides neutralisierenden Moral des Wetteifers.

NEID UND STAAT

Die maßgebliche Rolle der Minderheiten

Sinn und Rhythmus der menschlichen Entwicklung hängen nicht von den Massen ab, zählten sie auch Hunderte von Millionen, sie hängen von den höherstehenden Minderheiten ab. Die großen historischen Sprünge, wie der des klassischen Griechenlands, des Christentums, der Renaissance, der französischen Revolution oder der industriellen Revolution sind einigen wenigen zu verdanken und nicht den Massen. Und das gleiche gilt für die großen nationalen Fortschritte, einschließlich der zeitgenössischen wie der Meiji-Revolution in Japan oder der des Sun Yatsen in China.

In Spanien gibt es archetypische Beispiele. Mit Almanzor erreichte das Kalifat von Cordoba seinen Höhepunkt, und wenige Jahre nach dem Tod des großen Anführers war das Reich in Dutzende dekadenter Kleinkönigreiche zerfallen. Es waren dieselben Menschen, aber unter verschiedener Führung. Während der letzten Jahre der Regierung Heinrichs IV. versank Spanien in einen der tiefsten Abgründe seiner Geschichte: Anarchie, Armut, Korruption und Ansehensverlust des Königtums. Zwei Jahre nach dem Tode ihres Vorgängers befrieden Isabel und Fernando Kastilien, gewinnen 1479 die nationale Einheit, und im Jahre 1480 errichten die Cortes von Toledo den ersten modernen Staat. Während der verflossenen fünf Jahre sind die Bürger die gleichen geblieben, gewechselt hat nur die führende Schicht: anstelle korrupter Kamarillas eine Auslese von Begabten. Ein Königreich, das 1474 dahinsiecht, ist 1480 die große Monarchie, die binnen kurzem die Reconquista vollenden und Amerika entdecken wird.

Warum? Weil seit dem Erscheinen des homo sapiens der stärkste
Motor der Entwicklung auf unserem Planeten der Verstand ist,
und ihn verkörpern am wirkungsvollsten die schöpferischen
Minderheiten. Alle Menschen sind mit Verstand begabt, aber
nur einige wenige gebrauchen die ihnen eigene besondere Gei-
steskraft mit hohem innovatorischen Ergebnis. Wenn der Fortschritt von der besten Nutzung der überlegenen Intelligenzen
abhängt, ist es selbstverständlich, wenn eines der Hauptziele
jeder Art von gesellschaftlicher Organisation die Förderung der
Hochbegabten und ihres Aufstiegs zu den Führungsebenen und
allgemein die Auslese und Einstufung der Glieder der Gemeinschaft ist. Es ist also eine der vornehmsten Aufgaben des Staates,
die Arbeit der Bürger so zu ordnen, daß die Fähigkeiten eines
jeden maximal genutzt werden. Wie erfüllt man solch wesentliche Aufgabe?

Einstufung als Aufgabe des Staates
Die gesellschaftliche Entwicklung führt gleichermaßen zur Tei-
lung wie zur Spezialisierung der Arbeit. Nach und nach unter-
scheiden sich Krieger, Ackerbauern, Handwerker und Kaufleute.
Und jede Arbeit unterteilt sich weiter in stärker spezialisierte
Zweige. Und innerhalb jeder Tätigkeit erscheinen Meister und
Lehrlinge und unter den einen wie den anderen ausgezeichnete,
mittelmäßige und unzulängliche. Der moderne Staat war kein
bloßer Zuschauer in diesem Prozeß von Spezialisierung und
Einstufung, sondern hat Schiedsrichteraufgaben übernommen.
Der erste große Weg der Einstufung ist die Erziehung: Der Staat
gibt die schulischen und akademischen Noten und stuft damit
die Absolventen nach ihren Zeugnissen ein. Überdies legt der
Staat eine Rangordnung von Titeln fest. Und mit der Schwierigkeit der erforderlichen Prüfungen schafft er eine de-facto-Rang-
ordnung unter formell ranggleichen Titeln wie denen im Inge-
nieurwesen. Auch das Prestige der Lehranstalten hat eine weitere Rangordnung zur Folge: Es ist nicht dasselbe, an dieser oder
jener Universität den Grad des Licenciado zu erwerben. Manchmal gründet der Staat Anstalten zur Ausbildung von Eliten wie
die berühmte École normale in Paris, aus der eine höhere Kaste
von Franzosen hervorgeht, die normaliens. Die nationale Erziehung ist also nicht bloß Pädagogik, sie bestimmt den Rang.
Ein weiterer wichtiger Weg der Einstufung ist die öffentliche
Verwaltung. Der Staat stuft seine Beamten nach höheren, mitt-

leren und untergeordneten Diensten ein. Innerhalb jedes Dienstes bildet er verschiedene Rangklassen, und innerhalb jeder Rangklasse berücksichtigt er Dienstalter und Leistungen. Ranglisten und Personalakten sind Ausdruck dieser dem Staatsaufbau eigentümlichen Rangordnung.

Die Tatsache der Arbeitsteilung und der Ungleichheit der Begabungen als solcher bringt Rangunterschiede mit sich, die der Staat rationalisieren, verstärken, vermindern oder verändern, aber niemals aufheben kann. Die menschliche Gesellschaft ist ihrer Anlage nach hierarchisch gegliedert, und der Staat hat von dieser Grundtatsache auszugehen.

Das Zusammenleben erfordert Gesetze, und der Staat ist das geeignete Werkzeug, sie zu erlassen und durchzusetzen. Dies ist der hauptsächliche Grund für die Existenz der politischen Gewalt. Aber die Gesetze können nicht pure Willkür des Gesetzgebers sein, sie müssen gerecht sein. Es gibt keinen Staat ohne Recht, und im Recht besteht ein Bezug zur Gerechtigkeit, einem So-sein-müssen. Was Gerechtigkeit letzten Endes ist, ist keine jetzt zu klärende Frage, in jedem Falle ist einer der wesentlichen Bestandteile jeglicher Gerechtigkeitsauffassung – einem jeden seinen Leistungen entsprechend das Seine zu geben – die Verteilung von Gütern und Stellungen. Die staatliche Funktion des Einstufens ist also kein Ergebnis des Zufalls, nicht einmal eine glückliche Eingebung des Regenten oder des Gesetzgebers, sie ist vielmehr ein Gebot, das sich aus dem Wesen der Gesellschaft und der Idee der Gerechtigkeit als solcher herleitet. Denkbar ist ein Staat, der die Einstufung gewissenlos betreibt, aber undenkbar ist ein Staat, der auf die Einstufung verzichtet. Eines der wesentlichen Merkmale der Staatsidee ist die Einstufung.

Auf der Linie Hegels würde dem Staat das Monopol zustehen, die Rangordnung zu bestimmen, aber ein vernünftiger Realismus kommt zu einem ganz anderen Schluß. Der Staat kann tatsächlich durch eine rein willkürliche Entscheidung, unabhängig von den objektiven Voraussetzungen des Kandidaten, eine Rangstellung verleihen. Aber solches Handeln ist gewöhnlich von vorübergehender und geringer Wirkung, weil es eine Machtbefugnis (potestas) schafft, die der entsprechenden Autorität (auctoritas) ermangelt: Sie ist reine Zwangsgewalt. Dieses Phänomen gehört nicht unbedingt zu bestimmten Verfassungsformen. In den absolutistischen Systemen gibt es den Nepotismus. In den demokratischen Regierungsformen tut sich Unbilligkeit am häufigsten durch die Verteilung von Ämtern und öffentlichen Mitteln nach Parteiinteressen kund.

Für die naturrechtliche Ethik schafft der Gesetzgeber das Recht nicht aus dem Nichts, sondern beschränkt sich darauf, das vor jeder positiven Norm vorhandene Naturgesetz zu entwickeln. Daher gibt es ungerechte Bestimmungen. Nach dieser Auffassung sind die Gesetzbücher zeitliche Aktualisierungen ewiger Potentialitäten. Etwas ähnliches geschieht mit der einstufenden Funktion des Staates, wenn auch in diesem Falle der ganze Prozeß sich auf existentieller Ebene vollzieht. Was eine bereits gegebene Tatsache ist, die Vorbildung einer Person, muß rechtlich anerkannt und geschützt werden.

Genaugenommen ergibt sich die Rangordnung der Menschen aus den Fähigkeiten, entsprechend dem Phänotypus des Individuums, die Gesellschaft ermöglicht sie mit ihren Bildungsmitteln, und das Individuum entwickelt sie mit seinen eigenen Anstrengungen. Die einstufende Funktion des Staates ist vorgängig und bedingend, insofern sie die Dynamik der gesellschaftlichen Differenzierung zu stimulieren hat, aber nachträglich und untergeordnet, insofern sie diese Befähigungen anzuerkennen – ihnen status zu geben –, die Mittel für ihre Betätigung bereitzustellen, die zustehenden Befugnisse zu erteilen und sie zu erweitern, aufrechtzuerhalten oder zu vermindern hat, je nachdem ob diese Befähigung zunimmt, fortdauert oder sich vermindert.

Der Staat definiert die Gerechtigkeit, er ist nicht ihr Schöpfer, ebensowenig wie er die einzige Ursache der gesellschaftlichen Schichtung ist. Die einstufende Funktion des Staates ist nicht so sehr schöpferisch als fördernd, feststellend und gewährleistend.

Funktion und Teilung der Gewalten

Der eigentliche Erfinder der Lehrmeinung, auf die sich der demokratische Staat stützt, war Locke, und ihm ist auch die Lehre von der Teilung der Gewalten zu verdanken. Später vervollständigt und weiterentwickelt, kristallisierte die Theorie in der berühmten Trias: Legislative, Exekutive, Judikative. Ihr hat man einen grundsätzlichen Einwand entgegengehalten: Die Souveränität oder politische Gewalt ist unteilbar. Auch einen faktischen Einwand: Es gibt noch andere Gewalten, wie den Vermittler (König oder Präsident), die Verfassunggebende (Verfassungsgericht oder verfassunggebende Versammlung) und die Verwaltende (Bürokratie). Und schließlich einen pragmatischen Einwand: Die Theorie ist nicht in die Tat umzusetzen, weil manchmal das gesetzgebende Organ vollzieht (wenn es dem Kabinett sein Vertrauen ausspricht) und die Exekutive Gesetze gibt (wenn sie allgemeinverbindliche Verordnungen erläßt).

Die Theorie von der Dreiteilung der Gewalten ist weder auf begrifflicher noch tatsächlicher Ebene aufrechtzuerhalten, wie es mit der Mehrzahl der Postulate der Fall ist, auf die sich das gesellschaftliche Modell Lockes und seines Epigonen Rousseau stützt. Deshalb muß sie durch die Lehre von der Teilung der staatlichen «Funktionen» und deren Zuweisung an verschiedene Organe ersetzt werden. Diese Verteilung, die ungezählte verfassungsrechtliche Formen annehmen kann, zielt darauf ab, den Despotismus zu zügeln und bestimmte bürgerliche Freiheiten zu schützen. Es ist keine exakte Theorie, sondern eine in Fluß befindliche Verfahrenshilfe, die auf das Präsidialsystem anwendbar, aber mit dem Parlamentarismus unvereinbar ist, und die manchmal in annehmbarer Weise funktioniert und manchmal nicht. Die Ideologen der repräsentativen Demokratie pflegen die der Dreiteilung innewohnenden Vorzüge zu betonen, ohne zu bemerken, daß ihr Modell dazu neigt, sich in die Parteienherrschaft oder Partikratie zu verwandeln, und in ihr kontrolliert die Mehrheitspartei den Staatschef, das Parlament und die Regierung, und je nach der Organstruktur der Rechtspflege beeinflußt sie gewöhnlich das Verfassungsgericht und sogar die ordentliche Rechtspflege. Die Partikratie, die sich de jure auf die klassische Theorie von der Gewaltenteilung wie auf ein unanfechtbares Dogma zu berufen pflegt, neigt dazu, sie de facto zu verleugnen, manchmal so sehr wie die absoluten Monarchien: Der Anführer der Mehrheitspartei übt die vermittelnde, die legislative, die exekutive und einen Teil der judikativen Funktion aus, wenn auch mittels verschiedener Beauftragter.

Die Aufsplitterung der staatlichen Funktionen und ihre Zuweisung an unterschiedliche Organe geht von dem offenkundigen technischen Vorteil der Arbeitsteilung und der Spezialisierung aus, hat aber auch, im Falle der Unabhängigkeit der Richter, einen ethischen Vorzug, denn sie gestattet gegen die Verwaltung Rechtsmittel einzulegen, die Einmischung der Parteipolitik in die Angelegenheiten der Bürger einzudämmen und der Oberhoheit der Gesetze, dem Rechtsstaat, näherzukommen. Aber das war ein tausendjähriges Ideal, das nicht Locke entdeckt hat und das nicht nur nicht vollständig verwirklicht wurde, sondern das die Despotie der Mehrheitsparteien in seiner Wurzel bedroht. Das ist der archetypische Fall der sogenannten Volksdemokratien.

Die Funktion des Einstufens ist nicht eine mehr, die der verfassunggebenden, der vermittelnden, der politischen, der administrativen, der legislativen und der judikativen hinzuzufügen wäre, sie ist eine allem staatlichen Handeln gemeinsame Eigenschaft. Wenn eine Verfassung ausgearbeitet wird, wird eine Rangordnung von Organen und Vorschriften erstellt, wenn die Aufgaben der verschiedenen Institutionen abgestimmt werden, werden Zuständigkeitsfragen geklärt, wenn politische Entscheidungen getroffen werden, wird einigen Vorrang vor anderen gegeben und werden Güter von den einen auf andere übertragen, wenn Verwaltungssachen entschieden werden, gibt es immer einige, die mehr begünstigt werden als andere, werden Gesetze erlassen, werden einigen angenommenen Tatbeständen höhere Prämien oder Strafen zugemessen als anderen, und wird ein Rechtsstreit entschieden, wird den einen das subjektive Recht zugesprochen, das den übrigen verweigert wird.

Die gerechte Einstufung
Die Einstufung ist teils Sache der Gesellschaft und teils Sache des Staates. Die Einstufung durch die Gesellschaft, wie der Aufstieg eines Arztes, vollzieht sich langsam, spontan und manchmal zufällig. Die Einstufung durch den Staat hingegen pflegt schnell, willentlich und wohlbegründet vor sich zu gehen und ist deshalb anfälliger für Rationalisierung und ethische Wertung. Um sie geht es jetzt.
Gerecht ist die Rangordnung, die den Leistungen entspricht. Für den Staat wäre die ideale Stellung eines jeden Bürgers die, in der er der Gesellschaft den größten Nutzen bringt. Die Optimierung der menschlichen Ressourcen, die die Verwaltung benötigt, geschieht gewöhnlich nicht nach wirtschaftlichen Kriterien, was zu parasitärem Bürokratismus, niedriger Produktivität und unbilliger Steuerbelastung führt. Und das ist kein Problem der formellen Einhaltung der Arbeitszeiten, sondern der tatsächlichen Notwendigkeiten. Allgemein neigen die öffentlichen Verwaltungen zu Schmarotzertum und Gigantismus. Für die Aufstellung der Stellenpläne muß der Staat, ebenso wie die privaten Unternehmen, streng funktionelle, nicht aufwendige noch von Mildtätigkeit bestimmte Maßstäbe anlegen. Die außerordentli-

chen öffentlichen Arbeitsangebote in Zeiten wirtschaftlicher Stagnation sind gewöhnlich nichts anderes als Formen der Verdeckung der Arbeitslosigkeit mit den schwerwiegenden Nachteilen, daß sie künftige Haushalte belasten und kommenden Jahrgängen den Weg versperren. Ist ein Bedarf gegeben, erfolgt die Auswahl geeigneten Personals. Das gerechte Verfahren ist das der Auswahlprüfungen nach objektiven und unabänderlichen, von fachmännischen und unabhängigen Prüfungsausschüssen angewandten Bewertungsmaßstäben. Und sind Stellenpläne und Rangstufen vorgegeben, muß die Besetzung der Posten nach ebenfalls objektiven und ausschließlich leistungsbezogenen Gesichtspunkten erfolgen.

Die Abwege der staatlichen Funktion des Einstufens sind Parteilichkeit bei den Bewertungen, der Tätigkeit nicht entsprechende Befähigung und Willkür bei den Beförderungen. Hauptsächliche Ursache dieser Abweichungen ist nicht die Korruption, nicht einmal der Nepotismus, es ist die politische Begünstigung. Öffentliche Ämter pflegen nicht mehr verkauft zu werden, aber gewöhnlich werden sie dem «Nächsten» zugeschustert. Sicher gibt es familiäre und gefühlsmäßige Nähe, aber gerechter Einstufung bedrohlichst ist die politische Nähe oder die Begünstigung unter Gesinnungsgenossen.

Partikratie und Auslese

Der Parteienstaat oder die Partikratie ist die Gestalt, die die repräsentative Demokratie nach zwei Jahrhunderten mehr oder weniger degenerativer Entwicklung angenommen hat. In diesem Modell gehört die tatsächliche Gewalt nicht dem Souverän, nicht den Kammern, nicht den zwischengeordneten Körperschaften, nicht dem Volk, sondern den Oligarchien der Parteien. Wie ich bei anderer Gelegenheit gezeigt habe, sind die hauptsächlichen Merkmale der Partikratie: 1. Verschwinden der unabhängigen Abgeordneten, da die Parteien die Aufstellung der Kandidaten monopolisieren; 2. Verkümmerung der politischen Schicht, weil sie dem Anführer der betreffenden Partei gefügig zu sein hat; 3. teilweise Beraubung der Wählerschaft, denn ihre operativen Stimmöglichkeiten werden auf die beschränkten Angebote der Parteien eingeengt, manchmal auf nur zwei; 4. Verwandlung des Abgeordneten in eine werkzeugähnliche Nummer, da er sich der Gruppendisziplin entsprechend zu äußern hat; 5. Abwertung der durch die Regierung der Mehrheitspartei kontrollierten und durch die außerparlamentarische Gesetzgebung mittels Dekret an den Rand gedrängten gesetzgebenden Kammer; 6. Fehlende Verantwortlichkeit der Regierung, denn ihre parlamentarische Mehrheit macht es unmöglich, sie zu kontrollieren und zu stürzen; 7. Zusammenballung der staatlichen Gewalten im Anführer der Mehrheit; 8. kurz gesagt, die Partikratie pendelt zwischen der Diktatur der Oligarchie einer Partei und der Anarchie, wenn es weder eine Mehrheit gibt, noch ein Bündnis unter Minderheiten. Dieses System funktioniert einigermaßen zufriedenstellend in den Vereinigten Staaten mit dem Korrektiv der Autorität des Präsidenten, in Großbritannien mit dem aristokratischen Korrektiv des Oberhauses, in der Schweiz mit dem Korrektiv der Entpolitisierung auf Gemeinde- und Provinzebene usw. Und es funktioniert nicht in annehmbarer Weise in vielen anderen heutigen Staaten. Wie jedes Verfassungsmodell ist es an sich weder gut noch schlecht, und seine Wirksamkeit hängt von seiner Anpassung an eine bestimmte Gesellschaft zu einer bestimmten Zeit ab. Das höchste Gebot wirtschaftlichen Handelns ist die Optimierung der Ressourcen mit dem Ziele, den höchsten Ertrag mit dem verfügbaren Gesellschaftskapital zu erzielen. Der Erfüllung dieses Zieles kommt der überaus komplexe Mechanismus des Marktes entgegen, nicht aber, wie schon Hayek darlegte, der Interventionismus des Staates und noch weniger der seines parlamentarischen Organs, denn es neigt dazu, die Beteiligung des staatlichen Sektors an der Wirtschaft zu verstärken, was stets eine gewisse Veruntreuung und Schmälerung des gesellschaftlichen Ertrags mit sich bringt, und vor allem, weil die politischen Parteien darauf aus sind, einen Teil der öffentlichen Mittel nicht den Investitionen mit dem höchsten wirtschaftlichen, sondern denen mit dem größten politischen Ertrag zuzuwenden, und das pflegen die Übertragungen zugunsten ihrer Wahlklientel zu sein. Den Parteien geht es also nicht darum, die wirtschaftlichen Prioritäten und die Zuweisung der Ressourcen nach Kriterien des allgemeinen Nationalinteresses, sondern des Parteiinteresses zu bestimmen. Die partikratische Auswahl der Empfänger frei verfügbarer Haushaltmittel ist sehr mangelhaft. Und die menschliche Auswahl oder Verteilung der Rangstufen in der staatlichen Hierarchie? Die Parteien tätigen zweierlei Auswahl: die der Politikerklasse und die der Verwaltung, mit anderen Worten von partikratischen Oligarchien und von Beamten. Die leitende Minderheit wählen die Parteien durch die Aufstellung von Wahlkandidaturen aus. Das System der parlamentarischen Parteifraktionen verlangt Abstimmungsdisziplin von deren Mitgliedern. Sämtliche Abgeordnete der Fraktion haben in gleicher Weise zu stimmen wie ihr Sprecher. Im Parlament sind die Abgeordneten einer Partei, außer einigen wenigen in der Parteizentrale, keine denkenden Köpfe, sondern Nummern zur Bildung einer Mehrheit oder einer Minderheit. Darum ist ideologische Gefügigkeit die wichtigste Eigenschaft, die die Mitglieder einer Kandidatenliste mitzubringen haben, denn damit ist gewährleistet, daß ihre Erklärungen und ihr Votum im Einklang mit der vom Anführer der Partei bestimmten Linie stehen werden. Diese Unterwerfung ist nahezu sicher bei denen, die keine eigene Meinung haben, weshalb sie die idealen Kandidaten sind, die in Schweigsamkeit und Treue zuverlässigsten. Aber diese Menschensorte mit ausgeschaltetem Denkvermögen und der vorherrschenden Sorge, ihren Sitz zu behalten, gehört gewöhnlich nicht zu den Hochbegabten. Dies ist der Grund, weshalb die von den Oligarchien der Parteien ausgelesene Politikerklasse, von seltenen Ausnahmen abgesehen, durch Mittelmaß gekennzeichnet ist. Ein Blick auf die derzeitigen Parlamente zeigt bis zu welchem Extrem dies soziologische Gesetz befolgt wird.

Und wie wählen die Parteien die Beamten aus? Die natürliche Tendenz der Parteien ist es, die öffentliche Verwaltung mit Gesinnungsgenossen zu sättigen. Zu diesem Zweck suchen sie, wenn sie an der Macht sind, die gesetzlichen Möglichkeiten freier Ernennung von staatlichen und kommunalen nicht auf Zeit, sondern lebenslänglich angestellten Bediensteten zu erweitern. Und wenn das nicht machbar ist, greift man zu Verfahren wie der Zusammenlegung von Diensten, vorgezogenen Pensionierungen, der Erweiterung von Rang- und Stellenplänen, der Festanstellung von Aushilfskräften, den eingeschränkten Auswahlprüfungen und im äußersten Falle der Manipulation der Prüfungsausschüsse. So werden, mögen auch die Wahlen verlorengehen und damit die rein politischen Ämter, die Positionen in der Bürokratie gehalten. Gleichzeitig werden die Anhänger mit öffentlichen Geldern bezahlt, wird ihre Anhänglichkeit gefestigt und wird den Zweifelnden und den Opportunisten Anreiz zum Beitritt gegeben. Es geht darum, die politische Klientel durch Begünstigung zu erweitern. Auch das ist keine mit dem öffentlichen Wohl und der Gerechtigkeit zu vereinbarende Einstellung, denn sie fördert die Gesinnungsgenossen, auch wenn sie unfähig sind, und zurückgesetzt werden die besseren. Die Lehrbeamten sind ein Sonderfall. Die marxistisch inspirierten Parteien haben die Taktik Gramscis angenommen, die Macht nicht mit der massiven Unterstützung des Proletariats, sondern dank des minderheitlichen Einflusses der sogenannten Intellektuellen zu erobern. Wenig bedeutet heute, daß diese Strategie im Widerspruch zu den Postulaten des historischen Materialismus steht. Ihre praktische Anwendung geht über die Kontrolle der Zentren der Meinungsbildung: die Erziehungseinrichtungen und die Massenmedien. Die Universität nimmt einen besonderen Platz ein, weil sie die Alma Mater des gesamten Erziehungswesens ist und die Gramsci-Parteien sie vollständig zu verstaatlichen und die Lehrstühle nicht nach Wissen, sondern nach Parteizugehörigkeit zu besetzen suchen. Zweifeln sie am Fortbestand ihrer Macht, produzieren sie überdies eine Übersättigung von Ernennungen, die künftigen Jahrgängen den Zugang zur Professur verschließt: So werden alle Disziplinen politisiert und verlieren damit ihre erkenntnismäßige Würde. Diejenigen, die sich der ideologischen Einordnung widersetzen, und das sind die Besten, werden ausgeschaltet und die Überlieferung der Kultur bleibt in Händen der Kommentatoren des Parteikatechismus. Die objektive Wissenschaft wird gleichmacherisch. Eine der schwerwiegendsten Konsequenzen der Verkehrung der staatlichen Funktion des Einstufens ist diese: Ungerechtigkeit gegenüber den Lehrern, den Schülern und der Wahrheit. Es ist der Weg der teuflischen Utopie Orwells.

Außer bei der Einstellung von Beamten wirkt sich die partikratische Begünstigung unmittelbar und systematisch auf die Auslese der Leitenden und damit die Gestalt der staatlichen Hierarchie aus. Diese Begünstigung läßt sich sogar in den am strengsten reglementierten Diensten, dem Militär und der Rechtspflege praktizieren und führt zur Beförderung der weniger Befähigten und zur Demoralisierung der Fähigeren. So wurden einige der Sonderdienste, die der Stolz der Verwaltung waren, ihres Rückgrats beraubt.

Neid und Verkehrung der Auslese

Der Neider erträgt es nicht, daß jemand mehr ist als er, ist also im Innersten antihierarchisch und zieht – wie Madame de Staël schrieb – die Gleichheit in der Hölle der Stufenleiter im Himmel vor. Die Parteien, die Wähler unter den Neidern rekrutieren, versprechen egalitäre Gesellschaften, in denen der Staat nicht nur auf seine Funktion des Einstufens verzichtet, sondern sich verpflichtet, die Rangordnung zu zerstören. Wenn die Oligarchien solcher Parteien an die Macht kommen, sehen sie sich genötigt, ihr Programm ganz oder teilweise durchzuführen. Das Verfahren pflegt immer das gleiche zu sein. Die Gleichheit ist sehr viel leichter herzustellen, wenn man die Offiziere absetzt, als wenn man alle Soldaten befördert. Und mit jeder Art Hierarchie ist es dasselbe wie beim Militär. Außerdem ist die Unterdrückung der Minderheiten, ihrer beschränkten Zahl wegen, weniger mühsam als die Erziehung der Massen. Und schließlich haben diese negativen Machenschaften den Vorteil, daß sie sich durchführen lassen, ohne irgendeine schöpferische Anstrengung zu vollbringen, und sie damit den Beschränktesten zu Gebote stehen. Dieser technischen Mittel bedient sich die Politik, um die massenhafte Klientel der Neider zufriedenzustellen. Es erklärt, weshalb die gleichmacherischen Machenschaften Sache der schlechtesten sind und im Trüben ins Werk gesetzt werden, das heißt, indem man die Edlen enthauptet.

Die Parteien, die, anstatt Rangordnung zu schaffen, den Staat seines Rückgrats berauben, fangen gewöhnlich damit an, die Elitedienste der öffentlichen Verwaltung abzubauen. Einige werden abgeschafft, andere herabgestuft, indem man sie mit untergeordneten Diensten zusammenlegt, oder das Niveau der Zulassungsprüfungen absenkt, oder sie politischer Führung unterstellt, oder ihnen massenhaft mittelmäßige Schulabgänger eingliedert. Und die, die ihrer Leistungen wegen an der Spitze der Ranglisten stehen, werden vorzeitig pensioniert, verfallen der Säuberung oder werden in den Wartestand versetzt. Und die Besoldungen werden vereinheitlicht, damit weder die Besseren den Schlechteren wirtschaftlich überlegen sind noch die Erfahrenen den Unerfahrenen. So verliert die staatliche Bürokratie ihr Gesicht und wandelt sich in einen gestaltlosen, gleichförmigen Brei, in dem fast alle nur austauschbare Nummern sind. Das Paradies des neidischen Beamten.

Der nächste Schritt ist, auch der Gesellschaft das Rückgrat zu nehmen. Der der Wurzel geltende Angriff konzentriert sich auf die Erziehung. Die Bildungsanstalten der Auslese sind zu schließen und die Hochbegabten zu zwingen, sich nicht hervorzutun, sondern mit den schlechteren Tritt zu halten. Danach werden die Strukturen der Autorität untergraben. Den Familienvater beschuldigt man der Bevormundung, den Unternehmer ausbeuterischer Absicht, den fleißigeren und höher qualifizierten Arbeiter verdammt man als unkameradschaftlich oder als Lakai. Gepredigt wird die Plebejisierung der gesellschaftlichen Sitten einschließlich der Moden und der Sprache. Und verleugnet werden die ästhetischen und moralischen Werte mit Permissivität und Begriffsverwirrung. In Fällen gesellschaftlicher Ablehnung nimmt man seine Zuflucht zum Zynismus: «Es war ein Irrtum» oder «Es wird nicht wieder vorkommen», aber man wird rückfällig. Die staatlichen Massenmedien und die offiziellen Preise sind die vornehmlichen Werkzeuge dieser sittlichen Subversion. Aber dies ist nicht das Ende. Der triumphierende Neider begnügt sich nicht damit, die besseren herabzusetzen, sondern wünscht, sie zu demütigen, indem er sie den schlechteren unterordnet. Die Ordnung der Ranglisten, der Leistungen und der Titel wird umgekehrt. Befördert wird der gescheiterte und im Ressentiment befangene Beamte. Die Unzuständigkeiten werden vervielfältigt, damit der, der mehr tun könnte, untätig bleiben und der Vorgesetzte ins Glied zurücktreten muß. Prämiiert wird der ungeschickteste Schauspieler, die ungepflegteste Sprache, der unredlichste Volksredner, der akademischste Maler. Das Unsägliche wird respektierlich, der Verbildete üblich. Schlecht ist, was man früher für gut hielt, und umgekehrt. Diese Verkehrung oder Umdrehung der Werte ist das Ziel des Ressentiments, das mehr als der Höhepunkt, das eine Art höchster Verklärung des Neides ist. Und mit sublimer Heuchelei wird sie als eine «Wende» oder sittliche Erneuerung dargestellt.

Es ist schwerstes gesellschaftliches Verbrechen, wenn der Staat umgekehrte Auslese betreibt, denn es ist ein Handeln gegen sein eigenes Wesen. Daher sind solche Machenschaften immer vorübergehend. Die gleichmacherischen Regimes machen, nachdem sie die Werte eines Landes zerstört haben, eine Ideologie zur Heilsbotschaft und schaffen eine neue Hierarchie – die Nomenklatura –, qualitativ geringwertiger als die vorhergehende, aber abgeschlossener und starrer und zum Terror geneigt, um nicht das Opfer ihrer eigenen gleichmacherischen Parolen zu werden. Wegen dieser bedingungslosen Auslieferung an Neid und Ressentiment sehen sich die schuldigen Gesellschaften von der

Natur auf Generationen hinaus zur Zahlung hohen Lösegeldes verurteilt.

Herrschaft des Zeigefingers und Vorrang der Leistung (Digitokratie und Meritokratie)

Die Geschichte der öffentlichen Verwaltung ist die eines Kampfes zwischen der Neigung der Regierenden, die Beamten persönlich und willkürlich zu ernennen und dem Gebot der Vernunft, die Auswahl institutionell und aufgrund der Befähigung vorzunehmen. Das erste Verfahren ist die Herrschaft des Zeigefingers (Digitokratie) oder freie Ernennung, sie entspricht einer Auffassung vom Staat als Eigentum: Der Politiker ist der Auffassung, daß das Land ihm zur Nutznießung gehört, und er beutet es zugunsten seiner Verwandten, Freunde und Gesinnungsgenossen aus, in der Erwartung, daß sie ihn mit völliger Unterwerfung lohnen. Es handelt sich um eine persönliche Beziehung zwischen dem Regenten und dem Beamten: «Ich ernenne Dich, damit Du mir dienst» und «Ich diene Dir, weil Du mich ernannt hast». Es ist ein gegenseitiger Vertrag politischer Natur.

Das zweite Verfahren ist der Vorrang der Leistung (Meritokratie) oder die aufgrund der Befähigung nach objektiven Maßstäben bei Chancengleichheit gesetzlich geregelte Ernennung: Ein unparteiischer Prüfungsausschuß bewertet die Vorbildung der Anwärter, und die Beförderungen und Verwendungen werden aufgrund von Dienstalter und Rang entschieden. Es ist eine institutionelle Beziehung: «Das Gesetz ernennt Dich, damit Du dem Gemeinwesen dienst» und «Ich diene meinem Volk, weil das meine rechtliche und sittliche Verpflichtung ist».

In dem Maße, in dem die öffentliche Verwaltung rationalisiert wird, verkleinert sich der herrschafts- und ermessensbestimmte Bereich und vergrößert sich der leistungsbestimmte und reglementierte. Mit vorübergehenden Rückschlägen war dies die Linie, auf der die Staaten sich fortentwickelt haben, wie immer ihre Verfassungsform war. Rom ist ein Beispiel. Eine Reihe von Gesetzen, unter denen die lex Vilia (180 v. Chr.) und die lex Cornelia (80 v. Chr.) herausragen, regelt die Abstufung der Ehrenämter und schafft eine Hierarchie, die in folgender Reihenfolge Schritt für Schritt zu durchlaufen ist: Quästor, Ädil, Zensor, Prätor und Konsul. Für die Quästur waren die Teilnahme an zehn Feldzügen und ein Alter von 30 Jahren erforderlich, für das Ädilat 37 Jahre, für die Prätur 40 Jahre und für das Konsulat 43

Jahre. Der Legat, der Kommandeur einer Legion, mußte Senator sein. Um Diktator oder Prokonsul zu werden, mußte man Konsul gewesen sein. Mit zeitbedingten Abwandlungen war der «cursus honorum» in der Republik wie im Kaiserreich das Rückgrat der römischen Verwaltung: So wurden die erworbenen Rechte gewährleistet, die geleisteten Dienste belohnt, der Nepotismus und die Korruption eingedämmt, die Vorbildung und die Erfahrung genutzt und die Würde der Institutionen gewahrt. In Spanien beschränkten die Monarchen mit einer Reihe von Anordnungen nach und nach selbst ihre Ermessensfreiheit, jedoch beschleunigte sich der Prozeß der Rationalisierung der Verwaltung als Bravo Murillo, Gemäßigter unter den Gemäßigten, die Verordnung vom 18. Juni 1852 erläßt. So sprach er zu Isabel II. in der Darlegung der Motive: «Weder Ew. Majestät noch ihre Minister erachten die Befugnis, die Bediensteten zu ernennen, als ein zu ihrem persönlichen Vorteil geschaffenes Recht, sondern halten sie, im Gegenteil, für eine schwer zu erfüllende Pflicht, die dazu zwingt, die zur Bekleidung öffentlicher Ämter geeigneten Personen sorgfältig auszusuchen.» Die Verordnung führte Eingangsprüfungen für die Beamten ein, ausgenommen die, die wie die Richter, Militärs, Diplomaten und Lehrstuhlinhaber schon ihre eigenen Regelungen besaßen, und regelte die Rangklassen und Beförderungen. Diese Vorschrift wurde teilweise angewandt, bis das aus der «fortschrittlichen» Revolution von 1868 hervorgegangene Kabinett sie abschaffte und die absolute Willkür einführte: «Die Minister ernennen und befördern unabhängig die Bediensteten der ihnen unterstellten Behörden.» Durch Rückfälle, wie das «Bonzentum» der I. Restauration und die «Vetternwirtschaft» der II. Republik, wird die Rationalisierung des Öffentlichen Dienstes nicht unterbrochen und findet über das Gesetz Maure vom 22. Juni 1918 ihren Abschluß im Gesetz Lopez-Rodo. In der zeitgenössischen Geschichte Spaniens bestätigt sich die Regel, daß die Verwaltung um so effizienter ist, je weniger sie vom Zeigefinger abhängt. Der Rechtsstaat besteht in der Ersetzung der dem Zufall unterworfenen politischen Absichten durch feste allgemeine Normen und zielt daher auf die Unterdrückung der Willkür im Zugang zu den öffentlichen Ämtern. Da die politischen Parteien sich als Anhänger des Rechtsstaates zu proklamieren pflegen, ließe sich denken, es bestünde eine notwendige Wechselbeziehung zwischen Demokratie und Vorrang der Leistung, aber dem ist nicht so. Die Diktatur Sullas war sehr viel leistungsbestimmter als das republikanische Rom, und in Spanien war es ebenso mit den katholischen Königen und der II. Republik. Es ist nicht zu verkennen, daß die Abhängigkeit der demokratischen Regierungen vom Volk sie dazu bestimmt, ihren Wahlapparat durch Ernennung von Freunden zu Beamten auf nationaler, regionaler und lokaler Ebene aufzubauen. Daher kommt es, daß die Mehrparteiendemokratien nicht weniger zu digitokratischen Methoden neigen als die absoluten Monarchien. Der Prozeß der Reglementierung des Öffentlichen Dienstes ist von der Verfassungsform trennbar und hängt allein vom Grade der Rationalisierung des Staates ab.

Die Rationalisierung hat zu einer Beschränkung der digitatorisch ernannten Bürokratie auf ein mutmaßliches Minimum geführt, die sogenannten «politischen» oder «besondren» Ämter.

Beide Begriffe sind so verschwommen und elastisch, daß sie das angekündigte leistungsabhängige Verfahren unaufhörlich verzögert haben. Die Zahl der politischen Ämter nimmt je nach Land ab oder zu. Zum Beispiel sind die Gouverneure oder Präfekten in Frankreich Karrierebeamte, in Spanien nicht. Die Regimes, die Sektoren der Wirtschaft verstaatlichen, fügen den politischen Ämtern die leitenden Posten der öffentlichen Unternehmen hinzu, und die Bundesstaaten vervielfältigen die politischen Ämter um die Zahl der unabhängigen Einrichtungen. Wo der wirtschaftliche Interventionismus und die Kleinstaaterei sich wiederbeleben, geht es rückwärts mit dem Streben nach Rationalisierung durch Erweiterung des Vorrangs der Leistung und Einschränkung der Digitokratie.

Die Willkür bei den Ernennungen schließt das Ermessen bei den Beförderungen, bei den Verwendungen, den Versetzungen in den Wartestand und den Absetzungen ein. Eine der charakteristischsten Gestalten des 19. Jahrhunderts war der entlassene Beamte. Im Athen des 19. Jahrhunderts nannten die in jeder Ministerkrise Entlassenen den Platz, auf dem sie zusammenkamen, den «Klageplatz», und noch heute heißt er so. Der «Schrei des Entlassenen» war der Titel einer im Madrid des Jahres 1840 veröffentlichten Broschüre. Während der ersten Restauration erschienen sogar Zeitungen zur Verteidigung der Beamten gegen die Willkür der Politiker: «Der Bedienstete» und «Die zivilen Verwendungen». Die staatliche Bürokratie war vom Kommen und Gehen der Regierungen abhängig. Und die Folgen solch institutioneller Rückentwicklung sind schwerwiegend. Eine wäre die Verallgemeinerung des «spoil system» oder der Verteilung des Haushaltes durch die Regierungsmannschaft, als wäre er eine Kriegsbeute. Eine weitere wäre die Minderung der Handlungsfähigkeit der Verwaltung. Und noch eine weitere wäre die schwierige Durchführbarkeit einer Ablösung der Regierungspartei. Denn wie soll man, die Unabsetzbarkeit der Beamten vorausgesetzt, mit einer parteipolitisch festgelegten und feindseligen Bürokratie regieren?

Es wird viel von der Neutralisierung der Heere gesprochen und wenig von etwas so wichtigem wie der fachlichen Ausrichtung des Öffentlichen Dienstes. Die Rationalisierung des Staates verlangt: a) Auswahl der Bewerber mittels objektiver, vergleichender und offener Bewertung; b) Unabsetzbarkeit der Beamten und Respektierung der erworbenen Rechte; c) Professionalisierung; d) Beschränkung der Ämter mit bedingungsfreier Ernennung auf die Minister und ihre Kabinette und Erfordernis, daß für die verbleibenden hohen politischen Ämter Beamte der zuständigen Dienste und der höheren Rangklassen ernannt werden und e) für alle übrigen Posten gelten die vorgeschriebenen automatischen Abläufe.

Die fachliche Ausrichtung und Entpolitisierung der öffentlichen Verwaltung ist ein rationaler Imperativ der einstufenden Funktion des Staates.

Zusammenfassung

Das abscheuliche, zum 19. Jahrhundert gehörende Schauspiel der nach Wahlen stattfindenden Versetzungen von Beamten: Gesinnungsgenossen der Sieger auf die Posten, die der Verlierer in den Wartestand, gab der Forderung nach Rationalisierung der Zulassungen und Beförderungen in der öffentlichen Verwaltung Nachdruck und löste einen Prozeß der Reglementierung aus, der mit Aufs und Abs in einigen Ländern hohe Quoten erreicht hat. Auf diesem Gebiet hat der politische Wechsel in Spanien einen erheblichen Rückschritt mit sich gebracht und in einigen Bereichen die Lage auf die Anfänge der durch Politisierung der Verwaltung und allgemeinen Niedergang traurig berühmten Regierung Isabels II. zurückgeworfen.

Singula quaeque locum teneant, lehrte Horaz. The right man in the right place, ist die Quintessenz der angelsächsischen Weisheit und der Wilhelm von Humboldts. Jeder auf seinem Platz, seinen Leistungen gemäß, ist ein grundlegendes Gebot für jedwede Regierung, und Sache der Rechtsordnung ist es, ungerechtfertigte Begünstigung bei der Zuweisung von Autorität und Verantwortung ebenso zu verhindern wie die Plage des Neides. Aber diese Ordnung wird besonders streng sein müssen in den Regierungsformen, die von Natur zu einer parteiischen und gelegentlich sogar umgekehrten Auslese neigen. Zum Beispiel erfordert die Partikratie für die Zulassung und Beförderung von Beamten besonders strenge Vorschriften und Regeln, die objektive Maßstäbe aufstellen, die Grenzen des Ermessens einengen und die Respektierung der Leistung gewährleisten. Es ist nicht allein eine Forderung der Gerechtigkeit und der gesellschaftlichen Rationalisierung, die gute Ausübung der staatlichen Funktion des Einstufens ist der Schlüssel zur Entwicklung des Menschengeschlechts in der Geschichte.

MITTEL DER VERTEIDIGUNG

Die Flucht

Vom Neid sprechen die Neider gar nicht und die Beneideten sehr wenig, und die Denker haben sich kaum mit ihm beschäftigt. Das Thema ist nicht tabu, wohl aber indiskret, unpassend und nahezu verboten. Es ist paradox: ein universelles und trotzdem totgeschwiegenes Phänomen, großmächtig und trotzdem gemieden. Obgleich stillschweigend vorausgesetzt, lastet der Neid schwer auf dem gesellschaftlichen Leben, und alle beziehen ihm gegenüber mehr oder weniger unvollständig Stellung: Einige pflegen, andere bekämpfen und die meisten meiden ihn. Warum schützen Menschen sich vor dem Neid? Etwa, weil sie wie die Primitiven und die Klassiker den Hexenzauber fürchten? Sogar bei überzeugten Empirikern überdauern verschüttete Reste dieses Glaubens, aber auf dem Stand der Rationalisierung der heutigen fortgeschrittenen Kulturen ist der Grund sehr viel weniger absonderlich. Der Neid veranlaßt zu feindseligem und schädlichem Verhalten, und das sucht man zu neutralisieren.
Die hauptsächliche Verteidigung ist das Verbergen des eigenen Glückes. Im Grunde sieht es so aus, als genügte es nicht, darüber zu sprechen, denn das Glück ist rein innerliche Subjektivität.

Trotzdem fühlt sich der Mensch in dieser so naheliegenden Verteidigungsstellung nicht sicher und errichtet eine Barrikade um sich herum, die nicht physisch, sondern geistig ist und bei einem jeden verschiedenen Durchmesser und verschiedene Höhe hat: die Intimität. Was wird innerhalb dieses Schutzraumes geborgen? Im allgemeinen nicht das Feld der Arbeit, denn auf ihm lastet der biblische Fluch, und es gilt eher für unangenehm als erfreulich, wohl aber das der Muße, denn es ist das des Glückes. Die Liebe, der Mittelpunkt des irdischen Glückes, ist der Kernbereich der Intimität. Es folgt der Kreis der Familie und der Freundschaft. Und da die mögliche Muße und die Intensität ihrer Nutzung in großem Maße von den verfügbaren Mitteln abhängt, wird die persönliche Wirtschaftslage als weiterer Bereich in den Bezirk des den übrigen verborgenen aufgenommen. Die Liebe, die Freunde, das Geld sind vertrauliche Dinge, weil sie neidenswert sind, hingegen in vollem Umfang unter Liebenden mitteilbar, weil für sie gegenseitiger Neid undenkbar ist.

Die Intimität ist der Bereich des Glückes, der fremder Neugier verschlossen ist, nicht so sehr aus Scham, sondern um dem Neid weniger Angriffsfläche zu bieten. Sie ist die grundlegende und universelle Selbstverteidigung gegen den Neid, und verlöre, wenn es ein solches Gefühl nicht gäbe, der hohe und undurchsichtige Zaun der Intimität nicht den größeren Teil seiner Bedeutung?

Beim Durchschnittsmenschen ist dieser Bereich beschränkten Zuganges verhältnismäßig eng und unveränderlich, beim verfeinerten Menschen aber weitgespannt und variabel, denn ein Teil seiner «Arbeit» deckt sich mit seiner Muße, und er ist mit besonderem und ungewöhnlichem Tun beschäftigt. Im Grunde bedeutet sich bilden dem Glück neue Horizonte eröffnen, und daher ist der Bestand an Möglichkeiten zum Glücklichsein beim Bildsamen weniger dürftig als beim Gipskopf, beim Disziplinierten erstens größer als beim Unerzogenen und beim Ausnahmemenschen größer als beim Gewöhnlichen. Parallel hierzu verstärkt sich die Empfindlichkeit gegenüber dem Schmerz. Aber diese Unterscheidung weckt durch ihre Neuheit und Augenscheinlichkeit größere Neugier. So leben die Besten in dem steten Widerspruch, zu einem in zunehmendem Maße öffentlichen Leben berufen zu sein und sich veranlaßt zu fühlen, immer ausgedehntere Bereiche ihres Lebens zu verbergen, um sie den Neidern vorzuenthalten. Diese sonderbare Spannung führt zu zwei extremen Reaktionen: der logischen, nämlich der Isolierung, und der gefühlsmäßigen, nämlich der Verachtung und Herausforderung.

Die stoische Empfehlung, die für den apollinischen, selbstgenügsamen und denkenden Menschen, ist die Einsamkeit in der Freundschaft, biopsychisches Gleichgewicht, Einsiedlertum ist die vollständige Flucht. Demgegenüber rät der Hedonist Aristippos, dionysisch, ehrgeizig und leidenschaftlich wie er ist, zur Herrschaft über die übrigen und zum Handeln. Die Selbstdarstellung ist das totale Dasein. Jener fürchtet den Neid, diese weckt ihn und fordert ihn heraus. Zwischen beiden Polen – Robinsonismus und Herostratentum – findet sich die große Masse derer, die die Abgeschlossenheit mit Gaben von Nichtachtung und Großtun mischen. Sie wägen Vorteile und Nachteile sorgfältig in der Absicht ab, dem Neid mit größtmöglichem Erfolg auszuweichen. Der Mensch tut beinahe nichts in der Öffentlichkeit oder für die Öffentlichkeit Bestimmtes, ohne den potentiellen Neid abzuwägen. Das intelligente Zusammenleben wäre unerklärlich, ließe man das dichte Netz defensiver oder herausfordernder Reaktionen auf den Neid außer acht.

Die Verstellung

Neben dem Verbergen, das eine mehr passive Verhaltensweise ist, gibt es die aktive der Maskierung, die darin besteht, Unerfreuliches hervorzukehren, wo die Freude überwiegt, oder einfach darin, Mißvergnügen vorzuspiegeln, wo Vergnügen ist. Der Reiche betont seine Sorgen, der Mächtige seine Verantwortung, der Intelligente seine Angst, der Verliebte seine Eifersucht, der Sieger seine Enttäuschung und so fort. Die Gewissenslenker haben ungezählte Rezepte für das Verheimlichen gegeben: Täusche, um den Neider zu entwaffnen, familiäres Unglück vor, ein Leiden, eine Enttäuschung, ein Unvermögen. Einen Dramatiker hörte ich sagen, daß die Kritiker ihn sehr viel mehr lobten, seit sich herumgesprochen habe, daß er krank sei. Gracian riet den herausragenden Spaniern, einem kleinen Fehltritt große Publizität zu geben, damit die Neider auf den Köder anbissen und sich um das übrige nicht kümmerten. Mit ähnlichen Tricks versucht man, den Nächsten abzulenken und ihm gelegentlich Schadenfreude oder Mitleid einzuflößen oder was auch immer, nur keinen Neid.

Und wenn sich der glückliche Umstand weder verbergen noch

verkleiden läßt, muß der Beneidete zu äußersten Mitteln greifen. Eines ist, sich zu demütigen und die Neider um Verzeihung zu bitten, ein anderes, sie zu überzeugen, daß er ein Werkzeug ihres Vorteils ist. Beide Taktiken sind bei Politikern und berühmten Leuten üblich. Der demokratische Regent greift gleichzeitig zu zwei Rezepten: Er bettelt um die Stimme und sagt, er sei bloß ein Auftragnehmer. Das endgültige Ziel ist, den Neider zu überzeugen, daß der Überlegene kein Rivale ist, sondern ein beglückter Diener, was in vielen Fällen die Wahrheit ist, aber das ist eine andere Frage.

Die Feindseligkeit der Umgebung und der schrankenlose Ehrgeiz des Menschen sind der Grund dafür, daß es so wenig Glück gibt, aber der Neid ist der Grund dafür, daß dies Glück weniger sichtbar wird. Der Neid ist die Bedrohung, die manchmal das menschliche Glück einengt und immer gebietet, es zu verhüllen. Die vom Neid bedrängten Sterblichen pflegen ein mittelmäßiges, von Enttäuschungen durchsetztes Glück zur Schau zu tragen, und das ist der Eindruck, den die Menschheit einem unbefangenen Beobachter machen würde, aber ist es nicht zutreffender, daß es große flüchtige Glückszustände gibt und einen dauerhaften Untergrund erträglichen Unbehagens?

Das Verbergen wie das Verkleiden können von Gruppen betrieben werden. Im allgemeinen verbergen sich die nach Qualität, Stellung oder Besitz überlegenen Gruppen − Vermutung glücksmäßiger Überlegenheit − vor den Unterlegenen und bilden abgeschlossene Zirkel oder Bereiche kollektiver Intimität. Sie verfügen über eigene, den übrigen schwer zugängliche Versammlungsstätten. Sie haben ihnen eigentümliche Sitten und Gebräuche und praktizieren Endogamie. Sie schaffen eine eigene Welt symbolischer, sogar sprachlicher Formen. Je größer der Unterschied zwischen einer Gruppe und den übrigen, um so größer die Abgeschlossenheit. So die Verbotene Stadt im kaiserlichen Peking und der ummauerte Kreml im sowjetischen Rußland. Im äußersten Falle würden die Eliten aus Esoterismus Selbstmord begehen. Entgegen den Beschuldigungen der Demagogen ist das Sich-Abkapseln nicht die Folge von Hochmut, noch eines Schuldkomplexes oder eines vermeintlichen und undefinierten «Klassenbewußtseins», es ist eine Verteidigungsstrategie gegen den Neid. Deshalb findet es sich auf allen Ebenen, einschließlich der niedrigsten, deshalb ist es universell, und deshalb ist es innerhalb aller Kreise in aller Öffentlichkeit durchführbar. Die

Einschanzung der Beneideten vermehrt die gesellschaftliche Isolierung und die tatsächliche Unterlegenheit der Neider. Sie ist eine weitere Form unerbittlicher Selbststrafung.

Die Abkapselung ist verschieden von dem, was Nietzsche das «Pathos der Distanz» nannte, das Niemandsland, das jede hierarchische Position zwischen sich und die Niedrigeren zu legen sucht, um den Angriff zu behindern, die Unzulänglichkeiten zu vertuschen und die Qualitäten zu idealisieren. Die Distanz ist besonders üblich und wirkungsvoll am oberen Ende der Rangordnung, wo reinere und vollkommenere Verwirklichung der Werte erwartet wird. In diesem Zusammenhang dient die Zurückgezogenheit mehr der Vorbildhaftigkeit und Autorität als dem Schutz vor dem Neid.

Wenn der Neid besonders heftig ist, greifen auch die Gruppen zur Verkleidung. Das arabische Großbürgertum verlegte den Luxus seiner Behausungen nach innen, während die Außenmauern Armut vorspiegelten. Der andalusische Patio ist ein Nachhall dieser Sitte. Und die Kargheit der Klostermauern steht im Gegensatz zur Pracht der Kreuzgänge. Von Kirche und Staat bis zum kleinen Unternehmen neigen die Kollektive dazu, die Institution Pracht entfalten zu lassen, weil der Aufwand, wenn er herrenlos und sein Besitz anonym scheint, weniger neidenswert ist. Dagegen verhüllen sie eifersüchtig Privilegien und Vermögen ihrer Mitglieder, die nur ihre Tätigkeit sichtbar werden lassen. Das archetypische Beispiel sind die partikratischen Eliten, die sich privat bescheiden geben und öffentlichen Prunk den Staatsakten vorbehalten. Solche Doppelgängereien sind künstlich, denn in jeder menschlichen Existenz gibt es einen Bereich natürlicher Schlichtheit, und nicht einmal die göttergleichsten Monarchen können andauernd im status majestatis leben.

Seit Macchiavelli wiederholt man, daß die Politik rhetorisch ist und häufig Betrug. Vielleicht einer im Wesen der Politiker liegenden Falschheit wegen? Nein! Die Regierten betrügt man aus vielerlei praktischen Gründen, aber einer der Hauptgründe ist es, den Neid auf die herrschende Minderheit zu neutralisieren. Die Quellen der Legitimität – göttliches Recht oder Konsens – die Methoden der Vertretung – unmittelbar oder repräsentiv – die Informationsfreiheit – staatlich oder privat – usw. sind rechtliche Fiktionen mit mehr oder weniger realer Grundlage, erdacht und verbreitet, um die wichtigste Aufgabe zu erfüllen, nämlich den Neid des Volkes einzudämmen, der, träte er über die Ufer, zu anarchistischer Unregierbarkeit führen würde.

Die Höflichkeit

Ist die Höflichkeit eine Mache, um die Neider zu besänftigen? Die Höflichkeit ist ein nicht pflichtmäßiges äußeres Verhalten, um dem Nächsten angenehm zu sein. Die Beliebigkeit ist wesentlich, weil es im gegenteiligen Falle keine Höflichkeit wäre, sondern Erfüllung einer Verpflichtung. Sie ist äußerlich, weil die materielle Ausführung genügt, ohne daß es – im Gegensatz zu Barmherzigkeit und Liebe – erforderlich wäre, daß das Tun ein ernsthaftes Gefühl zum Ausdruck brächte. Es gibt stereotype Höflichkeiten, die in bestimmten Kreisen wählbaren Riten gleichen, und es gibt rein persönliche.

Fléchier behauptete als erster, daß gewisse Höflichkeiten Formeln zur Besänftigung und Entwaffnung des Neides wären. Unter ihnen hat man die Trinkgelder genannt, die gegenseitigen Einladungen zum Teilen oder die kollektiven zum Feiern eines glücklichen Ereignisses, das Angebot von Tisch und Bett an den Besucher und die Höflichkeitsfloskeln im allgemeinen («bitte», «Guten Appetit» usw.) und die Trostworte. Eine solch heterogene Liste vermutlich zauberhemmender Beschwörungen verlangt eine Fallanalyse. Untersucht man z. B. die gebräuchlichsten Trinkgelder, so erweist sich, daß der Platzanweiser schwerlich den beneiden kann, der dem Schauspiel beiwohnt, weil er Gelegenheit genug hat, es zu betrachten. Die Kellner beneiden schwerlich den Tafelnden, denn sie haben Zugang zur gleichen Küche, und wenn die Taxifahrer irgend etwas nicht beneiden, dann eine Autofahrt durch ein paar Straßen. Welche Neidgefühle ließen sich mit diesen Trinkgeldern neutralisieren? Die Einladungen an Nachbarn und Bekannte zu einem Hochzeits- oder Geburtstag, dienen sie der Absicht, einen vermeintlichen Neid zu besänftigen, oder dem Wunsch, sich durch Verdoppelung und Anteilnahme mehr Freude zu bereiten? Die Aufforderung an den Gelegenheitsbekannten zu rauchen oder zu trinken, geschieht sie aus Furcht, beneidet zu werden, oder als Versuch, die Einsamkeit zu überwinden, oder eine Freundschaft anzuknüpfen? Und welche immunisierende Wirkung gegen den Neid können die stereotypen Floskeln haben, wenn der vermeintliche Neider weiß, daß diese Formalien ihre wirkliche Bedeutung verloren haben? Wenn der Gastgeber sagt: «Dies ist Ihr Haus», wer glaubt dann, daß ihm das Haus geschenkt wurde, in dem man ihn empfängt? Und endlich, wenn die Mehrzahl der Höflichkeitsfloskeln Leuten gegenüber angewandt wird, die der vermeintlich Beneidete nicht wiedersehen wird, und die ihn kaum identifizieren könnten, welche Unruhe vermag ein so zweifelhafter, flüchtiger und entpersönlichter Neid einzuflößen?

Im allgemeinen ist die Höflichkeit kein Mittel, um den Neid aufzuheben, sie ist der Schmierstoff der gesellschaftlichen Beziehungen, das Symbol der Achtung vor dem Nächsten, ist eine Erklärung der Zusammengehörigkeit und Anteilnahme und daher etwas dem Neid, der egoistisch und trennend ist, sehr fernes. Verteidigt sich der Beneidete mit Gefälligkeiten gegen den Neider? Dies ist eine alte Frage, die schon Plutarch verneinend beantwortete. Und Erfahrungen bei der Ausübung von Wohltätigkeit und Barmherzigkeit haben die klassische Meinung bestätigt. Weder das Christentum noch die Philanthropie haben den Neid ausgelöscht, und der Sozialismus hat ihn unter dem Vorwand gerechter Umverteilung nur zunehmen lassen. Es leuchtet ein: Das Vermögen, wohltätig zu sein, ist ein Quell des Glückes, und ist eine deutliche Demonstration der Überlegenheit über den Bedachten. Beim Erhalt von Wohltaten spürt der Neider seine Unterlegenheit im Glück zunehmen, wodurch die Empfindung an Stärke zunimmt. Außerdem aber trägt das normale Gebot der Dankbarkeit dazu bei, den Gemütszustand zu verschlechtern. Der Neid hebt die Dankbarkeit auf, weil sie mit ihm unvereinbar ist. So findet sich der undankbare Neider im Angesicht eines weiteren Schuldgefühls, von dem er sich mittels der bekannten Umkehrung der Werte zu befreien sucht. Die Entlastung des Gewissens erfordert Selbsttäuschungen wie die folgende: «Er gibt, was ihm ungerechterweise gehört, was er über hat und weniger, als mir zusteht.» Solch ethische, für das Ressentiment charakteristische Manipulation verursacht dem Neider noch mehr Mißbehagen. Dem Fähigen aus Dankbarkeit oder anonym etwas schenken kann das Zusammengehörigkeitsgefühl stärken und das Glück als Ganzes, aber dem Neider geben heißt seine Gesellschaftsfeindlichkeit und seinen Groll potenzieren. Um den Neid zu heilen, muß der Beneidete nicht großzügig sein, er muß unglücklich sein. Und das ist das einzige, das man nicht von den Menschen verlangen kann, die sie doch zuinnerst und ihrem Wesen nach nach Glück streben.
Wenn der Altruismus sich in diesem Zusammenhang als unnütz

erweist, so macht der Neid zum Egoisten, und wenn die Verstellung wirksam ist, so reizt sie zum Betrug. Der Neid ist der Hauptgrund für die Verkrampfung und Verlogenheit des Zusammenlebens.

ÜBERWINDUNG UND TILGUNG

Die möglichen Optionen

Gibt es jemanden, der allen in allem und konkret im Glück überlegen ist? Möglicherweise, aber die übrigen, die in einem bestimmten Augenblick nahezu die Gesamtheit der Menschheit bedeuten, sind vielen in ungezählten Aspekten unterlegen und wahrscheinlich auch im Glück. Es ist also einleuchtend, daß, wenn irgendeine glücksmäßige Unterlegenheit Neid hervorbrächte, diese Empfindung für die ungeheure Mehrheit der Menschen ein notwendiges Übel wäre. Trotzdem zeigt die Erfahrung, daß nicht alle Unterlegenheiten im Glück Anlaß zum Neid geben. Es sind zum Beispiel überaus zahlreich die Väter, die nicht nur ihre Kinder nicht beneiden, sondern sich aufopfern, damit sie sie an Glück übertreffen. Die Schlußfolgerung leuchtet ein: Das Bewußtsein im Glück unterlegen zu sein, hat nicht unausweichlich ein Neidgefühl zur Folge. Wenn es «annehmbare» Unterlegenheiten gibt, beschränkt sich das Problem darauf, den Rahmen dieser Annehmbarkeit zu entdecken. Wer seine Unterlegenheiten verarbeitet, ist gegen den Neid gefeit. Wie das erreichen? Bevor wir in die Tiefe gehen, ist zunächst eine Vorfrage zu prüfen: Warum verursacht Unterlegenheit im Glück Kummer?

Das Glück ist der durch die Befriedigung der Wünsche geschaffene Gemütszustand, und jedes Menschen Handeln wird durch einen höchsten Antrieb bestimmt: den höchstmöglichen Grad von Wohlbefinden zu erlangen. Man wünscht nur das bekannte Gut, und daher drängt es uns zu begehren, was wir nicht haben, und setzen wir voraus, daß es den Nächsten glücklich macht. Das überlegene fremde Glück ist, soweit bekannt, ein hauptsächlicher Quell des Begehrens, und jedes unerfüllte Verlangen macht Kummer. Das Anschauen eines tatsächlich oder vermeintlich größeren Glücks verursacht in dem Maße, in dem es eigenes Unbefriedigtsein offenbar werden läßt, Mißbehagen. Diese Empfindung ist eine wesentliche List der Natur, weil sie den Menschen anspornt und ihn antreibt voranzukommen. Ohne den Verdruß über eine persönliche Unterlegenheit wäre die kulturelle Entwicklung unserer Art sehr langsam gewesen. Die Zweckhaftigkeit dieses inneren Grams ist einleuchtend. Wenn die Menschen völlig unempfindlich für fremde Überlegenheit im Glück wären, sei sie objektiv oder eingebildet, der homo sapiens wartete noch heute auf eine Genmutation, um aus der Steinzeit herauszukommen. Das Verlangen ist die Grundenergie der menschlichen Entwicklung, und so gesehen sind die asketischen Sittenlehren – wie die asiatischen und die stoische – seien sie auch mehr auf das Glück ausgerichtet als die faustischen, doch relativ rückschrittlich. Wer nichts wünscht, entzieht sich der schöpferischen Dynamik der Natur. Entzieht er sich einer Schlinge oder mogelt er? Dies großartige moralische Problem bedürfte einer Untersuchung.

Der Schmerz, weniger zu sein, kann zu drei hauptsächlichen Verhaltensweisen führen: eine positiv, das ist das Bemühen, das gewünschte zu erlangen, eine weitere neutral, das ist die Hinnahme des Defizits an Glück, und eine weitere negativ, das ist der Wunsch, der Nächste möge das Gut verlieren, das wir begehren. Die erste ist der Wetteifer, die dritte ist der Neid. Jene verlangt Anstrengung und die letzte nicht, aber das Mißbehagen verlängert und verdoppelt sich: Schmerz am eigenen Unbefriedigtsein und am fremden Glück. Man verfällt dem Neid aus Antriebsschwäche, aus Faulheit, durch eine Grübelei, die in ein Gefühl der Ohnmacht mündet. Im Wetteifernden vermindert sich die Entropie des Lebens, im Neider nimmt sie zu. Der Neid, soweit Selbstaufgabe und Auslieferung, ist anfangs leichter, wenn auch später ein hoher Preis für diese Schwachheit zu zahlen ist. Der Kreuzweg befindet sich an diesem Punkt: kämpfen, um mehr zu sein, oder die Unterlegenheit verarbeiten oder sich dem Neid ausliefern. Fangen wir mit der ersten Option an.

Der Wetteifer

Der Wetteifer ist kein heroisches, sondern gewöhnliches Handeln, weil er einem der Art eingewurzelten Trieb entspringt, dem, mehr zu sein. Der Mensch findet seinen persönlichen Gencode und seine konkrete Welt vor. Dies sind die zwei der Existenz vorgegebenen Faktoren, den Rest machen wir selbst. Wir stellen unsere Lebensgeschichte nicht als eine vorgefertigt ausgehändigte Rolle dar, sondern sind in hohem Maße ihre Erfinder.

Der größte Teil einer Lebensgeschichte ist nicht Erbschaft, sondern Schöpfung. In diesem Sinne ist unser Leben selbstgeschaffen, sind wir alle selfmademen und verantwortlich. Das beherrschende Streben der Kinder ist, «groß» zu werden, und alle Heranwachsenden werden immer wieder gefragt: «Du, was willst Du werden?» In dieser scheinbar trivialen Frage klingt die transzendentale und universale Überzeugung mit, daß der Mensch selbst seinen Lebensplan entwirft. Deshalb ist die Frage zu einem Ritual geworden. Im Unterschied zur übrigen Natur «ist» der Mensch nicht bloß, sondern «will» er dieses oder jenes «sein». Einige entscheiden das mit größerer Klarheit und Realisierbarkeit, aber kein junger Mensch versteht seine Zukunft als reine Glückssache. Man wird mit einer bestimmten Konstitution geboren und unter konkreten Gegebenheiten, aber was man wird, sei es auch durch Fähigkeiten und Chancen bedingt, hängt von unserem Handeln ab. Nur der Mensch kümmert sich, die Natur ist zutiefst gleichgültig.

Ist es möglich herauszufinden, was die Menschen sein möchten? Es scheint ein unmögliches Unterfangen, weil jede Person eine unwiederholbare Individualität ist, mit ihr eigenen Veranlagungen, Neigungen und Ansprüchen. Priester? Akrobat? Dichter? Wissenschaftler? Kaufmann? Die Liste wäre unendlich lang. Aber die Unzahl der Berufe bedeutet nicht, daß die gestellte Frage sich nicht beantworten ließe. Trotz der Vielzahl konkreter Tätigkeiten stimmen die Menschen in einer ihnen eingewurzelten besonderen Berufung überein, die noch niemand mit dem gebotenen Nachdruck hervorgehoben hat: Sie wollen «mehr sein». Versuchen wir die so dichte knappe Aussage zu erläutern. Alle Menschen wollen in der Regel auf ihrem Tätigkeitsfeld weiterkommen. Sie streben danach, ihren Beruf besser auszuüben und danach, daß ihre wachsende Leistung von einer größeren Zahl anerkannt wird. Jedwede Laufbahn wird als ein kontinuierlicher Aufstieg verstanden. Darin stimmen so verschiedenartige Gestalten überein wie der Künstler und der Unternehmensleiter. Alle sind darauf aus, mehr zu sein und «Mehr wert zu sein» in der Hierarchie der Bemühung und Achtung.

Aber sie erstreben auch Sachen. Das Sprichwort «Du bist soviel, wie Du hast» gibt der unbezweifelbaren Tatsache Ausdruck, daß der Mensch im Unterschied zu anderen Lebewesen ein Techniker ist, das heißt, er benutzt Geräte und Werkzeuge, die von der Hacke bis zum Computer reichen, und daher hängt die persönliche Überlegenheit erheblich von der verfügbaren Ausrüstung oder Bewaffnung ab: Daher kommt es, daß eine der Möglichkeiten, mehr zu sein, «mehr haben» ist. Es ist eine nicht so sehr persönliche als besitzmäßige Überlegenheit, die aber deswegen nicht unedel ist, denn jedes Gerät ist ein Erzeugnis der Intelligenz. Die Menschen bemühen sich in dem Maße, in dem sie in die gesellschaftliche Wirtschaft eingefügt sind, mehr zu haben, um «mehr zu können».

Es gibt sicherlich Menschen, die sich dem widmen, was die Griechen das theoretische Leben nannten, so der Gelehrte und der Mystiker. Unter ihnen gibt es dem irdischen Streben so Abgewandte, daß sie nicht nach irdischen Gütern trachten und sogar darauf verzichten, daß ihre Mitbürger ihnen irgendeinen Rang zuerkennen. Sind sie Ausnahmen, die die allgemeine Regel widerlegen? Nein! Weil weder Selbstlosigkeit noch Bescheidenheit Verzicht auf den dem Menschen eigentümlichen Hang bedeutet, mehr zu sein. Der asketische Gelehrte trachtet im Wissen voranzukommen und der vergeistigte Mystiker wünscht, sich unentwegt Gott zu nähern. Dies sind ihre besonderen, sehr anspruchsvollen Weisen, mehr zu sein.

Das grundlegende Streben des Menschen gilt nicht bloß der Vermehrung seines äußerlichen Besitzes, um seine Macht zu vergrößern. Es gibt eine kontinuierliche Vertiefung der Wünsche. Anfänglich bestimmt uns der Selbsterhaltungstrieb zu überdauern, in der ursprünglichsten Weise des Mehrseins, nämlich mehr Zeit, dazusein. Dann geht es darum, mehr nutzbare Güter zu besitzen, danach mehr Kenntnisse und Fähigkeiten. Es sind zunehmend innerliche und substantiellere Bereiche. Wissen und Gesittung sind Eingewöhnungen, die in das Subjekt eingehen und in gewisser Weise sein Wesen vervollkommnen. Das Streben, mehr zu sein, hält also nicht im Bereich des Zufälligen an, sondern dehnt sich auf das Wesentliche aus. Der Mensch wurde immer mehr sapiens, leider oft auch sapiensdemens, und ist darauf aus, in dieser Welt die Wahl des Guten zu treffen. Es ist das echte «mehr sein», denn es geht ums Sein.

Was uns von den niederen Tieren distanziert, ist der gespannte Wille, mehr zu sein. Was immer der Fortschritt zur Verfügung des Menschen gestellt hat, ist Frucht des ungestümen Dranges der Besten, mehr zu sein. Dieser überstarke Antrieb gab uns das Feuer, die Stadt, die Wissenschaft und die Gesetze. Alles Große in der Geschichte entspringt diesem Drang, der uns gewöhnlich

uns selbst und die übrigen übertreffen läßt, und der darum radikal gegen die Gleichmacherei ist, wenn er auch auf längere Sicht
andere bereichern mag. Selbstvervollkommnung und Wetteifer
sind die beiden Ausdrucksformen des «mehr sein». Der Neid
wird entnervt, pflegt man den lebendigen Schaffensdrang: «sei
mehr» ist der nicht wohlfeile Imperativ der Entwicklung und per
accidens das absolute Gegengift für den Neid. Aber nicht immer
kann man mehr sein als die anderen wegen der anlagemäßigen
und umweltgegebenen Beschränkungen. Vielfältige Unterlegenheiten sind daher hinzunehmen und zu verarbeiten. Wie? Erstens durch Kompensation mit anderen Überlegenheiten, zweitens durch Genuß des Wertvollen, auch wenn es einem nicht
gehört, drittens mit dem Zusammengehörigkeitsgefühl und endlich mit der Anteilnahme und Zuneigung. Eine Antwort, die
lediglich «meine» ist, ist gar keine, sie beläßt mich in der Kontingenz des Individuellen, das heißt in der Verzweiflung. Und
wer möchte sich in der Verzweiflung melancholisch-häuslich
einrichten?

Das wohlgetane Werk

Es gibt kaum einen Menschen, der der Veranlagung und der
Möglichkeit ermangelte, irgendeine Art von Tätigkeit in hervorragender Weise oder besser als fast alle Leute in seiner Umgebung auszuüben. Es ist eine Überlegenheit, die sich aus dem
spezialisierten Beruf und dem Streben nach Vollendung und
Vorzüglichkeit herleitet. Zu dieser allgemeinen Meisterschaft
gelangt man mit der Moral des «wohlgetanen Werkes», wie sie
jahrhundertelang von den Handwerkszünften verkörpert wurde.
Diese Norm wurde stillschweigend abgeschafft, zunächst durch
die französische Revolution, die die Berufe liberalisierte und sie
ihrer Hierarchie bis hin zum Absturz in die Anarchie beraubte,
und danach durch die industrielle Revolution, die die Produk-
tion mechanisierte und aus dem Arbeiter ein entpersönlichtes
Werkzeug machte. In einer Wirtschaft anonymer Serienproduk-
tion geht die Verantwortung für das wohlgetane Werk von der
arbeitenden Masse auf die projektierende Elite über. Die Massen, die der schöpferischen Fähigkeit entsagen mußten, um sich
der Routine der Fließbänder auszuliefern, merkten sie wohl, daß
sie mit dem Verzicht auf eine persönliche Wertarbeit sich einen
der Hauptwege zur Neutralisierung des Neides verschlossen?
Zwei Gleichmacher, der gesetzliche und der mechanische,

machten den Weg des wohlgetanen Werkes für die Massen zu eng und sandten sie auf den der vollkommenen Unterlegenheit und setzten sie damit der doppelten Versuchung des Neides aus. Ohne abzuwarten, bis die völlige Robotisierung der Arbeit wieder menschenwürdig macht, muß die Arbeit ihre Individualität im Qualitativen und, wenn das nicht möglich ist, im Quantitativen zurückgegeben werden. Es müssen Produktionsformen entwickelt werden, die die namentliche Identifikation des Arbeiters erlauben, und die Löhne und Beförderungen sind der Leistung entsprechend zu bestimmen. Die Beförderungen nach bloßem Dienstalter, die gleichmacherischen Vergütungen und die linearen Lohnsteigerungen sind Ursache der Zersetzung der Moral vom wohlgetanen Werk und folglich der Inflation des Neides. Es ist ein circulus vitiosus: Der Neid verlangt die Gleichheit, und diese schürt den Neid. «Tu, was Du tust, besser als jeder andere» ist das von neidischer Unterlegenheit befreiende Gebot. Glückschaffendes schöpferisches Handeln heißt universelle Einförmigkeit durch verallgemeinerte Unterscheidbarkeit ersetzen.

Das Wertvolle im Genetiv

Der Neider leidet an einer Art von Urteilsblindheit: Er anerkennt die Werte, soweit sie eigene sind, oder angeeignete werden können, und neigt dazu, sie zu verleugnen, wenn sie fremd oder unerreichbar sind. Eine Impfung gegen den Neid ist die Anerkennung alles Wertvollen, unabhängig davon, wem es gehört. Die Anwendung dieses Kriteriums stößt auf ein erkenntnistheoretisches Hindernis. Es gibt Eigenschaften wie die Demut, die die Christen für wertvoll hielten und die Nichtchristen nicht. Es gibt Kunstformen wie die abstrakte Malerei und serielle Musik, die einigen gefallen und anderen nicht. Und es gibt schließlich Handlungen und Verhaltensweisen, die je nach dem Beobachter Verteidigung oder Schimpf verdienen. Die Einschätzung der logischen, sittlichen, ästhetischen, religiösen oder einfach nützlichen Werte ist nicht vollkommen objektiv und ist zeitbedingten, örtlichen, ethnischen oder individuellen Wandlungen unterworfen. Aber das heißt nicht, daß der wertende Daltonismus des Neiders unheilbar wäre. Es ist nicht notwendig, die subjektiven Meinungsverschiedenheiten in der Einschätzung des Wertvollen auszuräumen, es genügt, der Neigung, sich zu ärgern, entgegenzuwirken, wenn es um Werte geht, die einem anderen gehören. Die rettende Gedankenchirurgie ist an der Präposition «des» vorzunehmen, am Genetiv. Ist es nicht absurd, sich neidisch über die Vorzüge eines Menschen zu grämen, und sich bewundernd ihrer zu freuen, sobald er tot ist. Dieses für die neidischen Völker und ihr Verhalten gegenüber ihren großen Männern typische Verhalten rückt die Lösung des Problems in volles Licht: Der Neider verschließt die Augen vor den Werten, solange sie einem anderen gehören. Warum freut sich der Leser über das Glück literarischer Figuren? Weil er sie für fiktiv hält, und das gestattet ihm, ihre Vorzüge objektiv zu sehen, ohne Unterlegenheiten im Glücksbereich daraus herzuleiten. Es ist ein Glück, das nicht zu einem konkreten «Du» gehört, die Kunst versetzt es in den Nominativ, und das kann auch der Verstand tun. Man muß die Wertschätzung des anderen pflegen. Von Kindheit an muß man das Interesse, die Achtung und die Freude an allen Leistungen der übrigen anregen. Wer sich an den Vorzügen anderer freut, wird niemals neidisch sein.

Die Solidarität der Gattung

Die biologische Entwicklung des homo sapiens vollzieht sich seit Zehntausenden von Jahren praktisch unmerklich. Die kulturelle Entwicklung hingegen war erheblich, und auf einigen Gebieten, wie der Wissenschaft und der Technologie, war sie während der letzten hundert Jahre außergewöhnlich, ja abgründig. Charakteristisch für die kulturelle Entwicklung ist, daß nicht der Gencode sich verändert, sondern die Umwelt. Die Bereicherung der Umwelt vervollständigt das menschliche Leben. Der Schatz an mitunter gefährlichem Wissen, an Kunst, an Infrastruktur, an Produktionsmitteln vervielfältigt sich, und jede Generation rechnet mit einer besseren und reichlicheren Ausstattung. Die Protagonisten dieses Prozesses von Erfindung und Ansammlung sind nicht die Verbraucher. Das aktive Subjekt der menschlichen Entwicklung ist die überlegene Minderheit. Ohne einen Sokrates oder Aristoteles, um wie viele Jahrhunderte wäre die kulturelle Entwicklung zurück? Der Neid minderer Geister verurteilte den ersten zum Tode, und der zweite mußte auswandern, um, wenn schon nicht den Mut, so doch die Philosophie zu retten. Der Neid hat durch ein Kappen hervorragender Persönlichkeiten mehr Rückschritt bewirkt als die Eiszeiten.

An dem Tage, an dem dieses zerstörerische Gefühl aus der menschlichen Seele getilgt wäre, würde sich der Ablauf der

Geschichte wunderbar beschleunigen, als wäre sie der Umklammerung eines Gravitationsfeldes entronnen. Die Ansicht des Neiders ist von hartnäckiger Kurzsichtigkeit, weil sie das Beobachtungsfeld auf eine ungünstige Zweierbeziehung beschränkt und nicht fähig ist, sich zur Betrachtung des fruchtbringenden Ganzen aufzuschwingen. Die Gesellschaften sind je neidischer, desto weniger solidarisch, und erfolgreich und um so ärmer. Auch hier handelt es sich um einen circulus vitiosus: Die Armseligkeit ist dem Neid förderlich, und der Neid erzeugt Mangel. Man muß das Bewußtsein stärken, daß eine tatsächliche Gemeinsamkeit zwischen den partiell Überlegenen und den partiell Unterlegenen besteht, und sich dazu beglückwünschen, daß in unserm Umkreis edle Geister auftreten, denn ihre Werke bereichern alle. Der Kult alles Wertvollen ist ein weiteres Gegengift wider den Neid. Das düstere Gefühl verflüchtigt sich, wird der kurzsichtige und verhängnisvolle persönliche Blickwinkel aufgegeben, und der Blick erhebt sich zum gemeinsamen Horizont, weil sich dann bestätigt, daß der egozentrischste der geistigen Ausnahmemenschen sogar unfreiwillig eine altruistische Aufgabe erfüllt. Man muß bereit sein, das Genie bei seinem Erscheinen mit Bewunderung aufsteigen zu lassen und es nicht unter Neidgefühlen zu begraben.

Die Sympathie

Der Neid ist ein «Gegeneinander-Fühlen», und sein Gegenmittel ist intensive Gefühlstätigkeit, die Sympathie oder das «Miteinander-Fühlen». Anteilnehmen ist nicht in seinem wörtlichen Sinne zu verstehen wie Hassen mit dem, der haßt, oder sich ängstigen mit dem, der sich ängstigt, sondern im Sinne von Beteiligtsein, wenn auch weniger intensiv, an Freud und Leid des Nächsten. Es bedeutet «Mitfühlen» mit dem, der leidet, und sich «Mitfreuen» mit dem, der Grund zur Freude hat. Das Mitgefühl bedeutet eine anfängliche Ansteckung mit dem Schmerz, die sich bald in Befriedigung darüber verwandelt, den anderen zu lieben, zu trösten und ihm zu helfen. Die mitfühlende Anteilnahme ist kein dauernder Schmerzzustand. Und offensichtlich bedeutet die sich mitfreuende Anteilnahme Freude an fremdem Glück: eine angenehme Empfindung, die zum eigenen Glück hinzukommt. Diese beiden grundlegenden Formen der Sympathie sind sehr viel natürlicher, spontaner und einfacher als einige Formen der «Antipathie» wie der Neid, den seine Intellektualität, Künstlichkeit und Kompliziertheit kennzeichnen. Die fremden Gefühle sind logisch nicht erfaßbar, aber zumindest ihr Anzeichen: Vergnügen oder Mißvergnügen, ist durch Geste oder Wort mitteilbar. Die fremden Gefühle sind «mitfühlbar», wenn auch nicht verstehbar. Wer sich also darüber freut, daß die andern sich freuen, wird niemals neiden. Die sich mitfreuende Sympathie löscht den Neid aus. Und die Liebe? Die absolut Liebenden teilen alles miteinander und bilden ein zusammenhängendes Gefühlssystem. Wenn es keine Dualität gibt, gibt es keine Vergleiche und keine Konkurrenz, und der Neid findet keinen Raum. Aber diese Fülle der Liebe ist eine ideale Grenzsituation, der die wirklichen Liebenden sich annähern. Weil er glaubte, daß diese endgültige Einheit in dieser Welt unerreichbar sei, sagte Mallarmé, die Liebe sei «das Unglück, zwei zu sein». Die Liebe ist Übergang zu der erträumten Verschmelzung, sie nimmt dem Neid nicht alle Kraft, wenn auch einige Platoniker sich das Gegenteil vorgestellt haben. Der besitzergreifende Liebende kann diejenigen Zellen des Glückes neiden, die allein dem Geliebten gehören, und kann es mit größerer Heftigkeit tun als irgendwer sonst. In solchem Verhalten finden sich Spuren einer anderen angrenzenden Empfindung, der Eifersucht. Der Neid ist Kummer über fremdes Glück und die Eifersucht Sorge, daß jemand das Monopol an dem, was uns glücklich macht, bedroht. Der Neider will dem anderen etwas wegnehmen, und der Eifersüchtige fühlt sich eines Menschen beraubt, der ihm gehört. Der Neid unter Liebenden ist von Eifersucht durchsetzt, weil er von der Überzeugung ausgeht, daß das ganze Glück des anderen nicht geteilt wird, und daß da etwas ist, das uns gehört und das man uns schuldet. Das wirkliche Mittel gegen den Neid ist nicht notwendigerweise die Liebe, sondern etwas ihr vorhergehendes, die Sympathie. Auch die Barmherzigkeit ist es, oder die Liebe zu Gott, weil der auf das Absolute gegründete Altruismus keine Bedingungen stellt, noch Grenzen zieht: Man liebt den Nächsten in jedem Falle und ohne Gegenleistung. Die Nächstenliebe, die eine transzendentale Sympathie ist, ist mit dem Neid unvereinbar und macht ihn in der Wurzel unmöglich.

Neben der Überwindung durch Veränderungen im Subjekt gibt es das Erlöschen infolge Verschwinden des Objektes. Der Neid erlischt, wenn der Beneidete im Sinn des Neiders nicht mehr gegenwärtig ist, weil er gestorben ist, er ihn vergessen oder ersetzt hat. Dies letzte ist ungewöhnlich, da man unendlich viele Personen gleichzeitig beneiden kann und es nicht wahr ist, daß größerer Neid kleineren vertreibt. Gewöhnlich erlischt er, wenn der Neider zu dem Schluß gelangt, daß der Beneidete nicht länger glücklicher ist als er. In dem Augenblick, in dem der Vergleich des Glückes die eigene Überlegenheit enthüllt, verliert der Neid seine ihn stützende Begründung und verschwindet. Niemand beneidet den Unglücklichen oder weniger glücklichen. Dante verurteilte die Neider zur Hölle, ging aber davon aus, daß sie sich dort nicht länger beneiden würden.

DER SPANISCHE NEID

Dem Sprichwort zufolge ist der Neid die Hauptsünde der Spanier. In seiner «Epistola Apologetica» (Verteidigungsschrift) behauptete Ibn Hazm von Cordoba in der zweiten Hälfte des 11. Jahrhunderts: «Mit im Vergleich zu jedem anderen Land doppelter Feindseligkeit empfinden die Spanier Neid auf den Gelehrten, der unter ihnen geboren wird, unterbewerten, was immer er tun mag, kritisieren seine Erfolge und empören sich über seine Irrtümer.» Dasselbe geschah mit den Heerführern. Das Leben des Cid war umdüstert, weil «sie viel Neid auf ihn hatten und ihm übelwollten und ihn mit dem König entzweiten», das heißt, die eifersüchtigen Intriganten oder «Kornmischer» steckten Alfons VI mit ihrem Gift an, so daß er den Campeador verbannte. Selbst die Herrscher waren neidisch. Dies wurde um das Jahr 1140 geschrieben.

Gracián, der den Neid die «spanische Bosheit» nannte, empfahl 1539 am Schluß seines ersten Buches: «Ist der Held auch vor dem Ostrazismus Athens sicher, läuft er Gefahr vom Kritizismus Spaniens. Es gibt Ansichten von metaphysischer Vergiftetheit, die spitzfindig die Dinge zu verändern, Vollkommenes schlecht zu machen und gerechtestem Bemühen finstere Deutung zu geben wissen. Drum mag es eine politische List sein, sich irgendeinen läßlichen Fehltritt zu erlauben, der den Neid einschläfert.» So lieferte er seinen Landsleuten ein geniales Rezept zur Ablenkung der Hornstöße des nationalen Lasters.

Und Masdeu schreibt im anspruchsvollsten Abschnitt seiner «Historia critica» (1783); (Kritische Geschichte): «Die eigene Ruhmesliebe pflegt vom Neid auf fremden Ruhm begleitet zu sein. Ich gestehe, daß diese Leidenschaft in Spanien herrscht, aber ihr schlechter Einfluß pflegt sich nicht über die Nation hinaus auszuwirken. Der Spanier freut sich am Ruhm des Ausländers, und gleichzeitig quält ihn ein gewisser Kummer und Verdruß über die Ruhmestaten des Landsmannes. Eine Art extravaganten und dem anderer Nationen entgegengesetzten Neides, der Spanien viele Male nicht geringen Schaden zugefügt hat bei seinen militärischen und literarischen Unternehmungen. Und er verdeutlicht den Ursprung dieser Leidenschaft: «Ich sehe schon, daß sowohl diese Großmut wie jener Neid Austriebe des Hochmuts sind.» Und in der dichten Schlußbemerkung fällt er das Urteil: «Es herrscht in ihnen die Ruhmesliebe, der Hochmut und der Neid.»

An anderer Stelle wiederholte der Pyrenäer die Diagnose. In den «Persischen Briefen» (1721) beglückwünschte sich Montesquieu, «daß die Spanier sich untereinander zerstörten». Und noch in der zweiten Hälfte des vorigen Jahrhunderts bemerkte Stuart Mill in seinen Betrachtungen über die Regierung (Considerations on government): «Die Spanier verfolgen mit Neid alle ihre großen Männer, verbittern ihnen das Leben, und im allgemeinen gelingt es ihnen, ihre Triumphe bald zu stoppen.»

Bald darauf bestätigt Melendez Pidal, ein Kenner unserer Vergangenheit, in der großartigsten und umfassendsten seiner Untersuchungen die Tatsache endgültig: «Jede Lebensgeschichte eines bedeutenden Spaniers muß sich mit den Quertreibereien des Neides befassen.» In seinem Essay über die Psychologie der europäischen Völker diagnostiziert Madariaga: «Das spanische Volk ist neidisch, der Neid ist sein besonderer Fehler.»[*] Und Marañon, scharfsinniger Erforscher unseres Nationalcharakters, diagnostiziert: «Der Neid, den ein jeder, der triumphiert im Ruhme verborgen findet, ist in Spanien mehr als eine Stechfliege, die sticht, er ist ein Ungeheuer, das verschlingt. Noch ist der fahrende Ritter nicht geboren, der Spanien von dieser Teufelei befreit.» Aber sind nur herausragende Gestalten Opfer dieser heimtückischen Aggression? Der ungestüme Unamuno, dem Euphemismus so unzugänglich wie der Zweideutigkeit, führte den Gedanken bis zur äußersten Grenze durch und in einem Essay über den Neid bezeichnete er ihn als «Ferment des spanischen Gesellschaftslebens» und als «nationalen Aussatz». Sein

* Madariaga, Salvador de, Ingleses, franceses, españoles, Buenos Aires 1927, 4a ed. Madrid 1934, S. 70.

Eingeständnis war vollständig: «Wir sind tatsächlich ein paar Neider.» Der volkstümliche Anstrich des Madrider Hofes, vor allem seit dem 18. Jahrhundert, ist ein deutliches Beispiel. Es ist das, was die Kritiker Ferdinands VII. seine «Canaillisierung» nannten, die zweifellos einer der Gründe seiner Popularität war. Und auf entsprechender Linie liegt die Burschikosität des «jungen Herrn», ein wohlbedachtes Mittel, um die Distinguiertheit mit Vorstadtsitten zu kaschieren. Lang wäre die Liste spanischer Besonderheiten und Eigentümlichkeiten, die Erwiderung auf den massiven Ansturm des Neides sind.

Was sind die ortsbedingten Ursachen der nationalen Neidseuche? Vielleicht die Armut? Praktisch bis zur zweiten Hälfte des 20. Jahrhunderts, der Zeit, zu der sich glücklicherweise eine breite Mittelklasse bildet, hat die Mehrzahl der Spanier einen in absoluten Begriffen, und selbstverständlich im Vergleich zu anderen europäischen Völkern, niedrigen Lebensstandard gehabt. Die übriggebliebenen Bauernhütten sind beredtes Zeugnis. Sogar die Oberschicht lebte in Bedürfnislosigkeit. Der Luxus war fast ausnahmslos der Kirche vorbehalten. Ein paar eingelegte Kommoden sind fast das einzige, das uns vom angeblichen adeligen Prunk der Kaiserzeit erhalten ist. Der Niveauunterschied zwischen dem Ambiente des kastilischen Adels und dem des einfachen mitteleuropäischen Bürgertums – des flämischen zum Beispiel – ist tief- und weitgehend. Zweifellos macht Mangel für den Neid anfällig, aber außer unter extremen Umständen ist er nicht der auslösende Faktor. Die allgemeine Soziologie läßt keine verhältnismäßig unmittelbare Beziehung zwischen Armut und Neid erkennen und die besondere ebensowenig. Es waren nicht die ärmsten Gegenden der Halbinsel, wie Estremadura, die neidischsten, ganz im Gegenteil. Und in Hispanoamerika war und ist der vorwiegende Gemützustand unter den Urbevölkerungen nicht der Neid, sondern die Willensschwäche. Die jahrhundertelange nationale Armut würde den Abenteuergeist, den Senequismus der einen und den Kult des Äußeren der anderen, und vor allem die Gaunerei erklären, nicht aber den Neid.

Ist die Ursache eine übermäßige Last von Unglück, mit anderen Worten der Abstand zwischen dem Gewünschten und dem Besessenen, aber nicht der Not, sondern des Anspruchs halber? Man hat gesagt, daß das spanische Volk «zuviel gewollt hat», und das bezeugt zum Beispiel die Gegenreformation. Aber das rechtfertigte eine kollektive Frustration, nicht aber den persönli-

chen Neid. Beansprucht der Spanier zuviele Dinge? Eher umgekehrt. Der wirtschaftliche und technische Rückstand war teilweise Folge des Hochmuts. Und der kürzliche Ausbruch von
Besitzgier hat die wirtschaftliche Entwicklung angeregt, aber
nicht eben den Neid. Es gibt nichtsdestoweniger einen Bereich,
in dem der Spanier zuviel verlangt. Wenn andere Leute gewöhnlich danach streben, mehr zu haben, in Spanien wollen sie
«mehr sein». Daher haben sie immer die Macht dem Besitz
vorgezogen. Das Glücksvakuum des Spaniers ist eher innerlich
und persönlich als durch Lebensumstände und Besitz bestimmt,
und darum ist es tiefgehender, dauerhafter und unerträglicher.
Den spanischen Neid erklärt nicht so sehr die Armut als der
Stolz, diese Leidenschaft, zu der ein unüberwindlicher Widerstand gehört, sich irgend jemandem unterlegen zu bekennen.
Sich für weniger glücklich als den Nächsten zu halten, bedeutet
für den Spanier ein tiefes Mißbehagen: Es ist nicht «weniger
haben», es ist «weniger sein». Es handelt sich um einen existentiellen Neid, nicht allein erregt durch das, was der andere besitzt, sondern, was er ist. Der radikale Schmerz, daß der andere
mehr ist, wird nicht besänftigt, indem man ihm seinen Besitz
wegnimmt, sondern indem man ihn demütigt. Und es ist unmöglich, sich durch das Eingeständnis zu befreien, denn sich
unterlegen erklären wäre eine zusätzliche Demütigung, die den
Stolz doppelt verletzte. Es ist also ein besonders radikaler und
zählebiger Neid.
Der Neider hört nicht auf, einer zu sein, weil er Wohltaten
empfängt. Im Gegenteil, die Freundlichkeiten pflegen den Neid
zu erhalten und noch radikaler werden zu lassen. Der Undank
ist unzertrennlicher Begleiter des Neides, des kollektiven wie
des individuellen. Der Spanier neigt dazu zu glauben, daß das,
was er erhält, ihm zusteht, und daß jenes, das man ihm nicht
gibt, man ihm stiehlt. Dic Dankbarkeit verlangt eine gewisse
Bescheidenheit, mit andren Worten die Überzeugung, daß man
kein Recht auf alles hat und man viele Güter dank der überlegenen Fähigkeit und der Großmut der übrigen erhält. Auch erfordert sie Gelassenheit bei der Selbsteinschätzung und objektive
Beurteilung der Lage. Aber der Spanier ist stolz und leidenschaftlich und daher im allgemeinen undankbar.
Der individuelle Undank ist eine Form der Ungerechtigkeit und
der kollektive eine gesellschaftliche Anomalie mit sehr negativen Konsequenzen. Ein undankbares Volk leidet gewöhnlich

unter den Regenten, die es verdient, das heißt solchen, die sich seiner bedienen, anstatt ihm zu dienen. Aber außerdem hat es ein schlechtes und irriges Geschichtsbewußtsein: ein gewisses Schuldgefühl verbindet sich mit dem Fehler, die Vergangenheit unterzubewerten. Wenn eine Nation ihre Geschichte ist, ist die liebevolle Beschäftigung mit dem Früher der Ruhm der Gegenwart und Ansporn für die Zukunft. Das Gestern hingegen mißachten oder pauschal herabsetzen ist die Wurzel des kollektiven Minderwertigkeitskomplexes, des vielleicht schwersten geistigen Gebrechens einer Nation.

Die Spanier haben die kurze Reihe ihrer erfolgreichen Herrscher zum bevorzugten Objekt ihres Undankes im Leben und noch nach ihrem Tode gemacht: Ferdinand der Katholische, Cisneros oder Karl V., um ein klassisches Beispiel anzuführen. Die Demagogen oder Züchter irgendeines niedrigen Gefühls hingegen haben gewisse Kreise in Mythen zu verwandeln vermocht. Das ist der Fall Riegos, der den Verlust des Imperiums vollendete. Der Neid drängt nicht nur zum Undank gegenüber den Besten, sondern zur Verteidigung der Mittelmäßigen und der Schlechten. Das folgende ist eine Maxime von Chateaubriand, mit der er die Quintessenz seiner politischen Erfahrung zog: «Der Mittelmäßige erregt keinerlei Eifersucht und hat daher nicht nur alle Vorteile, seinen Posten zu behalten, sondern verfügt außerdem über einen bemerkenswerten Vorzug: Er schließt die Fähigeren von der Macht aus. Der Abgeordnete der Dummen schmeichelt zwei dem menschlichen Herzen innewohnenden Leidenschaften, dem Ehrgeiz und dem Neid.» Die Nadelstiche oder der Ostrazismus gegen den Hervorragenden und das Lob des Mittelmäßigen, so charakteristisch für das spanische Zusammenleben, sind die Symptome einer hohen Ebene kollektiven Neides.

Die maßgebliche Rolle in der Geschichte gehört den Einzelmenschen und nicht den Massen. Die Wenigen tun für die Gruppe und die Spezies mehr als Millionen Mittelmäßiger. Spanien wuchs, wenn große Männer es geführt haben, und wenn nicht, verfiel die Nation. Das Volk, das in einem der düsteren Abschnitte im Leben der Nation der sogenannten Farce von Avila beiwohnte, war dasselbe, das wenig später die Reconquista vollendete und das amerikanische Unternehmen begann. Was gewechselt hatte, war die Führungsschicht: Die katholischen Könige und ihre nach Leistung ausgewählten Mitarbeiter hatten Heinrich IV. und seine verdorbene Kamarilla ersetzt. Und die

Tatsache hat sich im Laufe der Jahrhunderte wiederholt. Im spanischen Volk sind keine plötzlichen genetischen Veränderungen vorgegangen, es gab eine gute und eine schlechte Methode, die Führungsschicht auszuwählen.

Der Neid ist der Gemütszustand, der am stärksten die Förderung, die Anerkennung und die Nutzung des überlegenen Menschen behindert. Der Neid ist darum bemüht, daß es diese Art Mensch nicht gibt, taucht sie trotzdem auf, setzt er sie herab, und wenn sie desungeachtet sich auszeichnet, wertet er sie ab.

Das vorherrschende spanische Laster hat die Förderung, die Ausbildung und die Nutzung der Besten erschwert und praktisch unmöglich gemacht, wenn der Neid sich auf den obersten Sprossen der Staatsgewalt einnistete, denn die Neider bevorzugen die Geringsten, um sich überlegen zu fühlen. Das ist der Fall Ferdinands VII.

Der Neid hat als Verkleinerer aller unserer Ausnahmegestalten letztlich als schwerer Ballast für den geschichtlichen Rhythmus der Nation gewirkt. Die spanische Vergangenheit teilt sich in aufwärtsführende Momente des Wetteifers wie das 16. Jahrhundert und in dekadente Abschnitte des Neides wie das 19. Jahrhundert. Die Voraussage der spanischen Zyklen ist nicht schwierig: wenn die Mechanismen der Auswahl durch den Neid beherrscht werden und das gleichmacherische Ressentiment, wird es Rückschritt geben, und wenn der schöpferische einstufende Wettbewerb überwiegt, schreiten wir fort. Der Neid ist eine gesellschaftswidrige Krankheit, selbst in den diszipliniertesten und gemeinschaftsbewußtesten Ländern, aber im stolzen und individualistischen Spanien ist er das schlimmste politische Übel. Es bekämpfen ist keine Frage der Hygiene, sondern des Überlebens.

ZUSAMMENFASSUNG

Der Neid ist das Mißbehagen, das angesichts fremden, überlegenen, begehrten, unerreichbaren und unverarbeiteten Glückes empfunden wird. Ursache des Neides ist nicht der Wille zur Macht noch die Begrenztheit der Güter, es ist das auf einen komplizierten Gedankengang gestützte Unbefriedigtsein. Der geschichtliche Ursprung des Neides liegt vielleicht im Überlebenstrieb der Nichtjäger des primitiven Stammes. Es gibt den existentiellen, den gesellschaftlichen und den Besitzneid, die dem Stolz, dem Streben nach Herrschaft und der Habgier entspringen; auch gibt es den individuellen und den geteilten Neid. Der Neider achtet die Werte, aber es schmerzt ihn, daß ein anderer sie besitzt und sie ihn glücklicher machen. Der im Ressentiment Befangene hingegen geht soweit, die Werte zu negieren und sie sogar als Unwerte anzusehen.

Der Neid ist die einzige Hauptsünde, die keiner eingesteht, damit er besser gegen den Beneideten manövrieren kann und um sich selbst zu täuschen, denn der Mensch besitzt ein spontanes Gefühl dafür, daß es eine bösartige Empfindung ist. Der Neider verbirgt seinen Affekt mit einer Unzahl von Verschleierungstaktiken. Die Überkritik, die Diffamierung und die Verleumdung sind Rezepte, um den Beneideten herabzusetzen, und das Totschweigen ist eine Methode, um ihn gesellschaftlich zu eliminieren. Diese negative Gewohnheit verursacht schließlich geistige Farbenblindheit und Kurzsichtigkeit.

Der Neid ist eine Empfindung aller Zeiten und Räume. Diese Universalität läßt sich nicht mit einem angeborenen Instinkt erklären, sondern damit, daß der Mensch durch Vergleiche erkennt und sich daher eine Vorstellung von sich selber macht, indem er sich mit anderen vergleicht und sich gezwungenermaßen vielen in vielerlei Hinsicht unterlegen fühlen muß.

Geneidet wird nur das zuvor Bekannte, das gewöhnlich das Nächstliegende ist, aber es nicht notwendigerweise sein muß. Es kann auch das Glück einer fernstehenden Person aufgrund einer wirklichen oder fiktiven Beschreibung geneidet werden. Die Übermittler beneidenswürdiger und die Empfindung schürender Bilder liefern ihren Kunden einen vorgefertigten Neid, so z. B. die demagogischen Medien.

Der Neid ist keine Empfindung, die relativ reflexartig durch einen Sinneseindruck ausgelöst wird, sondern durch den Gedankengang selbst, der den Neid herbeiführt. Er ist eine zuinnerst selbststrafende Empfindung. Der Neider straft sich notwendiger- und unfreiwilligerweise selbst. Neiden macht kein Vergnügen. Der Neid erfüllt keinerlei nützliche Funktion im Haushalt des Lebens. Er verschafft kein Wohlgefühl, sondern Mißbehagen, er liefert keine genaue, sondern entstellte Informationen über die Umwelt und veranlaßt nicht zu nützlichen und angemessenen Reaktionen, sondern zu negativem Verhalten. Der Neid ist nicht die Triebkraft der Soziabilität, er trennt und isoliert. Kaum taugt er zur gegenseitigen Kontrolle der Glieder eines Gemeinwesens. Auch ist er keine unmittelbar der Gerechtigkeit dienende Regung, denn seine Gleichmacherei ist nicht altruistisch und gerecht, sondern egoistisch und mißgünstig. Der komplexe, zum Neid gehörige Denkvorgang besteht aus einer Reihe hypothetischer, unwahrscheinlicher oder falscher Urteile und einigen verkehrten Folgerungen. Das Neidgefühl ist mit einer Reihe von Tatsachen-, Beurteilungs- und Denkfehlern verbunden. Eine genaue Analyse des geistigen Korrelats des Neides beraubt ihn der Grundlage.

Obgleich der Neid gesellschaftsfeindlich ist, kann er als Bindemittel der Neider gegen die Beneideten gebraucht werden. Solche Bedürfnisse bilden sich nicht spontan und werden durch Demagogen zustandegebracht, die die Unterlegenheit einiger Gruppen gegenüber anderen betonen, sie als unbillig bezeichnen und gleichmacherische Utopien versprechen. Eine ad-hoc-Auslegung der Verteilungsgerechtigkeit dient als Pseudolegitimation für derartige gesellschaftliche Bewegungen. Wenn die Anführer der Neider an die Macht gelangen, betreiben sie eine Enteignungspolitik in Gestalt von Verstaatlichungen, progressiven oder diskriminierenden Steuern und führen offizielle Ideologien ein, um Gleichheit des Denkens herzustellen. Die gleichmacherischen Programme sind mit der Freiheit unvereinbar und erfordern zunehmend wirtschaftlichen Interventionismus, Hypertrophie der Bürokratie und letzten Endes totalitäre Methoden. Alsdann wird die gleichmacherische Utopie nicht verwirklicht, und es erscheint eine neue Klasse, die die politische und wirtschaftliche Macht monopolisiert und damit eine größere Überlegenheit erlangt als irgendeine andere unter liberalen Voraussetzungen, und schließlich erneuert sich die unausweichliche Dialektik des Neides innerhalb der führenden Schicht – man denke an die Säuberungen – und auf den übrigen gesellschaftlichen Ebenen.

In ihrer ungeheuren Mehrheit trachten die Menschen, nicht beneidet zu werden, weil sie die Feindseligkeit des Neiders fürchten. Einige suchen ihr Heil in der Flucht, das heißt in der Isolierung, und deshalb erweitern und verschanzen sie den Bereich ihrer «Intimität». Andere tun so, als wären sie gar nicht oder wenig glücklich. Und es gibt welche, die sich demütigen und die Neider um Verzeihung bitten. Die Gruppen schließen sich in ihren Mitgliedern vorbehaltenen Bezirken ab, anstatt zu fliehen, und nehmen auch gelegentlich ihre Zuflucht zur Verstellung. Die Höflichkeit läßt sich nicht als ein System von Bräuchen zur Entwaffnung der Neider erklären, obgleich sie, soweit sie die gesellschaftlichen Beziehungen geschmeidig hält, einige neidische Reaktionen entmutigen kann. Auch wird der Neider nicht durch die Freundlichkeiten besänftigt, die ihm der Beneidete erweist.

Nicht jede Unterlegenheit im Glück gibt Anlaß zum Neid, und das beweist, daß die Empfindung zu überwinden ist. Ein Mittel ist der Wetteifer, der darin besteht, sich nicht über fremdes Glück zu grämen, sondern zu versuchen, ihm gleichzukommen. Ein anderes ist, sich beruflich zu spezialisieren und bestimmte Unterlegenheiten mit Überlegenheit in der persönlich erwählten Tätigkeit nach dem Ideal des wohlgetanen Werkes zu kompensieren.

Die Werte verlieren nicht dadurch ihren Wert, daß sie anderen gehören, sie sind immer wertvoll. Wenn die Einsicht sich diesem wahren Urteil anschließt, wird die mittelbare Freude am Fremden möglich, und der Neid verliert die ihn tragende Säule. Die überlegenen Menschen sind gewöhnlich die schöpferischsten, und jede menschliche Schöpfung ist Gut der Allgemeinheit, weil sie den Besitz der Menschheit bereichert. Im selben Maße, in dem der Neid die Besten hemmt, macht er alle ärmer. Ein vernünftiger «Egoismus» spornt die Hochbegabten an. Von der tatsächlichen Zusammengehörigkeit des Menschengeschlechts überzeugt sein ist eine Sicherung gegen den Neid.

Der Stolz macht, daß der Neid unter den Hispaniern verbreiteter und tiefgehender ist als bei anderen Völkern.

Kurz, der Neid ist eine allgemeine Schmerzempfindung, tiefgehend und steril, aber er ist eine der wenigen, die sich vollkommen beseitigen läßt. An ihm leidet man aus bloßer geistiger Kurzsichtigkeit, und eine intelligente Erziehungsarbeit kann ihn heilen, sogar in Spanien.

Der Tod führt einen Menschen von Fortuna und Invidia, den
Personifikationen von Glück und Neid, fort.

DIE SCHÖPFERISCHE UNGLEICHHEIT

In den beiden großartigsten nichtreligiösen Tempeln des Abendlandes, dem dorischen Lincoln geweihten und dem jonischen Jefferson gewidmeten, findet sich in Marmor gemeißelt ein Weihespruch, der einem Vers der Genesis entnommen scheint: «All men are created equal.» Die gleichen Worte erscheinen am Anfang der Unabhängigkeitserklärung der Vereinigten Staaten von 1776. Und von dort gelangten sie in die Magna Charta des modernen Zusammenlebens: Die Erklärung der Menschenrechte von 1793: «Tous les hommes sont égaux pour la nature». Seitdem haben die Verfassungen und die politischen Prediger nicht abgelassen, dieses Dogma zu verkünden. Dieses Dogma indes ist falsch und unfruchtbar. Die Wahrheit ist, daß alle Menschen ungleich geboren werden und daß die Gesellschaft versucht, sie einander gleichzumachen durch Sitten und Gebräuche. Die Ungleichheit ist unzertrennliche Begleiterin der Natur und der Freiheit, und es gibt keine Gleichheit ohne Willkür und Zwang.

EINFÜHRUNG

Die Gleichheit unter den Menschen ist eine uralte Illusion, die wie die universelle des Glückes überall auftritt, aber besonders in der abendländischen Kultur. Ihre drei entscheidenden Momente sind das Christentum, der Demoliberalismus und der Sozialismus, entsprechend dem religiösen, politischen und wirtschaftlichen Egalitarismus.

Die Antike ist eine Welt der Territorialgottheiten. Jedes Volk hat die seinen, die manchmal Verklärung geschichtlicher Helden oder Vergeistigungen der Nation sind. Der religiöse Regionalismus ist nicht auf die Landesgrenzen beschränkt: Es gibt örtliche, Stammes- und Familiengottheiten und vielfältige dörfliche Verehrungsformen der höheren Götter. Als erstes wurde die Theologie vergemeinschaftlicht, vielleicht, weil der irdische Besitz so armselig war, daß es nur einen denkbaren Schatz gab, den himmlischen. Obschon alle wünschten, daß ihr Gott der mächtigste wäre, hing die Chance irdischen und überirdischen Schutzes vom Ausgang der olympischen Rivalitäten ab. Einige Völker hielten sich für von der Gottheit bevorzugt und weit davon entfernt, sie mit den übrigen zu teilen, machten sie sie zum Bannerträger ihrer auswärtigen Kriege.

Und ausgerechnet in Israel, dem Kollektivsubjekt eines jahrtausendealten Nationalglaubens, war es, wo Paulus aus Tarsus den religiösen Egalitarismus lehrte: ein Gott aller und für alle. Das zuvor auserwählte Volk ist jetzt schuldbeladen, und die anderen, die früher geächteten Heiden, sind jetzt die berufenen. Mit bezeichnender Wiederholung nennt Paulus sich «Apostel der Heiden» und «Gesandter Christi bei den Heiden». Und im persönlichsten seiner Briefe schreibt er an Thimotheus: «Dazu ich gesetzt bin als Prediger und Apostel (ich sage die Wahrheit in Christo und lüge nicht) als Lehrer der Heiden im Glauben und in der Wahrheit» (I. Tim., 1,7). Getreu der aller Welt zu predigenden Botschaft des Evangeliums und allergetreust dem persönlichen Auftrag, die Juden und insbesondere die übrigen «Völker» zu unterweisen, erklärt er am Anfang des entscheidenden Römerbriefes: «Ich bin Schuldner der Griechen und der Ungriechen», das heißt der zwei Kulturkreise des Heidentums. Gegenüber dem nationalistischen Messianismus und dem theokratischen Kastengeist verbreitet Paulus seine revolutionäre Botschaft: «Oder ist Gott allein der Juden Gott? Ist er nicht auch der Heiden Gott? Ja, freilich auch der Heiden Gott. Sintemal es ist ein einiger Gott» (Röm., III-29). Dieser Egalitarismus war vernünftig, denn wenn Gott die Liebe ist, kann man ihn nicht als Freund eines Volkes und Feind der übrigen verstehen, er war schön, weil er die Menschheit im Gottesdienst, in den Sitten und in der Hoffnung zu Brüdern machte, und er war möglich, weil er nicht in weltlicher Stellung gleichstellte, sondern vor dem Gesetz Gottes und in himmlischen Chancen. Dieser religiöse Egalitarismus verbreitete sich zunächst im Imperium und dann darüber hinaus.

In der mittelalterlichen Welt und der beginnenden Neuzeit besteht ein Familienmonopol an der politischen Macht. Die königlichen Dynastien besitzen die Staatsgewalt und übertragen sie untereinander wie einen Grundbesitz. Niemand anderen Blutes kann rechtmäßig nach der Krone streben. Der Adel ist ein weiterer abgeschlossener Lebenskreis, der sich mit dem Klerus die verbleibenden Machtpositionen teilt. Und die Bürgerlichen haben von der Wirtschaft her Zugang zu bestimmten Teilbereichen der Autorität, die sie zum dauernden Besitz ihrer Erben zu machen suchen. Es gibt sogar eine Vererbung der Handwerksberufe und eine von den Zünften gewährleistete Adoption. Nicht alle können Könige sein, oder Grafen, Kaufleute, nicht einmal Schmiede. Man wird in einer kaum überwindlichen arbeitsmäßigen Ungleichheit geboren. Jeder hat eine bessere oder schlechtere Chance. Vom Mutterleibe her ist man ungleich an gesellschaftlicher Stellung und Macht. Locke und Rousseau bieten diesen Verhältnissen die Stirn und formulieren den politischen Egalitarismus. John Locke zufolge sind die Menschen «von Natur gleich» und verharren in diesem Zustand bis sie «einwilligen, Mitglieder eines politischen Gemeinwesens zu werden». Dann werden die politischen Entscheidungen mit Mehrheit getroffen, da die höhere Zahl der vorherrschenden Kraft (greater force) des gesellschaftlichen Körpers entspricht. Kurz, jeder Bürger besitzt ein dem der anderen gleichwertiges Votum und die meisten überwiegen die wenigeren. Rousseau, der bei Locke schamlos abzuschreiben pflegt, unterscheidet zwischen der natürlichen oder physischen Ungleichheit und der moralischen oder politischen. Er duldet die erste, aber verdammt die zweite, die in den verschiedenen Privilegien besteht, die einige zum Nachteil von anderen genießen, wie reicher zu sein, höher entlohnt zu werden, mächtiger zu sein. An anderer Stelle zählt er mit größerer Genauigkeit die vier Dimensionen der gesellschaftlichen Ungleichheit auf: «Reichtümer, Adel oder Rang, Macht und persönliches Verdienst». Besteht eine wesentliche Beziehung zwischen der natürlichen und der politischen Ungleichheit? Die Fragestellung zielt auf den Kern des Problems. Aber Rousseau lehnt diese Möglichkeit ab, die er für eine Hypothese hält, wie sie Sklaven ihren Herren ablauschen.

Das ist ein demagogisches Ausweichen ohne Beweiskraft. Wenn die Menschen von Natur so gleich wären wie die Tiere einer Spezies, wie wäre es dann zu dem gegenwärtigen Zustand gekommen? Die politische Ungleichheit, die im Naturzustand fast null ist, verstärkt und vermehrt sich mit der Entwicklung der Fähigkeiten und des menschlichen Geistes, und schließlich wird sie durch die Begründung des Eigentums und der Gesetze verfestigt und legitimiert. «Kurz, es gibt die Gleichheit, die die Natur den Menschen gegeben hat, und die Ungleichheit, die sie gestiftet haben.» Wie ist, im Rahmen des Möglichen, das verlorene Paradies der Gleichheit zurückzuerlangen? Durch die Behauptung, daß kein Mensch natürliche Autorität über einen anderen besitzt, und die Gründung jeglicher Autorität auf den Gesellschaftsvertrag, den jeder Bürger in Ausübung der allen zu gleichen Teilen zustehenden politischen Gewalt unterzeichnet. Außer dem Gesellschaftsvertrag, der einstimmig unterschrieben werden muß, werden die übrigen Beschlüsse mit Mehrheit gefaßt. Der politische Egalitarismus behauptet die gleichmäßige und andauernde Verteilung der Macht unter allen Mitgliedern des Gemeinwesens. Man kommt politisch gleichberechtigt zur Welt, und diese Gleichheit ist unverzichtbar. Nach diesem Muster sind die modernen Demokratien erbaut, sehr verschieden von ihrer so manipulierten attischen Vorgängerin, denn in Athen besaß eine kleine Minderheit die Staatsgewalt über eine ungeheure Mehrheit von Ausländern und Sklaven. Der politische Egalitarismus der Aufklärung war vernünftig, insofern er die willkürliche genealogische Ausbeutung der Macht ablehnte, aber im übrigen pendelte er zwischen Fiktion und Utopie.

Die französische Revolution stellte die politische Gleichheit her, nicht aber die wirtschaftliche. Der Artikel 1 der Erklärung der Menschenrechte von 1789 sagte: «Die Menschen werden frei und gleichberechtigt geboren und bleiben es». Babœuf lehnte 1791 ab, was er die «nominelle, scholastisch grammatische und gesetzgeberische Gleichheit» nannte. Und Maréchal beschuldigte die Revolutionäre in seinem «Manifest der Gleichen» (1796) mit einer entsprechenden Formulierung: «Die Gleichheit war nichts anderes als eine schöne fruchtlose gesetzliche Fiktion». Was diese Menschen verlangten, war die «tatsächliche Gleichheit» oder «Gütergleichheit», die in der Verteilung von allem unter allen zu gleichen Teilen, einschließlich der Kenntnisse, besteht. Sie gingen soweit zu behaupten, daß «diejenigen, die mehr besitzen, als ihnen als ihre individuelle Quote zusteht, Diebstahl begehen». Dieses Modell mündete in den utopischen Kommunismus: Weder Reiche noch Arme, weder Mächtige noch Geringe, weder Herrschende noch Beherrschte. Das technische Verfahren war die Kollektivierung des Eigentums, die Abschaffung des Erbrechts und die Gleichstellung der Löhne. 1797 bestieg Babœuf wegen Verschwörung gegen das Direktorium das gleiche Schaffott wie Ludwig XXI.: Die Revolution verschlang sich selbst.

Der industrielle Kapitalismus schuf eine wachsende Minderheit von Eigentümern an Produktionsmitteln und eine Mehrheit von Lohnempfängern, die mit viel stärkerer Progression zunahm (Pauperismus).

Der Massenbeweger Marx, dessen Traum es gewesen ist, als ein Aristokrat geboren zu sein, erhob zum Range eines absoluten soziologischen Gesetzes, was ein Abschnitt des kapitalistischen Entwicklungsprozesses war, und versuchte dem utopischen Kommunismus seiner Vorläufer ein wissenschaftliches Gerüst zu geben. Um nicht mit Babœuf und seinen Epigonen assoziiert zu werden, lehnte Marx die gleichmacherische Demagogie ab, war aber im Grunde viel radikaler. Die marxistische Gleichheit ist nicht nur politisch und wirtschaftlich («Jedem nach seinen Bedürfnissen»), sie ist anthropologisch. Das Subjekt der kommunistischen Gesellschaft ist nicht das Individuum, sondern der Gattungsmensch. Hier die Texte: «Der Mensch ist ein Gattungswesen..., indem er sich zu sich selbst als der gegenwärtigen, lebendigen Gattung verhält», «als einem universellen Wesen, das sich zu der Gattung als seinem eigenen Wesen oder zu sich als Gattungswesen verhält» (Marx, Die ökonomisch-philosophischen Manuskripte von 1844). Es ist also ein fast metaphysischer Egalitarismus, durch den der Mensch sich in Gattung verwandelt, in einen universellen Begriff, und damit erreicht Marx die Besonderheit, die die Gedankendinge charakterisiert, die absolute Gleichheit. Die These stützt einen weiteren untergeordneten Egalitarismus, den der Arbeit. Es ist die Theorie von der «durchschnittlichen, einheitlichen und abstrakten Arbeit». Für Marx hängt der Wert einer Ware von der zu ihrer Herstellung notwendigen Menge Arbeit ab, aber nicht einer konkreten persönlichen Arbeit, sondern gleichförmiger abstrakter Arbeit, der eines Arbeiters «mit durchschnittlicher Geschicklichkeit und Kraft unter bestimmten gesellschaftlichen Gegebenheiten». Die Arbeit, die sich in etwas Statistisches und Anonymes verwandelt, erweist sich als vollständig in gleiche Teile teilbar. Das ist die Beseitigung der Unterschiede in der Arbeit. «Die gesamte Arbeitskraft einer Gesellschaft, die sich in den Werten der Warenwelt darstellt, gilt hier als eine und dieselbe menschliche Arbeitskraft, obgleich sie aus zahllosen individuellen Arbeitskräften besteht. Jede dieser individuellen Arbeitskräfte ist dieselbe menschliche Arbeitskraft wie die andere.» Diese «abstrakte» Arbeit entspricht dem «Gattungswesen». So wird erreicht, daß sowohl die Arbeiter wie ihre Anstrengungen untereinander austauschbar und gleich sind. In ihrem Endstadium wäre die kommunistische Gesellschaft die der vollkommenen Gleichheit der Subjekte – der Mensch als Gattungswesen – und die der vollkommenen Gleichheit ihrer Besitztümer: Alles ist anteilig oder kollektiv (die Staatsgewalt, das Kapital, die Arbeit und die Erträge). Der marxistische Egalitarismus ist trotz seiner Kundgebungen von Materialismus und Empirismus der wirklichkeitsfremdeste und metaphysischste von allen. Der Gattungsmensch und die abstrakte Arbeit sind zwei ausgeklügelte Gedankendinge. Marx verwechselt dauernd die der Wirklichkeit übergestülpten Ordnungen des Denkens mit der Wirklichkeit.

Die abendländische Zivilisation kennt also einen egalitären Willen, der erst religiös, dann politisch und schließlich wirtschaftlich ist, mit anderen Worten immer irdischer, wenn er auch im marxistischen System mit transzendentalen Mustern untermauert wird. Im Grunde sind die drei Dimensionen des Unterfangens auf Gleichheit im Glück gerichtet: gleiches Wohlergehen für alle. Es ist das eingewurzelte Streben des Menschen, glücklich zu sein, und letztendlich erstrebt man, daß ein jeder es so sehr wie die übrigen sei. In seiner Endphase bedeutet der Egalitarismus das Ende aller Privilegien und die Aufhebung der Unterschiede, einschließlich der subjektiven. Wenn Rousseau glaubt, daß alle Menschen gleich geboren werden, verlangt Marx, daß sie für immer gleich und damit gleich glücklich leben. Dem Anschein entgegen ist auch dieses letzte Bestreben nicht vernünftig, denn das Glück ist kein objektiver, sondern subjektiver Zustand, der nur zum Teil durch die äußeren Umstände bedingt ist. Und die in die Wirklichkeit versetzten Ordnungen à la Marx usurpieren das Leben, während das Denken, statt seinen wahren Aufgaben nachzukommen, als leere Dialektik weiterläuft.

Aber jetzt handelt es sich nicht darum, die Vernunftmäßigkeit und Durchführbarkeit dieser Bemühungen zu untersuchen, was in anderen Kapiteln geschehen wird, sondern darum, die Beharrlichkeit und das Ausmaß der egalitären Bestrebungen während zweier Jahrtausende, vor allem seit der Aufklärung, herauszuarbeiten. Die Geschichte der zwei letzten Jahrhunderte des Abendlandes ist unverständlich, läßt man die Utopie der Gleichheit beiseite. Wir befinden uns vor einem Problem ungeheurer Bedeutung und gewaltiger Aktualität, denn die Gleichheit ist die kraftspendende Idee der verbreitetsten und ungestümsten gesellschaftlichen Bewegungen unserer Zeit: des Demokratismus und des Sozialismus. Der Schlüssel der zeitgenössischen Epoche ist der Egalitarismus.

Wie bei Paulus so bei Rousseau, Marx und seinen Epigonen wird das Problem der Gleichheit nicht faktisch, sondern normativ gestellt. Die tatsächliche Ungleichheit gilt als verabscheuenswert, und die Gleichheit wird als wünschenswert ausgegeben. Das so geschaffene Klima verursacht schließlich denen, die anderer Ansicht sind, ein schlechtes Gewissen, ergriffen sie auch nur das Wort, um Feststellungen zu treffen. Der Egalitarismus stellt sich wie ein moralisches Gebot dar, das nicht nach Erläuterung, sondern nach Verwirklichung verlangt, wie ein völlig selbstverständliches «sein müssen». Deshalb sind seine Verteidiger mehr Apostel als Analytiker, und ihre doktrinären Elaborate sind eher ideologische Postulate als wissenschaftliche Beweise. Die vorgelegten Muster sind nicht so sehr Untersuchungen der Ungleichheit als gleichmacherisches Rezept. Man gebe jedem Menschen eine Stimme, und es herrsche die einfache Mehrheit, verordnet Jean-Jacques. Man vergemeinschaftliche das Kapital und gebe jedem Arbeiter gleichen Lohn, verordnet Babœuf. Es sind nicht zwei Diagnosen, sondern zwei Therapien. Der moderne Egalitarismus ist Behauptung eines Ideals und Empfehlung einer Behandlung, er ist keine wissenschaftliche Annäherung an die Wirklichkeit.

Es ist beabsichtigt auf diesen Seiten, die Methode umzukehren: Existiert die Gleichheit? Welche Gleichheiten sind möglich, und was wären ihre Konsequenzen? Eine solche Analyse kann sich nicht auf Gefühle, sondern nur auf Vernunftgründe, nicht auf Wünsche, sondern nur auf Tatsachen gründen, und deshalb wird ihre Begründung nicht ethisch, sondern physisch sein. Bis heute waren die Naturwissenschaften den gleichmacherischen Meditationen am fernsten. Es ist richtig, daß die empirischen Kenntnisse über den Menschen zu Rousseaus Zeiten so summarisch waren, daß man sogar von der biologischen Entwicklungslehre nichts wußte. Selbst Marx erlebte kaum die Anfänge der Ethologie, der Genetik, der Biochemie und der Mikrophysik. In den letzten Jahren sind die in diesem Bereich erzielten Fortschritte nachgerade spektakulär gewesen und eine erneute Befassung mit dem Egalitarismus aus naturwissenschaftlicher

Sicht und mit interdisziplinärer Methodik drängt sich auf. Fast die ganze egalitäre Literatur hat etwas Märchenhaftes, aber die Frage verdient ein sine ira et studio.

DIE UNGLEICHHEITEN

Die metaphysische Ungleichheit

Es gibt verschiedene Arten, die Gleichheit zu verstehen, eine davon, die radikalste, hält sie für gleichbedeutend mit Identität. Aber diese Vokabel hat keinen eindeutigen Sinn. Es gibt eine absolute Identität, das ist die Beziehung, die jedes Seiende zu sich selbst hat: Der Stern Aldebaran ist mit sich selbst in einem gegebenen Augenblick identisch. Diese Art von Identität ist eine Verstandesbeziehung, ein rein intellektuelles Geschehen, dem Tautologie vorgeworfen werden könnte, aber es gibt außerdem eine relative Identität, die zwischen zwei Dingen gegeben ist, wenn eines das andere in jeder Hinsicht vollständig ersetzen kann. Gibt es diese Art von vollständig austauschbaren und identischen Objekten? Die Antwort ist für jede der zwei Arten möglicher Objekte verschieden. Die realen Dinge, die eine äußere physische Existenz haben, und die Gedankendinge, die allein im Verstand existieren. Rom ist ein real und konkret Seiendes, die «Stadt» ein abstraktes Gedankending. Alle haben wir bestimmte städtische Zusammenballungen gesehen, aber niemand hat «die Stadt» gesehen. Der problematische Ausgangspunkt des Philosophierens ist, daß wir inmitten realer Dinge leben und sie als Gedankendinge verstehen. Es ist so, daß unsere Umwelt aus Sachen besteht und wir sie mit Begriffen beherrschen. Beide Arten von Objekten, die wirklichen und die gedanklichen, verhalten sich der gleichmacherischen Herausforderung gegenüber auf verschiedene Weise. Konzentrieren wir uns auf die ersten.

Das grundlegende Charakteristikum jedes realen Dinges ist seine Individualität. Dieser Begriff läßt sich aus ontischer Sicht untersuchen, in welchem Falle wir uns auf sein Wesen beziehen, oder aus logischer Sicht, in welchem Falle wir untersuchen werden, wie es zu definieren ist. Im ersten Falle ist das Individuelle etwas, das eine Gesamtheit von Eigenschaften besitzt, die sich bei keinem anderen Objekt findet, es ist daher etwas Einzigartiges. Im zweiten Falle offenbart sich das Individuelle als etwas, dessen Prädikat ihm ausschließlich zusteht und keinem anderen Ding beigelegt werden kann. Es ist daher eine mit eigenem Namen oder mit einem demonstrativen Adjektiv bezeichnete Sache. «Dieser Mensch» ist ein Individuum, weil er ontisch unwiederholbar ist, und logisch die einzige Person, von der gesagt werden kann, sie sei Sokrates, Sohn des Sophronisko und der Phinarete.

Ein weiteres wesentliches Merkmal des Individuellen ist, daß es nicht mitteilbar ist, es läßt sich nicht mit allgemeinen Begriffen beschreiben. Das Individuelle ist einzigartig, aber gewöhnlich nicht einfach, sondern komplex. Jedwedes wirkliche Objekt, sei es so winzig wie ein Sandkorn oder ein Pollen, besitzt eine Unzahl von Kennzeichen, und für einige von ihnen, den eigentümlichen und unübertragbaren, gibt es keine passenden allgemeinen Begriffe. Die Individuen können nur teilweise und annähernd beschrieben werden: Es ist wie einen Kreis aus geraden Teilstücken zeichnen, so klein und zahlreich sie auch sein mögen. Die Scholastiker behaupteten, das Individuum wäre unbeschreiblich, aber das ist nicht exakt, weil man sich auf es beziehen und es mit einem eigenen Namen nennen kann; was man nicht kann, ist einem anderen sein Wesen als solches mitteilen. Diese Unbeschreiblichkeit ist logisch in dem Sinne, daß es sich nicht so definieren läßt, daß ein anderer es in vollem Maße begrifflich erkennen könnte, aber sie ist auch physisch in dem Sinne, daß es auf kein anderes Wesen übertragen werden kann, es also nicht genau kopierbar ist.

Die zweite Klasse von Objekten sind die Gedankendinge, die keine reale Existenz haben noch haben können und logische Kunstgebilde und Werkzeuge des Verstandes sind, die der Mensch verwendet, um zu vereinfachen, zu klassifizieren, zueinander in Beziehung zu setzen und die Welt zu verändern. In der Realität existieren unzählige Punkte verschiedener Dimension, Farbe, Ortsbestimmung und Materie, aber der euklidische Begriff des «Punktes» existiert nur im Verstand, er ist, was wir einen «Allgemeinbegriff» oder eine vielen verschiedenen Dingen beizulegende Bezeichnung nennen. Diese Art Begriff ist nicht der Name oder die Darstellung eines konkreten Objektes, sondern ist das Schema einer Struktur, die sich in den Individuen mit genügender Annäherung wiederholt, um brauchbar zu sein, und die in dem Maße wahr ist, wie sie nützlich ist. Der Defekt der Allgemeinbegriffe ist, daß sie völlig ungeeignet sind,

die Realität erschöpfend zu erfassen, denn deren eigentümlich-
stes entgeht ihnen, die Individualität der Dinge oder ihre Eigen-
ständigkeit. Die Großartigkeit der Allgemeinbegriffe liegt darin,
daß sie den Aufbau der Wissenschaft erlauben. Das ganze wissenschaftliche Wissen ist ein System von Allgemeinbegriffen,
und ohne sie hätte sich nicht ein Gesetz formulieren lassen.
Daher gibt es nur Wissenschaft vom Allgemeinen, Vergangenen,
Gegenwärtigen oder Zukünftigen und kann es sie nicht vom
Individuellen geben. Das grundlegende Merkmal dieser Gedankendinge, die die Allgemeinbegriffe sind, ist ihre unendliche
Wiederholbarkeit, ihre Mitteilbarkeit an andere mittels geschriebener oder gesprochener Zeichen und ihre Ewigkeit, denn
sie sind unbegrenzt übertragbar unter den Generationen.

Wenn alles Reale individuell ist, gibt es nicht zwei identische
reale Dinge: Jede physische Sache ist unwiederholbar und nicht
mitteilbar. Obgleich von bestimmten Sachen gewöhnlich Identität behauptet wird – zum Beispiel von zwei Kopien desselben
photographischen Negativs – bestehen in keinem Falle zwei
vollkommen austauschbare physische Gegenstände. Und das ist
so, betrachtet man die Objekte statisch, das heißt, wenn man die
Zeitlichkeit ausklammert. Aber außerdem unterliegt alles Reale
dem Zeitablauf und hat einen Anfang, eine Entwicklung und ein
Ende. Jedes reale Ding ist nicht nur von den übrigen verschieden,
sogar von den ähnlichsten, sondern ändert sich und wird verschieden von dem, was es war. Solange es dauert, bleibt es nicht
einmal sich selber gleich. Die wechselnde Vielfalt ist das Kennzeichen des Realen und in seinem Bereich gibt es keine Identität.
Hingegen sind bestimmte Gedankendinge untereinander nach
Aufbau und Definition identisch, wie die euklidischen Punkte
und Geraden. Aber diese wechselseitige Identität bewahren sie
nur solange, wie sie reine Gedankengebilde sind, weil, sobald ein
Punkt oder eine Gerade auf Papier oder Wachs übertragen werden, sie sich in ausgeführte, individuelle und von irgendwelchen
anderen verschiedene Punkte oder Geraden verwandeln. Gleichzeitig verlieren sie die theoretischen Merkmale, die ihnen die
euklidischen Lehrsätze beilegen. Die relative Identität der Objekte gibt es nur im Verstand und wird die Identität zweier
verschiedener Realitäten behauptet, bezieht man sich unzulässigerweise auf eine große Ähnlichkeit, aber nicht auf eine Identität im genauen Sinne. Es handelt sich um eine mißbräuchliche
Benutzung der Vokabel. Kurz, es ist ein philosophisches Axiom,

daß keine zwei im Sinne von identisch gleiche reale Dinge existieren.

Und trotzdem ist der Begriff der Gleichheit der eigentliche Zement des wissenschaftlichen Erkennens. Eine Definition, ein Urteil, eine Funktion, ein Gesetz, eine Gleichung sind Gleichheiten, denn die verbale Entsprechung des Gleichheitszeichens = ist «sein». Hier ein paar Gleichheiten: Der Mensch ist ein vernünftiges Tier, die Winkel eines Dreiecks sind gleich zwei rechten Winkeln, die Geschwindigkeit des Lichtes ist 299 792 km/sec, das Quadrat über der Hypothenuse ist gleich der Summe der Quadrate über den Katheten. Wenn diese Gleichheiten echte relative Identitäten sind, dann deswegen, weil ihre Glieder keine wirklichen Objekte sind, sondern Gedankendinge, die sie zum Zwecke der Berechnung verkörpern. Solche Verallgemeinerungen, Vereinfachungen und Idealisierungen des Realen erweisen sich als nützlich, weil in der makrophysikalischen Praxis die zwischen den wirklichen Objekten und ihren Symbolen bestehenden Unterschiede fast unbeachtlich sind.

Aber in der Mehrzahl der Fälle sind die Gleichheiten des wissenschaftlichen Erkennens nicht einmal relative Gleichheiten zwischen Gedankendingen, sie sind bloße Gleichwertigkeiten. Das Theorem des Pythagoras bedeutet nicht, daß die Summe der Quadrate der Katheten mit dem über der Hypothenuse konstruierten Quadrat identisch ist, es will sagen, daß der Wert ihrer jeweiligen Oberflächen numerisch derselbe ist. Es handelt sich also nicht um eine Gleichheit, sondern um eine quantitative Gleichwertigkeit: der Wert des Raumes ist gleichartig. Diese Gleichwertigkeiten können sich nicht nur auf die Ausdehnung, sondern auf andere Werte beziehen, wie die Masse, die Temperatur, das Gewicht, die Geschwindigkeit usw., und im Wege der Extrapolation lassen sie sich auf Eigenschaften wie die Schönheit, die Begabung oder die Tugend anwenden, soweit sie sich quantifizieren lassen. So wird zum Beispiel der Intelligenzquotient eines Individuums oder einer Gruppe festgestellt. Bei den Gleichwertigkeiten arbeitet man nicht mit realen Dingen, sondern mit deren Dimensionen – Gewicht, Farbe, Höhe usw. – und diese Dimensionen sind gedankliche Schematisierungen. Die Gleichheit «Peter wiegt soviel wie Hans» identifiziert Peter nicht mit Hans, nicht einmal in ihren konkreten jeweiligen Maßen, sie sagt nur, daß die Schwerkraft eines jeden von ihnen mit der gleichen Menge von Gewichten aufgewogen wird. Die

Gleichheiten der Alltagssprache genau wie der hohen Mathematik sagen sehr viel weniger aus als es scheint: sie behaupten nicht die Identität von Dingen, sondern sind entweder Ähnlichkeiten oder Gleichwertigkeiten willkürlich definierter Werte. Der Kosmos ist veränderlich, weil dynamisch und mannigfaltig, weil seine realen und gegenwärtigen Teile in sich nicht gleich sind. Das Universum ist immer von sich selbst verschieden, und in einem gegebenen Augenblick sind seine Elemente eines vom anderen verschieden. Und das wird so sein, solange nicht die maximale irreversible Entropie erreicht ist, ein Zustand, dessen Unabwendbarkeit niemand dargetan hat. Der Verstand verdichtet und vereinfacht diese fließende Vielfalt, um sie verständlich und handlich zu machen. Zuerst reduziert er eine bestimmte Vielzahl von Objekten auf nur einen Allgemeinbegriff, wozu er die wesentlichen gemeinsamen Merkmale nimmt und auf die individuellen und zufälligen verzichtet. So bezeichnet ein Symbol Tausende von Dingen, fixiert sie und macht sie leicht handhabbar. Es ist die großartigste bekannte Methode der Vereinfachung. Dann klassifiziert und ordnet er diese Begriffe und stellt Korrelationen fest, was die Aufstellung von Gesetzen, die Berechenbarkeit von Verhaltensweisen und die Auswahl von Mitteln zum Erreichen von Zielen gestattet. In eine Gleichung wie die der allgemeinen Relativität paßt das Universum. Sie ist ein Wunder geistiger Wirtschaftlichkeit, die den Menschen in die Kategorie eines Mikrokosmos erhebt. Die Realität ist ein verändernder Wildbach und der Verstand ein kanalisierendes Stauwerk. Im Universum gibt es keinen anderen Egalitarismus als den durch die Vernunft auferlegten logischen und den vom Willen diktierten ethischen. Philosophisch ist die Gleichheit eine gedankliche, auf bestimmte strukturelle und funktionelle Ähnlichkeiten gegründete Fiktion. Alles Reale ist ungleich in dem Sinne, daß es nicht zwei identische Dinge gibt, daß sie sich ändern und daß auf irgendeine Weise einige anderen gegenüber hochwertiger oder geringwertiger sind.

Die physische Ungleichheit

Von ihren Anfängen an hat die Wissenschaft nicht abgelassen, sich mit der Struktur der Materie zu beschäftigen, und dabei fast immer versucht, sie auf etwas Einfaches und Wesentliches zu reduzieren, auf das Atom des Leukipp oder die Urmaterie des Aristoteles. Aber die bedeutsamen Fortschritte sind sehr jungen

Datums. Der große Meilenstein ist das von Rutherford und Bohr vorgeschlagene anschauliche mechanische Atommodell, aber im letzten halben Jahrhundert hat dieses Modell sich unaufhörlich kompliziert. Das planetarische Mikrosystem mit einem Protonenkern, um den herum die Elektronen ihre Bahn ziehen, hat sich um an die hundert andere Teilchen bereichert, die bereits in schwere oder Barionen, mittlere oder Mesonen und leichte oder Leptonen geordnet werden mußten. Eines der zuletzt entdeckten Teilchen ist das Ypsilon (1977), ein sicher außerordentlich schweres Teilchen, besitzt es doch eine zehnmal größere Masse als das Proton.

Sind diese subatomaren Einheiten wirklich elementar, das heißt letzte und unteilbar? Es ist sehr zweifelhaft, daß alle diese Teilchen wirklich elementar sind, neben anderen Gründen wegen ihrer Fähigkeit, sich eines ins andere zu verwandeln. Die jüngste Hypothese ist, daß diese Teilchen aus weiteren noch elementareren, sogenannten Quarks zusammengesetzt sind, von denen bereits sechs Typen festgestellt wurden und von denen es noch mehr geben soll, wenn es auch so aussieht, als sei es mit den derzeitigen Mitteln nicht möglich, eines dieser vielleicht fiktiven Teilchen zu isolieren. Wird die Liste sich verlängern? Werden die Quarks aus weiteren wirklich allerletzten Teilchen zusammengesetzt sein? Trotz der ungeheuren Fortschritte der Atomphysik und der mathematischen Verfahren, die fortwährend überprüft werden, läßt sich noch nichts Definitives über die Zusammensetzung der Materie sagen.

Unser Problem ist, ob es zwei subatomare absolut identische Teilchen gibt. Die Schwierigkeit, nicht allein ein Teilchen zu isolieren und es mit einem anderen seines Typs zu vergleichen, sondern sogar zu beweisen, daß es es selbst bleibt, ist ungeheuerlich, denn die Mehrzahl der Teilchen ist nicht stabil, und es gibt welche, wie das Pion Null, deren Lebensdauer nach Trillionsteln einer Sekunde (10^{16}) gemessen wird. Aber nehmen wir das Proton, das ein Teilchen unbeschränkter Lebensdauer und nur schwer zertrümmerbar ist. Gibt es zwei identische Protonen? Um diese Frage zu beantworten, müßten zwei konkrete Protonen analysiert und vollständig beschrieben und verglichen werden. Also das erste ist unmöglich aufgrund des von Heisenberg formulierten Prinzips der Indeterminität. Nach diesem Grundsatz ist es nicht möglich, gleichzeitig die Position und die Geschwindigkeit eines subatomaren Teilchens zu bestimmen. Je genauer die Messung in einer Größe ist, um so größer wird der Irrtum in der anderen sein. Dieselbe Unvereinbarkeit besteht zwischen der inneratomaren Bestimmung der Zeit und der Energie. In der Kenntnis von den Teilchen wird es immer Irrtümer geben, deren Produkt niemals geringer sein wird als 2 pi multipliziert mit der Planckschen Konstante. Dieser, wenn auch kleine, Irrtum ist nicht bloß die Folge der derzeitigen Unvollkommenheit der Instrumente, er ist ein unüberwindliches theoretisches Hindernis, so fein die Apparate auch sein mögen. Wie soll man, dies vorausgesetzt, die eventuelle Identität zweier unbestimmter oder teilweise unbekannter Entitäten vergleichen und feststellen? Unmöglich! In Konsequenz des Prinzips der Indeterminität läßt sich die Identität zweier Elementarteilchen nicht feststellen.

Aber es gibt ein zusätzliches Hindernis. Die Quantenmechanik hat die intuitive Vorstellung verworfen, daß ein Elementarteilchen ein winziger Körper sei. Diese anfangs fruchtbare These fand Widerspruch aufgrund späterer Untersuchungen auf erweiterten Gebieten und tieferen Ebenen. Die Wahrheit ist, daß es keine solche unendlich kleinen Punkte gibt, es gibt eine Ambiguität, die es unmöglich macht, genau zu sagen, wo das Körperchen aufhört und die Welle beginnt. Diese Wellen- und Quantentheorie erlaubt die Erklärung einer Menge subatomarer Phänomene, hat aber einen schweren epistomologischen Nachteil: Die Gleichungen, die man erhält, führen nicht zu sicheren Vorausberechnungen, sondern nur zu Frequenzen, das heißt, daß die Regelmäßigkeiten, die wir im Innern des Atoms feststellen können, nicht deterministisch, sondern nur statisch sind. Wie soll man unter diesen Umständen die Identität zweier Teilchen feststellen, deren Definition den Irrtümern einer unüberwindlichen Ungewißheit unterworfen ist und dem Zufall einer bloßen Wahrscheinlichkeitsrechnung. Zweifach unmöglich.

Es ist also nicht so, daß es heute nicht möglich wäre. Es ist so, daß die heutige Physik die gegenwärtige und zukünftige Unmöglichkeit des Beweises der absoluten Identität zweier Elementarteilchen behauptet. Aber ließe sich das Gegenteil beweisen, das heißt Ungleichheit und Unwiederholbarkeit aller und eines jeden besagter Teilchen? Apodiktisch nein, aber in gewisser Hinsicht ja.

Die allgemeine Relativitätstheorie stellt im Atom Materie und Energie gleich. Es ist nicht so, daß nur die mechanistische Hypothese von den Elementarteilchen als Körperchen aufgegeben werden müßte, außerdem ist die Vorstellung aufzugeben, daß sie Substanzen wären. Sie sind so etwas wie Abläufe. Alles Reale ist in die Einsteinschen Zeit-Raum-Koordinaten eingezeichnet. Im Atom sind weniger Dinge als Abläufe enthalten. Diese Entsubstantivierung und daraus folgende Geschichtlichkeit der inneratomaren Realität läßt uns sie mit einer universellen Erfahrung in Verbindung bringen, der Unwiederholbarkeit jeden Geschehens, das heißt der Individualität alles Geschichtlichen. Weil es im allgemeinen keine zwei wirklich gleichen Geschehnisse gibt, wäre es nicht logisch, wenn es sie im Atom gäbe, denn da die subatomare Struktur nicht nur im allgemeinen höchst vergänglich ist, sondern sich in ständigem Fluß befindet, ist nichts in ihr absolut identisch. Diese Tatsache stimmt sehr genau mit dem nur probabilistischen Charakter der mikrophysischen Vorausberechnungen überein.

Und da ist mehr. Die Elementarteilchen reduzieren sich zu Energie. Die Energie eines Systems wird nach ihrer Menge bewertet, die konstant ist, und nach seiner Entropie, die veränderlich ist. Der Begriff der Entropie ist mit nicht mathematischen Begriffen schwer zu erklären. Stellen wir uns eine von der Außenwelt vollkommen isolierte Kammer vor, in die soeben ein warmer Heizkörper eingeführt worden ist. Nach einer bestimmten Zeit werden die Wände der Kammer, die Luft und der Heizkörper die gleiche Temperatur haben. Die Menge von Materie und Energie ist jetzt dieselbe wie zu Beginn des Experimentes: Es ist die gleiche Zahl von Molekülen, Atomen und Teilchen vorhanden. Aber die Energie ist schwächer geworden und inaktiv, weil die Wärme sich gleichmäßig verteilt und die Entropie zugenommen hat. Die Entropie mißt Ordnung und Unordnung innerhalb eines Systems. Damit innerhalb des Behältnisses die Makroaktivität sich erneuert, muß von außen Energie eingebracht werden, zum Beispiel Abkühlung der Luft oder Erwärmung des Heizkörpers. Alle wirklichen thermodynamischen Prozesse wie der beschriebene sind irreversibel, weil die Energie, sei sie auch quantitativ dieselbe, an Rang verliert. Die elektrischen Spannungen, die Wasserkräfte, die Kalorien, die Druckkräfte, alles tendiert zum Ausgleich oder, was dasselbe ist, zu größerer Gleichförmigkeit, zur Entropie. Bei der Energie ist demnach in Rechnung zu stellen die Menge, die konstant ist, und die Entropie, die im gleichen Maße zunimmt, wie die Rangstellung der gegebenen Kräfte abnimmt. Jedes System tendiert zum Gleichgewicht und folglich zur Aufhebung des Austausches. Aus all dem ergibt sich, daß in einem aktiven System der energetische Rang eines jeden Moleküls und analag dazu der eines jeden seiner Teile verschieden ist. Es gibt nicht zwei Teilchen eines aktiven Systems, die dieselbe Entropie hätten, das heißt denselben Platz in der kosmischen Geschichte der irreversiblen Prozesse, was genügen würde, um sie zu unterscheiden, wären sie auch in allem übrigen gleich. Die Identität des energetischen Ranges oder thermodynamischer Egalitarismus ist möglich, ist aber dem Tod des Systems gleichbedeutend, und ein Zustand, von dem das Universum, und selbstverständlich unser Planet, weit entfernt ist. In der Physik ist die vollständige thermodynamische Gleichheit das Ende des Austausches, ist die totale Gleichförmigkeit, ist der Tod des Kosmos.

Kurz, die physische Welt ist ungleich, weil sie in fortwährender Bewegung und energetisch hierarchisch ist. Es gibt keine zwei absolut identische physische Realitäten.

Die zoologische Ungleichheit

Der Motor der intellektuellen Entwicklung ist die Neugier. Der Mensch, Teilchen des Kosmos, das er ist, fühlt sich unvollständig: Physisch benötigt er Energie und geistig Kenntnis. Seine Fragen befriedigt er mit Antworten sehr verschiedener epistemologischer Qualität: Wissenschaft, Ideologie, Kunst und Mythos. Unsere wissenschaftlichen Erkenntnisse sind sehr jungen Datums und beschränkt, was erklärt, warum der größere Teil des Repertoriums des heutigen Menschen aus Fragestellungen, Ideologien und Ersatzmythen besteht. Die wissenschaftliche Information stammt aus der genauen Analyse der Daten, die ideologische Information aus der willkürlichen und gefühlsmäßigen Manipulation von Hypothesen, Erkenntnissen und Wünschen, und die mythische Information ist eine Mischung aus Nichtrationalität und Erfahrung. Die wirkliche Wirklichkeit kommt ohne Ordnungen aus, und nur die Imagination ist in der Lage, Ordnungen zu entwickeln, die von der Vernichtung von Wirklichkeit absehen: Kunst. Das Thema der Gleichheit kann nicht wissenschaftlich – wie bisher – mit der einfachen Formulierung eines Wunsches erledigt werden, es muß empirisch angegangen werden. Hierfür ist der Mensch in den Zusammenhang der Natur zu stellen, insbesondere auf den Ebenen, die ihm am nächsten sind. Der homo sapiens ist die am weitesten entwickelte tierische Spezies, ist der stolzeste und vielgestaltigste Austrieb des zoologischen Stammes, aber er gehört ihm an.

Bis vor wenigen Jahren war die Zoologie Inventarisierung, Aufgliederung und Klassifizierung von Arten, heute ist sie im wesentlichen Studium des tierischen Verhaltens. Wenn auch noch jung, besitzt die Ethologie bereits einen gewissen Schatz von Entdeckungen. Und eine der wichtigsten Feststellungen war der Beweis, daß der Mensch den höheren Wirbeltieren nicht nur in seiner Anatomie und Physiologie ähnelt, sondern daß außerdem bemerkenswerte soziologische Ähnlichkeiten bestehen. Seit Aristoteles am Anfang seiner «Politika» behauptete, daß der Mensch ein geselliges Tier sei, hat man nicht abgelassen, das als ein unserer Art eigentümliches Charakteristikum hinzustellen. Die Kolonien der Insekten oder Polypen hatten ein so mechanistisches Erscheinungsbild, daß sie sich nicht dem Staat gleichstellen ließen, und der kurzlebige tierische Fortpflanzungsnukleus ließ sich nicht mit der dauerhaften Familie vergleichen. Heute hat das Studium der Primaten und anderer Wirbeltiere soziologische Tatsachen von außerordentlicher Bedeutung zutage gebracht:

1. Es ist falsch, daß die Soziabilität ein ausschließlich menschlicher Wesenszug ist. Die höheren Wirbeltiere bilden fast alle innerhalb der Art Gesellschaften.

2. In diesen Gesellschaften sind die Mitglieder in der Lage, sich gegenseitig zu identifizieren, und sie zeigen fremdenfeindliche Reaktionen gegenüber den Angehörigen anderer Gruppen, gehören sie auch zur gleichen Art. Es ist also keine bloß physische Gruppierung, es ist eine Gesellschaft, deren Mitglieder sich kennen und sich untereinander verständigen.

3. In diesen Gemeinschaften gibt es einige besonders für die Führung begabte Individuen, die sogenannten Alfas, die ihrer Nachkommenschaft ihre Überlegenheit auf genetischem Wege übertragen. Der Alfa ist also nicht notwendigerweise der stärkste oder zeugungsfähigste, wenn das auch mitwirkende Faktoren sein mögen; das Wesentliche ist die Fähigkeit, die übrigen zur Ordnung zu rufen, sie zu führen und zu verteidigen.

4. Zwischen den Alfaindividuen und den Omegas bildet sich eine hierarchische Schichtung, die zu den übrigen von Geschlecht und Alter abgeleiteten Rangunterschieden hinzukommt.

5. In diesen Gesellschaften gibt es Gewohnheiten, von denen manche von den Älteren und Besseren erlernt und also nicht auf genetischem Wege übertragen werden.

6. Folgerichtigerweise gibt es eine Spezialisierung der Aufgaben: Einige Individuen sind Wächter, andere Jäger, andere Viehzüchter, andere Lehrlinge, andere Pensionäre, andere Führer. Zusammengefaßt beweist die Ethologie, daß die Ungleichheit im Tierreich nicht nur typologisch, sondern auch soziologisch ist. Es gibt nicht zwei identische Tiere, nicht zwei gleichen Ranges innerhalb einer Gemeinschaft und eines Territoriums. Die biochemische und hierarchische Ungleichheit unter den höheren Wirbeltieren ist nicht Degeneration oder Verfall, sie ist ein Umstand, dessen Zunahme eine gewisse Parallelität zum Entwicklungsprozeß besitzt, in dem doppelten Sinne, daß je entwickelter die Art, desto komplexer ihre gesellschaftliche Organisation ist, und daß diese gesellschaftliche Organisation von größter Bedeutung für das Überleben und die Vervollkommnung der Art ist. Die mehr oder weniger kindliche Literatur, die die Tiere vermenschlichte, hat ihre Entsprechung in einer Ethologie, die die zoologischen Vorgeschichten des menschlichen Verhaltens deutlich feststellt. Und von diesen Daten ist auszugehen, um nicht die Erwünschtheit, sondern die Natürlichkeit unserer gesellschaftlichen Sitten und die Möglichkeit ihrer Reform festzustellen.

DIE MENSCHLICHE UNGLEICHHEIT

Allgemeines

Alle Menschen entstehen aus zwei Fortpflanzungszellen: der Eizelle der Frau und dem Spermatozoon des Mannes. Eine jede von ihnen hat in ihrem Kern 24 winzige Fäden, Chromosomen genannt, das heißt die Hälfte der Chromosomen, die die übrigen menschlichen Zellen enthalten. Welche Hälfte? Man kennt die Gründe nicht, aus denen einige Chromosomen in die Zeugungszellen gelangen und andere nicht, und wie in ähnlichen unerforschlichen Fällen wird die Auswahl dem Zufall zugeschrieben. Auf diese Weise bildet sich der Kern der ersten Zelle des neuen Wesens mit 48 Chromosomen, die Hälfte aus dem väterlichen Spermatozoid und die andere Hälfte aus der mütterlichen Eizelle. Jeder Elternteil vererbt demnach die Hälfte seines Gen-

code. Eine getreue Kopie dieser 48 Chromosomen gelangt in alle
Zellkerne des neuen Menschen, außer den generativen, die nur
die Hälfte empfangen, um zu gegebener Zeit den Vorgang der
Befruchtung zu wiederholen.

In den Chromosomen befinden sich die Gene, deren Zahl unbekannt ist, die aber nach Tausenden zählen, wenn manche auch
Angaben über Zehntausende machen. Die Gene sind die die
künftige Struktur des neuen Individuums bestimmenden Körperchen. Einige Gene bestimmen ein Merkmal wie die Farbe der
Augen, andere mehrere, aber die Mehrzahl der Gene wirkt zusammen, was der Klärung des komplizierten genetischen Netz-
werks eine zusätzliche Schwierigkeit hinzufügt. Viele der Gene
schlummern, das heißt, sie befinden sich in den Zellkernen und
können auf die Nachkommenschaft übertragen werden, sind
aber nicht an der äußeren Gestalt des neuen Individuums beteiligt. So ist es möglich, Träger eines Gens schwarzer Rasse und
trotzdem der Erscheinung nach vollkommen weiß zu sein.
Warum verweilen einige Gene im dunkeln und werden andere
nach außen wirksam? Auch das weiß man nicht, obgleich man
von einigen Genen weiß, daß sie zurückhaltend oder beherrschend sein können. Sicher ist, daß die von den Eltern empfan-
gene Chromosomenausstattung einen sehr detaillierten Plan
von dem erhält, was das neue Individuum sein wird.

Zur Berechnung der Wahrscheinlichkeiten, daß ein Mensch dem
anderen gleich sei, sind die beiden Kombinationselemente in
Rechnung zu stellen: Wenn sich die väterliche oder mütterliche
Fortpflanzungszelle bildet, gelangt nur die Hälfte der Chromosomen zu ihr, und wenn sich die Chromosomen des neuen Menschen bilden, wird nur ein Teil der Tausende von jedem Elternteil stammenden Genen die tatsächliche Erscheinung des neuen
Individuums beeinflussen. Dem sind die eventuellen Mutationen oder Irrtümer bei der Bildung der Chromosomen hinzuzufügen. Unter diesen Umständen wäre, wenn die Zahl der Gene 32
wäre, die der möglichen neuen Individuen mehr als 2 Millionen.
Aber da der Mensch mit Tausenden von Genen rechnet, ist die
Zahl verschiedener Kinder, die ein Paar erzeugen kann, nahezu
unendlich groß. Und das ist so bei alleiniger Berücksichtigung
des Chromosomenfaktors, aber denkt man außer an die durch
den Zellkern gegebenen Voraussetzungen an die von dem Proto-
plasma der Fortpflanzungszellen vorgeschriebenen und fügt man
diesen vielfältigen und veränderlichen genetischen Faktoren die

vom Ambiente des Mutterleibes bedingten hinzu und die veränderlichen äußeren Umstände, unter denen sich die Reife des Individuums vollzieht, so bestätigt sich, daß es unmöglich zwei physisch gleiche Menschenwesen gibt, nicht einmal die echten oder eineiigen Zwillinge sind es, die aus der Befruchtung einer und derselben Eizelle durch dasselbe Spermatozoon stammen. Jeder Mensch ist ein unwiederholbarer Stich im biologischen Kartenspiel, eine absolut einmalige Gestalt. Die Individualität jedes Menschenwesens läßt sich histologisch beweisen. Im sechsten Chromosomen des Menschen gibt es einen kleinen Bereich, der die Verträglichkeit mit verschiedenartigen Geweben bestimmt und die Abstoßung veranlaßt, sobald durch Ansteckung oder Einpflanzung fremde Organismen eindringen. Auf jeder menschlichen Zelle befinden sich sechs Identifikationszeichen, von denen drei von der Mutter und drei vom Vater stammen. Sie sind das Siegel der persönlichen Originalität. Dank dieser Zeichen erkennen sich alle Zellen eines Menschen untereinander und demaskieren gegebenenfalls die exotischen, um ihre Vernichtung in die Wege zu leiten. Die Lymphoziten sind die hauptsächlichen Träger des Kampfes gegen irgendeinen Eindringling. Die Kompensation dieser egozentrischen Reaktion ist die große medizinische Schwierigkeit, die es zu überwinden gilt, um chirurgische Verpflanzungen durchführen zu können. Bis heute wurde ein halbes Hundert verschiedener Zeichen beschrieben, was die Bildung von einer Million verschiedener Kombinationen erlaubt. Je nach dem Muster der Zellidentifikation, das jedes Individuum besitzt, wird es sich besser oder schlechter bestimmter Infektionen erwehren können, womit sich die Ungleichheit der Menschen gegenüber der Krankheit erklärt. Dieses Phänomen steht in Verbindung zu den sehr zahlreichen Antikörpern oder Immunoglobulinen, aber innerhalb einer einzigen Art wurden schon 25 persönliche Spielarten festgestellt. Etwas ähnliches geschieht bei den Enzymen, deren molekulare Struktur und deren Dynamik sich von Mensch zu Mensch ändern.

Es gibt also auf jeder Zelle ein Zeichen, das seine Zugehörigkeit zu einem Individuum anzeigt, aber jede Zelle ist außerdem von ihren entsprechenden Artgenossen verschieden. Der Versuch R. Sperrys mit der Umkehrung des Auges eines Affen zeigt, daß jede Nervenzelle nach genauer Prüfung ihre Verbindung mit der ihr entsprechenden Netzhautzelle wiederherstellt, was beweist, daß ihre Funktion und Identität nicht übertragbar sind. Kurz, es gibt keine zwei absolut identische Zellen, und alle Menschen sind aus biochemischer Sicht ungleich.

Welche Bedeutung haben die zwischenmenschlichen Unterschiede? Sind sie vielleicht so nichtssagend wie die Fingerabdrücke? Nein! Die menschliche Vielfalt ist weit davon entfernt, praktisch unbedeutend zu sein. Weil es unter den Menschen Verschiedenartigkeiten gibt, die sich nicht nur auf den Stil beschränken, es gibt auch ästhetische und solche, die die physische und geistige Funktionalität angehen. Es ist unwesentlich, blond oder dunkel zu sein, es ist nicht allzu wichtig, schön oder häßlich zu sein, wohl aber ist es von Bedeutung, lasch oder kraftvoll und vor allem abgestumpft oder genial zu sein, weil die Erfahrung zeigt, daß der Intelligenzquotient den Erfolg im Leben grundlegend bedingt. Es gibt also verhängnisvoll entscheidende Unterschiede. Sind diese Unterschiede erblich oder umweltbedingt? Die Auflösung dieser Unbekannten ist von ungeheuerlicher gesellschaftlicher Tragweite.

Die genetische Ungleichheit

Jahrtausende vor der Abfassung der Mendelschen Gesetze wußte man, weil es auf der Hand liegt, daß die anthropologischen Merkmale sich vererben, die physische und selbst die moralische Erscheinung. Vererbt werden die Farbe der Haut, die Gestalt, die Gesichtszüge und die Blutgruppe, erblich sind Mißbildungen wie die Vielfingrigkeit und die Krummfingrigkeit, erblich sind funktionelle Mängel wie die Farbenblindheit, die Diabetes, die Bluterkrankheit, der Bluthochdruck, erblich sind Krankheiten wie die Mikoftalmie, die Taubheit, der Veitstanz und die Epilepsie, erblich sind Dispositionen wie der Alkoholismus, erblich ist die Veranlagung zu bestimmten Infektionen wie die Tuberkulose, die Enterokolitis und Erkältungen, erblich sind immunologische Störungen, die der versteifenden Arthritis, der Lepra, bestimmten Allergien und der Schuppenflechte entgegenkommen, erblich sind genetische Mängel, die die Selbstidentifikation der Zellen des Organismus in Unordnung bringen, so daß dieser seine eigenen Gewebe angreift, wie es bei der Plattensklerose der Fall ist, bestimmte Anämien usw., und täglich werden erhebliche Ursachen für noch mehr teratologische und pathologische Vorgänge entdeckt. Es ist schon schwerwiegend, stark oder schwach, gesund oder krank geboren zu werden, weil das die körperliche Leistungsfähigkeit und die Lebensdauer bedingt. Die biologische Lotterie ist unerbittliche Ursache einiger tragischer Ungleichheiten unter den Menschen. Aber wenn diese Diskriminierung auf den Bereich der Krankheiten beschränkt bliebe, wäre ihre gesellschaftliche Wirkung vorübergehend und unerheblich. Schwerwiegend ist, daß es Anzeichen gibt, die darauf schließen lassen, daß die psychische Gestalt vornehmlich genetisch bestimmt wird und daß daher die Unterschiede in den höheren menschlichen Funktionen genetisch vorgegeben und weitgehend unveränderlich sind.

Die Vitalität und die Langlebigkeit haben demnach eine zwar noch nicht genau berechnete, aber anerkanntermaßen wichtige genealogische Komponente. Hinsichtlich der psychischen Verhaltensweise tragen die Naturwissenschaften – besonders die Psychologie und die Psychiatrie – erhellende Daten bei.

Letzthin erfuhren die rein psychopathologischen Studien Ergänzung durch rein psychologische über eine so grundlegende Gegebenheit der menschlichen Normalität wie den Intelligenzquotienten. Die Vervollkommnung der Untersuchungen erlaubt nicht, die gesamte geistige Leistungsfähigkeit des Menschen zu messen, wohl aber die einiger der im Leben wirkungsvollsten geistigen Gaben. Die zwischen dem geschätzten Intelligenzquotienten und dem späteren Lebenserfolg festgestellte Parallelität bestätigt den Realismus und die Nützlichkeit der Methode.

In einer westlichen Bevölkerung ist die Verteilung der Intelligenzquotienten weit entfernt von Gleichmäßigkeit, wenn sie auch symetrisch ist: 2,3% besitzt weniger als 70; 3,6% zwischen 70 und 85; 34,1% zwischen 85 und 100; 34,1% zwischen 100 und 115; 13,6% zwischen 115 und 130 und 2,3% höher als 130. Das bedeutet, daß ungefähr 15% geistesschwach sind, 35% mittelmäßig und nur 2,3% wirklich hochbegabt. Die Verteilung der geistigen Befähigung ist demnach im vollen Umfang ungleich und schafft eine mehr oder weniger unbemittelte Masse und eine kleine intellektuell privilegierte Minderheit. Das Postulat des menschlichen Egalitarismus wird am deutlichsten in der für den homo sapiens charakteristischsten Dimension widerlegt, der, von der das persönliche Schicksal und der Dienst an der Spezies abhängt, der Denk- und Urteilsfähigkeit.

Ist diese eingewurzelte Ungleichheit Konsequenz erzieherischer Diskriminierung oder genetischer Zwänge? Ist sie das Ergebnis von gesellschaftlichen Ungerechtigkeiten oder Naturgesetzen?

Wir befinden uns angesichts der konfliktreichsten Alternative der Debatte, der, die den stärksten außerwissenschaftlichen Druck zu ertragen hat, weil die Ideologen des Egalitarismus, die Legion sind, sich verzweifelt dagegen wehren, die Erblichkeit der Intelligenz zu akzeptieren.

Die überzeugendsten Experimente sind die mit echten oder eineiigen Zwillingen, die eine große geistige Parallelität zwischen den Geschwistern offenbaren. Schon Galton hatte auf diesem Felde gearbeitet, aber die Untersuchungen vervielfältigten sich von den Dreißigerjahren des 20. Jahrhunderts an. 1966 faßte F. Burt die Ergebnisse verschiedener Monographien zusammen, die insgesamt 148 Zwillingspaare behandelten. Die geistige Korrelation zwischen eineiigen, gemeinsam erzogenen Zwillingen ist 0,92, die der getrennt erzogenen 0,89 und die nicht verwandter, gemeinsam erzogener Kinder ist nur 0,25. Andere Untersuchungen haben zu Ergebnissen geführt, die den heftig umstrittenen und noch immer bekämpften Burts entsprechen. Es ist demnach unbezweifelbar, daß die genetische Ähnlichkeit der echten Zwillinge die hauptsächliche Ursache einer ähnlichen intellektuellen Begabung ist und daß die einer unterschiedlichen Erziehung zuzuschreibenden Varianten gering sind.

Die noetische Vererbung

Empfängt die menschliche Spezies ein in ihre neuropsychologischen Strukturen eingebettetes geistiges Rüstzeug? Obgleich die Frage eine experimentelle Seite hat, wurde sie gewöhnlich aus metaphysischer Sicht behandelt und war Gegenstand einer weitreichenden und noch nicht abgeschlossenen Kontroverse.

Zu Beginn der tausendjährigen Debatte über den Ursprung der Ideen bezog Platon eine extreme und radikale Position: Alle Ideen sind dem geschichtlichen Menschen eingeboren, und darum ist Lernen eine Art von Erinnern. Aristoteles machte gegen die Lehrmeinung der Akademie Front und legte die epistomologischen Grundlagen des experimentellen Wissens, gestand aber stillschweigend ein gewisses Angeborensein der hauptsächlichen Prinzipien zu, weil sie seiner Meinung nach von Natur aus der menschlichen Einsicht entsprächen. Der späte Stoizismus bezeichnete bestimmte sittliche Normen als angeboren. Der platonisierende Augustin widmete sich dem Beweis, daß es einige mathematische, logische und wertende Gewißheiten gäbe, die nicht den Sinnen entstammen, sondern die die Einsicht in sich selbst entdeckt. Zu ihnen rechnen die «Regeln der Wahrheit» und die «Gesetze der Schönheit», die aus einer von außen kommenden, höheren, der ganzen Menschheit gemeinsamen Erleuchtung hervorgehen, dem göttlichen Licht. Die augustinische Illuminationstheorie ist ein von der franziskanischen Schule fortgesetzter theologischer Nativismus. Für Buenaventura zum Beispiel entspringt die Idee des Seins nicht der Erfahrung, sondern ist ein Widerschein des Göttlichen und daher eine den menschlichen Geschöpfen angeborene Erkenntnis. Aber kontinuierlicher äußert sich der Nativismus in der Naturrechtslehre, besonders seit Thomas von Aquin. Die vollständigste Synthese eines halben Jahrtausend christlicher Ethik ist die unseres Francisco Suarez, der, damit das paulinische Gleichnis wiederholend, behauptete, das Naturrecht sei «von Gott den Herzen der Menschen eingeprägt» und könne von ihnen weder ausgelöscht noch mißachtet werden, weil es sich auf die «hauptsächlichsten und universalsten Grundsätze» gründe. Dieses Naturrecht ist für die gesamte Menschheit gleich, weil es nicht eine Eigentümlichkeit ist, die nicht dem persönlichen Wesen eines Individuums entspringt, sondern der Natur der Art.» Die letzten Gesetze der Sittlichkeit sind demnach dem Menschengeschlecht angeboren. Die Meinung wird – mit Nuancierungen – in der gesamten, in ihren Ursprüngen weit zurückliegenden Naturrechtslehre wiederholt.

Descartes eröffnete die Diskussion aufs neue mit neuen Begriffen. Er unterschied drei Klassen von Ideen: die mit dem Individuum geborenen oder angeborenen, die erfundenen und die gemachten. Die angeborenen Ideen sind unteilbar, universal, setzen sich notwendig durch und sind «von Natur in unsere Seelen eingeprägt». So die hauptsächlichen Prinzipien, die geometrischen Begriffe, die Zahlen, Sinnbilder und Bewegungen und die Begriffe, die weder Verneinung noch Zustimmung enthalten. Für Leibniz ist es – in deutlichem Widerspruch zum englischen Empirismus – falsch, daß alle unsere Ideen von den sogenannten äußeren Sinnen stammen, denn die, die ich über mich und meine Gedanken und auch über das Sein, die Substanz, das Handeln, die Identität und vieles andere habe, kommen aus einer inneren Erfahrung. An anderen Stellen erwähnt er außerdem als unserm Geist vorgegeben die Ideen des Selben, des Möglichen, des Einen, der Ursache, des Fühlens, des Denkens usw. Aber Leibniz gibt zu, daß es angeborene Ideen gibt, die nicht von selber zutagetreten, sondern die entdeckt werden müssen.

Schon bei Descartes und Leibniz zeigt sich eine gewisse Ambiguität zwischen den dem Verstand von Geburt mitgegebenen Ideen und den Ideen als innerem geistigem Tun, das heißt zwischen dem statischen und dem dynamischen Nativismus. Den folgenden Schritt auf dem Wege zum Idealismus tut Kant, der das Angeborene auf zwei Einsichten a priori, das heißt von der Erfahrung Unabhängige und vom menschlichen Geist nicht Trennbare beschränkt: den Raum und die Zeit. Weder das eine noch das andere sind physische Realitäten, die aus sich selbst existieren, sie sind Formen unseres Wahrnehmungsvermögens, und daher können wir nichts erfassen, das nicht in Raum und Zeit eingebettet ist. Wir können das Vorhandensein von Raum und Zeit nicht durch kindliches Lernen erfassen, sondern alle unsere Wahrnehmungen geschehen vom ersten Augenblick an innerhalb dieser beiden Koordinaten, die zur Substanz des Menschengeschlechtes gehören.

Von Kant an entwickelt sich der Nativismus auf der idealistischen Linie, und es geht nicht mehr um dem Neugeborenen eingeprägte Begriffe und Wahrheiten, sondern um das, was der Mensch als solcher beim Begreifen der Realität von sich aus beiträgt. Es ist eher ein formeller als materieller Nativismus, denn das Angeborene ist ein Werkzeug, keine Datensammlung. Es ist nicht möglich, nicht einmal panoramaartig, die Auffassungen vom eidetischen Erbgut von Kant bis auf unsere Tage nachzuzeichnen. Ein Hinweis aus jüngster Zeit mag genügen, um die Dauerhaftigkeit des Nativismus darzutun.

Noam Chomsky behauptet – insbesondere in «Language and Mind» (1968) – die Existenz einer allen Sprachen gemeinsamen Struktur oder allgemeinen Grammatik und vertritt die Auffassung, daß dieses grundlegende Sprachschema nicht durch Erfahrung erworben, sondern dem Kinde von der Natur mitgegeben wird und zu bestimmten eingewurzelten Veranlagungen des menschlichen Geistes gehört. Es gibt demnach etwas Angeborenes, vor dem Erlernen der Muttersprache Vorhandenes, das Chomsky mit dem Instinkt der Vögel für den ihnen eigentümlichen Gesang vergleicht. Dieser angeborene Besitz besteht aus den linguistischen Allgemeinbegriffen, die substantiell oder formell sein können und die in phonologische, syntaktische und semantische unterteilt werden. Zum Beispiel die Idee des

Hauptworts, des Verbs, des Subjekts, der adverbialen Bestimmung usw. Es gibt, in Zusammenfassung, eine Reihe von universalen Kategorien und Regeln a priori, mit denen das Kind seine Sprache strukturiert und in gewisser Hinsicht aufbaut und dabei von den unzusammenhängenden, spärlichen und häufig unrichtigen idiomatischen Informationen ausgeht, die es in seiner Umgebung hört: Die Linguistik aktualisiert in einer ihrer brillantesten und jüngsten Aussagen von empirischen Feststellungen her die wesentliche Schlußfolgerung des rationalen Nativismus.

Ungeachtet der vielerlei exegetischen Probleme, die jeder Autor stellt, ist offenbar, daß die Philosophie wiederholt die Existenz eines noetischen Erbgutes anerkannt hat, etwas Wissensähnlichem, das man von den Eltern zusammen mit dem Körper empfängt und das nicht aus der Sinnenerfahrung stammt. Es ließe sich darüber diskutieren, ob die Idee des Seins, wie Buenaventura postulierte und man bis Rosmini wiederholt hat, ein angeborener Begriff ist, aber nicht zu leugnen ist, daß der menschliche Verstand die Welt auf eine ihm besondere Art und Weise erfaßt. Der Einzeller hat eine von der des Orang Utan verschiedene Art, seine Umwelt «zu begreifen», und dieser versteht seine Umgebung nicht in gleicher Weise wie der Mensch. Und die Lehre von den Engeln und die Theodizee lassen erkennen, daß zur Erfassung des Realen weniger bedingte als die dem heutigen Menschen zur Verfügung stehenden Mittel denkbar sind, beispielsweise die reine Intuition, die absolute Erkenntnis oder die sogenannte Halbwissenschaft. Die verschiedenen Arten die Wirklichkeit zu verstehen werden durch die verschiedenartigen Strukturen der Geistesgaben bestimmt. Das eigentümliche Wesen des menschlichen Verstehens ist eine angeborene Voraussetzung unserer raum-zeitlichen, relativistischen, analytischen, rechthaberischen, kausalen Art und Weise, die Welt zu begreifen: sei es das Prinzip des Widerspruchs, das Sein oder die Zeitlichkeit, es gibt etwas, das nicht empfangen wurde, sondern vom Menschen eingebracht wird, wenn er seine Erkenntniskräfte einsetzt. Was er «einbringt», hat ihm in den Chromosomen die Art vermacht, zu der er gehört, es ist sein von dem anderer Lebewesen verschiedenes eidetisches Erbe. Es gibt deutliche Unterschiede zwischen den Arten, aber dieses Erbe hat wiederum in jedem Individuum seine eigenen, mehr oder weniger deutlichen Nuancen: Plato und Aristoteles, Velazquez und

El Greco, Juan de la Cruz und Quevedo sahen das Universum nicht auf gleiche Weise, und damit ist bewiesen, daß ihr persönliches noetisches Erbe, waren sie auch Landsleute, gleichen Alters und gleicher Art, verschieden war.

Die gesellschaftliche Ungleichheit
Der Mensch ist ein geselliges Tier, das heißt, er gehört zu einer Art, die sich nicht in der Einsamkeit entwickeln kann. Die grundlegenden Ursachen dieser natürlichen Soziabilität sind folgende:
1. Der biologische Reifeprozeß des Menschen geht sehr langsam vor sich, er benötigt Jahre, während derer er von Erwachsenen ernährt und geschützt werden muß; 2. Die Instinktbegabung des Menschen macht ihm das Überleben schwer, und der Erwerb der durch die Art gesammelten Erfahrungen erfordert die Unterrichtung durch die Älteren; 3. Der Mensch bedarf der übrigen auf Dauer, um seine Bedürfnisse an Achtung und Liebe zu befriedigen; 4. Die Entwicklung des homo sapiens ist eher kulturell als chromosomisch, und die Schaffung, Bewahrung und Überlieferung der Kultur verlangt, um so mehr, je größer der Wissensschatz ist, die Existenz der Gesellschaft.
Zusammengefaßt, die menschliche Spezies ist von Natur kommunikativ auf biologischer, bildungsmäßiger, gefühlsmäßiger und kultureller Ebene, und diese Kommunikation ist nur in der Gesellschaft möglich. Zu diesen von Natur gegebenen Motivationen kommt noch eine abgeleitete, obschon grundlegende hinzu, das Bestreben, den Zustand von Anarchie und allgemeinem Krieg durch die Schaffung von Bereichen kollektiver Sicherheit zu überwinden. Das ist der Augenblick, in dem die Gesellschaft sich zum politischen Gemeinwesen wandelt.
Robinson ist kein Einzelgänger, sondern eine zu ihrem Bedauern nicht mehr zur Gesellschaft gehörende und geistig der verlorenen Gesellschaft angehörende Einzelperson. Das einem Einzelgänger ähnlichste Wesen ist unter sozialen Absonderlichkeiten zu suchen, wie dem unter Tieren aufgewachsenen «Wolfsjungen», dessen Umweltbedingungen untermenschlich sind. Die Soziabilität ist keine bloße Potenzialität der menschlichen Art, sie ist eine wesentliche Eigenschaft und ein unausweichliches Gebot.
Jede menschliche Gesellschaft setzt zwei große Grundformen von Rangordnung voraus: die der Autorität und die der Macht.

Die erste ist eine Überlegenheit in Ausdruck und Wissen, es ist die dessen, der mehr weiß; die zweite besteht im Anordnen und Durchführen, es ist die dessen, der mehr Durchsetzungsvermögen besitzt. Die Autorität ist nicht übertragbar, und die Macht ist delegierbar, die Autorität ist logisch, die Macht faktisch, die Autorität wird akzeptiert, die Macht aufgezwungen, die Autorität ist altruistisch, die Macht egozentrisch. Die Autorität ist edler als die Macht.

a) Die Autorität ist kein rein theoretisches und auf den Bereich der möglichen Abstraktionen beschränktes Wissen. Es ist natürlich sehr zweifelhaft, ob es solche Sublimierungen gibt, denn jede Idee ist ein eingeleitetes Handeln, sind doch, wie Piaget gezeigt hat, die Erkenntnisvorgänge einschließlich der mathematischen, Formen der praktischen Regelung der Beziehungen des Tieres zu seiner Umgebung. Aber außerdem ist es so, daß ein sehr wichtiger Teil der reinen Wissenschaften darin besteht, in einem «Wissen wie» die Lösungen in den Laboratorien zu finden und in einem «Wissen wie» auf die Wirklichkeit einzuwirken.

Der Kulturgrad ist es, der den fortgeschritteneren Menschen vom primitiveren unterscheidet. Demnach entstammt fast die ganze Kultur mittel- oder unmittelbar der Autorität, denn es ist immer weniger möglich, persönlich alle die Kenntnisse zu besitzen, auf die sich, wenn schon nicht die Wissenschaft als Ganzes, sondern eine einzige spezialisierte Disziplin gründet. Das Wissen ist zu seinem größten Teil eine Sache des Vertrauens in die Beiträge anderer und der Achtung ihrer Autorität. An dem Tag, an dem alle Forscher versuchen, alle Unterlagen, Begriffe und Urteile, mit denen sie umgehen, selbst zu prüfen, wird die Wissenschaft sich selbst auffressen.

Die Autorität ist im Grunde ein Grad von Wissen, aber aus der Gelehrsamkeit wird häufig eine besondere Eignung zur Abgabe von Werturteilen abgeleitet: Die Autorität ist vornehmlich definitorisch und in zweiter Linie judiziell. Es gibt Kritiker von Autorität, die loben, kritisieren und Maßstäbe setzen: So ist zu zeichnen und so zu schreiben. Die wissenschaftliche Autorität in jedem Bereich pflegt sich mit der moralischen Autorität zu decken. In diesem Falle ist die Unterwerfung dessen, der sie annimmt, doppelt: Er akzeptiert Daten und außerdem Ratschläge. So entsteht eine relative Unwissenheit und damit eine Unterlegenheit einem anderen gegenüber hinsichtlich dessen, was die Dinge sind und wie sie sein sollen.

Beim derzeitigen Stand der Kenntnisse kann kein Individuum letzte Autorität auf allen Gebieten des Wissens sein. Man ist Autorität auf einem bestimmten Gebiet in einem bestimmten Augenblick. Der Gelehrteste ist ein Dummkopf auf einer Unzahl von Gebieten, auf denen er sich anderen unterzuordnen hat. Aufgrund der einfachen Arbeitsteilung entstehen bereits unüberwindliche Überlegenheitszustände im Bereich der wissensmäßigen Autorität. Und diese Art von Schichtung findet sich zum Beispiel nicht nur unter Chemikern und Physikern, sondern innerhalb der Physik zwischen einem Fachmann in Teilchen und einem anderen in Strömungsmechanik und so fort. Klar ist, daß es sich um einander überlappende Rangordnungen handelt: Einer ist der erste in Genetik, und ein anderer ist es in der Augenheilkunde.

Aber es ist so, daß innerhalb eines identischen Gebietes keiner dem anderen gleich ist: Einige wissen mehr und andere weniger. Die Ungleichheit hat ihre Ursache teilweise in Milieufaktoren wie den Erziehungsbedingungen, hängt aber auch von angeborenen Eigenschaften ab wie der Neugier, der Intelligenz, dem Gedächtnis und der Beharrlichkeit. Zwei demselben Schulsystem unterworfene Schüler werden verschiedene akademische Noten erzielen. Und wenn der am weitesten vorgerückte zum Zurückstecken gezwungen wird, läßt sich der offenkundige Niveauunterschied zwar unterdrücken, nicht aber die Realität der persönlichen Überlegenheit. Die Ungleichheit der Autorität im Wissen und demzufolge im Handeln ist nicht aufzuheben. Wo zwei Individuen sind, wird es einen geben, der dem anderen wissensmäßig überlegen ist.

b) Das Prestige ist eine der Autorität nahestehende Art Rangordnung, wenn auch unbestimmter, weil es nicht immer auf einen bestimmten Bereich beschränkt und subjektiver ist. Er ist eine «Autorität in Astronomie» zu sagen ist konkreter und verbindlicher als «er ist ein Astronom mit Prestige», weil dieses Prestige aus anderen Vorzügen als denen der Gelehrsamkeit stammen kann und weil es nicht so sehr ein unmittelbares Urteil über die Person ist als ein Anerkenntnis, daß über sie eine günstige Meinung herrscht.

Die Etymologie erklärt die semantische Ungenauigkeit. Die Vokabel kommt vom lateinischen prestigiae, was Illusionen, Phantasmagorien und Taschenspielerei bedeutet. Daher der kastilische Ausdruck «prestidigitación» (Fingerfertigkeit). Es gibt also einen magischen, geheimnisvollen und unerklärlichen Zusammenhang. Letztendlich ist das Prestige weniger rational als die Autorität, es hat eine weniger logische Grundlage, was es aus epistemologischer Sicht abwertet, weil die Irrationalität ein Kennzeichen des Massenverhaltens ist. Es ist eine wichtige, universale und gesicherte gesellschaftliche Tatsache, daß es Personen gibt, denen die Gruppe aus verhältnismäßig fundierten Gründen und mit nur wenig begrenztem Inhalt ein Prestige zubilligt und sie damit über den Dutzendmenschen hervorhebt, und sogar unter diesen Persönlichkeiten schafft die allgemeine Übereinstimmung eine Rangordnung.

Das Prestige ist immer positiv, im Unterschied zum Ruf, der gut oder schlecht sein kann. Das Gegenteil ist der Prestigeverlust, der gesellschaftlich viel schmerzlicher ist als die einfache und neutrale Anonymität. Der Prestigeverlust lenkt die allgemeine Aufmerksamkeit auf ein Laster, eine Schwäche oder eine Unanständigkeit. Deshalb ist es so wichtig, das Prestige zu bewahren, und daher gibt es ein gewisses Beharren zu seinen Gunsten.

Ungleichheiten im Prestige sind absolut unvermeidlich, weil sie sich aus dem zwangsunabhängigen Urteilsvermögen der Menschen ergeben. Alle beurteilen den Nächsten, und aus der übereinstimmenden Wiederholung derartiger Urteile innerhalb einer Gruppe erwächst diese allgemeine Meinung, die Prestige gewährt oder entzieht. Manipulationen, seien sie diktatorisch oder nicht, können Prestige erfinden oder auch absprechen, aber nicht vollständig beseitigen. Und nicht die totalitärste Zwangsuniformität der Lebensweise wird die Prestigeunterschiede aufheben, denn das Prestige ist etwas intimes und persönliches und daher wertvolleres als politische und wirtschaftliche Macht. Daher kommt es, daß es eine Quelle der Genugtuung für die einen und der Frustration und des Neides für die anderen ist, wertvoller noch als Reichtum und Macht. Das mit der Gesellschaft so innig verknüpfte Prestige ist eine der wesentlichsten Triebkräfte der Ungleichheit unter den Menschen.

c) Macht hat man in dem Maße, wie man anderen den eigenen Willen aufzwingt. In der hypothetischen Situation eines Krieges aller gegen alle gibt es die Macht der persönlichen Kraft, und die Individuen nehmen ihren Rang nach dem Gesetz des Stärkeren ein. Aber wo sich ein politisches Gemeinwesen bildet, tritt die gesellschaftliche Macht in Erscheinung und die Bürger nehmen an ihr gemäß den Vorschriften der Rechtsordnung teil.

Die Menschen fügen sich in einen Staat ein, um aus dem Wirr-
warr herauszukommen und die widerstreitenden Interessen in
Einklang zu bringen. Das einzige für diesen Interessenausgleich
bekannte Rezept ist das Recht, das seinerseits Gesetzgeber,
Richter, Gerichtsdiener erfordert, das heißt Beamte und Soldaten. Das Recht ist von Zwang und Macht untrennbar. Diese
Macht, Gesetze zu geben, wirksam zu lohnen und zu strafen,
läßt sich nicht unter allen Bürgern eines verhältnismäßig zahlreichen Gemeinwesens aufteilen. Einige werden verwalten, andere verwaltet werden. Durch den Grad der Beteiligung an der
tatsächlichen Ausübung der Macht sind die Mitglieder eines
Gemeinwesens notwendig ungleich. Aber allein das Vorhandensein von Lohn und Strafe, das zum Wesen von Gerechtigkeit und
Recht gehört, führt zur Ungleichheit. Die Rechtsordnung vergilt
Verbrechen und positive Leistungen auf verschiedene Weise.
Die politische Gesellschaft setzt eine Rangordnung der Macht
und eine Abstufung von Ehrungen und Strafen voraus. Einige
werden einen weiteren Machtbereich als andere haben, und
einige werden verführbarer sein als andere. Einigen wird das
Gesetz ihren Leistungen entsprechend mehr, anderen weniger
geben. Allein in dem eingebildeten Naturzustand gäbe es politische Gleichheit, aber dafür die Ungleichheit der irrationalsten
der faktischen Gewalten, der reinen Gewalttätigkeit.
In einer geordneten Gesellschaft können nicht alle Mitglieder
alles tun, und einige sind höher begabt als andere. Diese Verteilung erhöht die Leistungsfähigkeit der Gruppe. So vollzieht sich
die Spezialisierung der Aufgaben: Einige sind Krieger, andre
Handwerker, Bauern usw. Jede Tätigkeit verwirklicht einen
Wert, und die, die ihn besser verwirklichen, werden denen überlegen sein, die ihn schlechter verwirklichen. Außerdem gibt es
eine Rangordnung unter den Werten: Die schwierigen und seltenen Gewerbe stehen höher als die einfachen und reichlich vorhandenen. Es gibt auch eine Abstufung nach dem Werkstoff: Der
Müllmann steht niedriger als der Goldschmied. Die Spezialisierung der Aufgaben ist von der Ungleichheit untrennbar. Wo es
verschiedene Menschen gibt und nicht alle alles machen, wird
es keine Gleichheit geben.
Kurz gesagt bedeutet ein politisches Gemeinwesen Gesetze und
damit Rangordnung, Zwang und Bewertung der Leistung, das
heißt Ungleichheiten in Stellung, Macht und Vermögen, bedeutet Aufgabenteilung und damit Unterschiede in Ansehen und

Aufgabengebiet. Alle diese zum politischen Gemeinwesen gehörenden Ungleichheiten werden zu Machtungleichheiten.

d) Rousseau hatte Recht: Es gibt Ungleichheiten in Macht, Prestige und Autorität, weil es eine Gesellschaft gibt. Aber er zog nicht den entgegengesetzten Schluß. Die Gleichheit von Autorität, Macht und Prestige gäbe es nur in einer alleräußersten Utopie: der von der Außenwelt abgeschnittenen Selbstdiktatur oder totalitären und anarchistischen Vereinzelung, das heißt eines einzigen Staates (gäbe es zwei, gäbe es Kriege), eines einzigen Bürgers, dessen Tod das Ende der Geschichte bedeutete. Friedrich Engels schrieb an C. Terzaghi am 14. 1. 1872: «Mir scheint, daß mit den Phrasen von der «Autorität» und der Zentralisierung großer Mißbrauch getrieben wird. Ich kenne keine autoritärere Sache als eine Revolution, und wenn man seinen Willen den anderen mit Bomben und mit Gewehrkugeln aufzwingt, wie in jeder Revolution, dann scheint mir, daß man Autorität ausübt. Es ist der Mangel an Zentralisierung und an Autorität, der der Pariser Kommune das Leben gekostet hat. Macht mit der Autorität usw. nach dem Siege, was Ihr wollt, aber für den Kampf müssen wir alle unsere Kräfte zu einem einzigen Bündel zusammenfassen und sie auf denselben Angriffspunkt konzentrieren. Und wenn man mir von Autorität und von Zentralisierung wie von zwei unter allen möglichen Umständen verdammenswerten Dingen spricht, dann scheint mir, daß diejenigen, die so sprechen, entweder nicht wissen, was eine Revolution ist, oder daß sie Revolutionäre nur mit Worten sind.»

Die Lebensungleichheit

Niemand will in jeder Hinsicht dasselbe wie die übrigen. Die Menschen stimmen grundsätzlich überein in der Suche nach dem Glück und ein jeder versteht es auf seine Art und verfolgt es auf andere Weise. Eine Biographie ist die Aufzeichnung der besonderen Erfolge und Irrtümer einer Person bei dem Bemühen, seine subjektive Vorstellung von Glück zu verwirklichen. Individuell und daher unwiederholbar sind demnach Ziel und Weg. Die Menschen werden nicht nur ungleich geboren, sie machen sich absichtlich ungleich. Zwei eineiige Zwillinge sind zwei ungleiche Lebensgeschichten, und je näher sie einer dem anderen leben, um so größer werden ihre Bemühungen um Verschiedenheit sein. Die existentiellen Divergenzen sind bei zwei einfachen Geschwistern gewöhnlich schon außerordentlich.

Der Wille ist die am stärksten spezifizierende Kraft des Menschen und daher der Motor der zwischenmenschlichen Differenzierung und der Schlüssel zu unüberwindlichen Ungleichheiten. Es wäre auch so, wenn der Mensch nicht frei wäre, es genügte die Tatsache, daß er wie die Elementarteilchen die radikale Ambiguität besäße, beweglicher Körper und Flugbahn zu sein, was ihn in einen historischen Ablauf verwandelte. Und wie nichts zweimal vollkommen gleich geschieht, so haben die persönlichen Existenzen kein Doppel, und außerdem gibt es sie mehr oder weniger geglückt oder ungleich im Herankommen an ihr Ziel. Diese letzte ist die subjektive Ungleichheit. Der Mensch ist, und zur gleichen Zeit macht er sich. Immer «ist» er von Geburt den anderen ungleich, und niemals «macht er sich» mit Willen irgendeinem anderen identisch. Das dynamische Leben verdoppelt die genetische Individualität und kompliziert sie mit den unendlichen Varianten der Freiheit oder wenigstens der Lebensumstände. Für den Menschen ist Sein Leben, und weil er leben will, macht er sich ungleich.

Die überirdische Ungleichheit

Gegenüber den Nationalreligionen wie dem alttestamentarischen Judaismus oder den Kastenreligionen wie dem Brahmaismus setzt das Christentum Gleichheit der Berufung voraus: Alle Menschenwesen, ohne Unterschied, können und müssen den Glauben annehmen.

Aber in der Kirche ist mehr als ein universales Offensein. Alle Menschen empfangen eine innerlich übernatürliche Gabe, die Gott ihnen spendet, die Gnade, die heiligend oder zeitlich sein kann. Die erste ist ein Dauerzustand der Seele, während die zweite vorübergehend ist. Beide Arten der Gnade sind für die Erlösung notwendig, und Gott gewährt sie dem Menschen unentgeltlich in ausreichender Menge. Heißt das, daß alle eine gleiche Gabe Gnade erhalten? Nein! Jeder Seele wird sie in verschiedenem Maße gegeben. Dem Konzil von Trient zufolge «empfängt ein jeder die Heiligkeit in sich in dem Maße, wie der Heilige Geist sie nach seinem Willen austeilt und entsprechend der Empfänglichkeit und Tauglichkeit eines jeden.» Diese deutlich gegen den Protestantismus gerichtete Haltung stützt sich auf die paulinische Autorität: «Es sind mancherlei Gaben (gratiam im lateinischen und charisma in der griechischen Fassung)

... und teilt einem jeglichen seines zu, nach dem er will (I. Cor. 12,4 und 11).»

Die Gleichheit der Berufung setzt sich nicht in eine Ergebnisgleichheit um, weder im weltlichen noch in dem entscheidenden, weil ewigen Leben. Dem Konzil von Florenz zufolge schauen einige Erwählte Gott vollkommener, entsprechend der Verschiedenartigkeit ihrer Verdienste. Diese Definition stützt sich auf die klassische, im Neuen Testament dem jüngsten Gericht zugeschriebenen Gerechtigkeitsidee: «Der Sohn des Menschen... wird er einem jeglichen vergelten nach seinen Werken» (Math. 16,27). Die Ungleichheit ist absolut, denn einige werden gerettet und andere verdammt werden, und es wird eine Rangordnung in Lohn und Strafe geben.

Demnach gibt es eine Ungleichheit in den natürlichen Fähigkeiten, den übernatürlichen Gnaden, den persönlichen Verdiensten und in der Vergeltung. Der christliche Egalitarismus beschränkt sich darauf, allen ohne Ausnahme die Eigenschaft von Gotteskindern und die Möglichkeit der Erlösung anzubieten, aber dann münden die freie göttliche Willkür bei der Zuwendung von Gaben und die Anwendung einer im Verhältnis zur Lebensführung stehenden Gerechtigkeit in ein nichtegalitäres System.

Es können hier nicht alle Glaubensbekenntnisse analysiert werden. Die lutherische Variante schränkt, da sie den menschlichen Werken das himmlische Verdienst abspricht, die Rationalität des gesamten Rechtfertigungsschemas ein und bewahrt die Ungleichheiten, wobei sie einen gewissen Fatalismus und die Willkürlichkeit seines im göttlichen Ermessen gelegenen Ursprungs betont. Die gleichheitsfeindliche Haltung des Katholizismus unterscheidet sich tatsächlich nicht von der anderer großer Religionen, denn wenn die Seele frei und unsterblich ist und es eine sittliche Ordnung und einen gerechten Gott gibt, muß es eine Beziehung zwischen dem Verhalten in der Welt und dem Grad ewiger Seligkeit geben.

Die überirdische Ungleichheit ist unvergleichlich viel größer als die irdische, denn diese pendelt zwischen endlichen und relativ naheliegenden Extremen, die andere hingegen zwischen seinsmäßigen (die Gegenwart und die Abwesenheit Gottes) und raumzeitlichen (die himmlische und die höllische Ewigkeit) absolut entgegengesetzten Unendlichkeiten. Die zwischen der vollständigen und ewigen Freude am absolut Guten und dem vollen und nie endenden Erleiden des Bösen bestehende Ungleichheit ist die äußerste dem vor allem dem Glück ergebenen Menschen faßliche. Für den Gläubigen, der diese möglichen Ungleichheiten hinnimmt, sind die Ungleichheiten dieser Welt von verachtenswerter Nichtigkeit.

DAS EGALITÄRE IDEAL

Die Gleichheit vor dem Gesetz

Die Erklärung der Menschenrechte von 1793 verkündete in ihrem Artikel III: «Alle Menschen sind von Natur und vor dem Gesetze gleich.» Das Postulat wurde in den verschiedenartigsten Verfassungstexten wiederholt und hat in die Welterklärung von 1948 Eingang gefunden: «Alle sind vor dem Gesetz gleich.» Aber dieser Gemeinplatz der Rechtsordnungen nach der französischen Revolution ist weit davon entfernt, ein präziser Begriff zu sein. Er wird gebraucht, als sei er einleuchtend und klar, ist aber problematisch und dunkel und darum der Analyse bedürftig.

Das Problem muß von zwei sich ergänzenden Blickwinkeln angegangen werden, dem des objektiven Gesetzes und dem des subjektiven Rechts.

Anfangs hatte die Gleichheit vor dem Gesetz – wie bei revolutionären Schlagworten üblich – eine ausschließende Bedeutung: Die Ablehnung jeder unterschiedlichen Behandlung der Einzelperson aufgrund ihrer ursprünglichen Eigenart (Volkszugehörigkeit, Geschlecht usw.) und darüber hinaus wegen ihrer ererbten Privilegien (Steuerbefreiungen, Regalien usw.). Die Abschaffung jeder Vorschrift, die eine Zurücksetzung aufgrund der Rasse bedeutete, war vollkommen machbar und ist, wenn auch langsam, durchgeführt worden. Größere Schwierigkeiten bereitete die Gleichstellung von Mann und Frau wegen ihrer tiefgehenden wesensmäßigen Unterschiede, aber auch auf diesem Wege ist man außerordentlich vorangekommen. Hingegen hat man die Abschaffung des Erbrechts, des Namens und des Eigentums weder einstimmig für wünschenswert gehalten, noch hat man sie durchgeführt. Jedenfalls bedeutet die Beseitigung jeglicher Diskriminierung aufgrund der Volkszugehörigkeit, des Glaubens und der Abstammung genaugenommen nicht die Gleichheit vor dem Gesetz. Der Ausdruck ist, wenn auf den Prozeß der Beseitigung privilegierter Stellungen angewandt, höchst ungeeignet. Sehen wir weshalb.

Erreicht man die Gleichheit vor dem Gesetz, wenn die personen-bezogenen Normen oder Privilegien beseitigt und nur noch die sogenannten allgemeinen oder auf viele unbestimmte Personen anwendbaren rechtlichen Vorschriften erlassen werden? Unter dieser Voraussetzung hieße die Gleichheit vor dem Gesetz so-viel, wie von jeder Vorschrift das Merkmal der «Allgemeinheit» zu verlangen. Schon die klassischen spanischen Rechtslehrer mit Francisco Suarez an der Spitze bewiesen die Zulässigkeit der personenbezogenen Regeln oder Privilegien, die Pflichten und Rechte für eine konkrete Person begründen. Aber vorausgesetzt, es würden nur allgemeine Normen erlassen, wäre damit eine strikte Gleichheit aller vor dem Gesetz erreicht, das heißt, daß ein und dasselbe Gesetz auf alle anwendbar wäre?

Damit es ein selbes Gesetz gäbe, müßte die Rechtsordnung unveränderlich bleiben, aber das positive Recht erneuert sich, und folglich wird auf die einen eine Gesetzgebung angewandt und auf die anderen die, die ihr nachfolgt, wenn sie außer Kraft gesetzt wird. Bei zwei zeitgenössischen Spaniern wäre derselbe Tatbestand – der Ehebruch – strafbar oder nicht strafbar gewe-sen, je nachdem, ob er vor oder nach der entsprechenden Reform des Strafgesetzbuches begangen wurde. Selbst innerhalb eines sehr kurzen Zeitraumes ist die Gleichheit vor dem Gesetz we-gen der Veränderlichkeit des Rechts illusorisch. Die Gleichheit vor dem Gesetz kann nicht nachträglich, sondern nur gleichzei-tig sein: daß in einem gegebenen Augenblick die anzuwendende Vorschrift für alle dieselbe ist. Aber nicht einmal das geschieht. Jeder souveräne Staat gibt sich sein eigenes Recht, und alle sind verschieden. In derselben Sekunde werden auf einen Österrei-cher und einen Ungarn, obgleich sie nur durch die Grenzlinie getrennt sind, verschiedene Gesetzeswerke angewandt. Solange es mehr als einen Staat gibt, wird die Gleichheit vor dem Gesetz nur zur gleichen Zeit innerhalb eines bestimmten geographi-schen Bereiches möglich sein. Aber diese Grenzen sind nicht einmal immer die des Staates: dort wo es Bundesterritorien oder Gerichtsbezirke mit rechtlichen Besonderheiten gibt, wird die gemeinsame Staatsangehörigkeit, nicht die Gleichheit vor dem Gesetz gewährleistet. Erforderlich wird außerdem dieselbe An-sässigkeit sein. Die Scheidung ist verschieden in Las Vegas und in Washington und das Steuerrecht in Madrid und in Pamplona. Die Gleichheit vor dem Gesetz hat demnach eine zeitliche Einschränkung (Gleichzeitigkeit) und eine räumliche (Ansässigkeit in ein und demselben Bezirk).

Aber selbst innerhalb eines identischen Bezirks wird auf denselben Tatbestand – einen Mord – eine andere Norm auf den einer besonderen Rechtsprechung unterworfenen Täter angewandt. Der Rekrut fällt unter das Militärgesetzbuch, und wer es nicht ist, unter das Strafgesetzbuch. Und diese Verschiedenartigkeit wiederholt sich bei den möglichen unterschiedlichen Gerichtsbarkeiten: Minderjährige, Terroristen, Kleriker usw. Hieraus ergibt sich, objektiv gesehen, daß die Gleichheit vor dem Gesetz außer der Einschränkung durch die Gleichzeitigkeit auf diejenigen Bereiche begrenzt ist, die der gleichen Staatsgewalt und der gleichen Gerichtsbarkeit unterworfen sind.

Die Frage ist nunmehr nicht aus der Sicht des objektiven Gesetzes sondern der subjektiven Rechte zu prüfen, die das Gesetz anerkennt und schützt. Diese Rechte können allen, einigen oder einem einzigen zustehen. Nur im ersten Falle gibt es eine gewisse Gleichheit. Die subjektiven Rechte, die jeder Mensch aufgrund seines Menschseins besitzt, sind die, die die Erklärung von 1789 «natürlich» nannte und die dann «menschlich» genannt wurden. Schon in der Meinungsverschiedenheit über ihre Bezeichnung tritt die Polemik zwischen den Naturrechtlern und den Positivisten zutage. Für jene sind die Grundrechte des Menschen vorgegeben und unveränderlich, während sie für die Positivisten errungen und historisch sind. Im Austausch gegen die Verabsolutierung beschränken die wenigen Naturrechtler die Liste solcher Rechte auf sehr wenige, während die ungezählten Positivisten diese Rechte zum Preise der Relativierung vervielfältigen und sie auf sehr zweitrangige und modische Bereiche ausdehnen. Jedenfalls besitzen alle Menschen besagte Rechte gleichermaßen. Der hauptsächlich von den Marxisten erhobene Einwand ist der, daß nicht alle diese Rechte in einer kapitalistischen Gesellschaft ausüben können, weil beispielsweise die Freiheit der Meinungsäußerung nicht dasselbe für den Durchschnittsbürger wie für den Eigentümer von Massenmedien ist. Genauso ließe sich einwenden, daß dieser Bürger sich in nicht weniger nachteiliger Lage gegenüber der Presse der kommunistischen Einheitspartei befindet. Sicher ist, daß die subjektive Gleichheit der Menschenrechte eher nominell als praktiziert ist. Es gibt andere Rechte, die mehrere Personen zu gleichen Teilen besitzen, so das des anteiligen Eigentums oder das der Erbengemeinschaft. Tatsächlich ist die große Mehrzahl der subjektiven Rechte individuell und so ungleich, daß sie zu Unvereinbarkeiten führen. In jedem Rechtsstreit gibt es immer einen Gewinner und einen Verlierer: Das Gesetz erkennt einer Seite zu, was es der anderen verweigert. Und es ist sogar möglich, daß, wenn das Gericht wechselt, die Urteile im Widerspruch zueinander stehen, wenn auch die Tatsachen und die anzuwendenden Gesetze die gleichen sind, weil die Rechtsprechung nicht einheitlich ist. In diesem Falle ist das gesprochene Recht nicht einmal in sich selbst gleich.

Selbst unter Annahme der objektiven Gleichheit vor dem Gesetz (zwei dem gleichen Gesetzbuch im gleichen Augenblick, am gleichen Ort und vor dem gleichen Richter unterworfene Bürger) ist das Gesetz gewöhnlich nicht gleich, weil es oft bei Ungleichheit subjektiver Rechte ausgelegt wird: Einige haben eine Zeitung oder eine Partei, andere nicht, einer ist Eigentümer, Erbe oder Verpächter und der andere nicht. Aus diesem Grunde erklärte Marx, das Recht müsse ungleich sein, das heißt Beschützer des Enterbten, um eine egalitäre Gesellschaft aufzubauen. Und das ist der Geist, der viele der sogenannten sozialen Gesetze beseelt. Die prozeßrechtlichen Vorschriften, die dem Armen die Prozeßkosten erlassen, die die Frau, den Minderjährigen, den Arbeiter, den Geistesschwachen schützen, und alle Steuervorschriften, die den, der mehr besitzt durch eine verhältnismäßige und progressive Besteuerung strafen, sind typische Beispiele eines selektiven, nicht für alle gleichen Rechts. Der Unterschied besteht darin, daß man es früher für gerecht hielt, die Adeligen von bestimmten Steuern auszunehmen, und heute glaubt, daß bestimmte Lohnempfänger begünstigt werden müßten. Die gesetzliche Diskriminierung besteht weiter. Was sich geändert hat, ist die Auffassung von Gerechtigkeit.

Zusammengefaßt, sensu strictu keine Gleichheit vor dem Gesetz. Es gibt aus der Sicht des objektiven Rechts eine Tendenz, die internationale Rechtsordnung universal und zwingend zu machen, die Gesetzbücher der verschiedenen Nationen einander anzugleichen, die binnenländischen Gesetzeswerke zu systematisieren und unverändert zu halten und die besonderen Gerichtsbarkeiten abzuschaffen, um die aus der Vielfalt der Normen entspringenden Ungleichheiten zu beseitigen. Dieses Ziel befindet sich in schwer zu ermessender geschichtlicher Ferne. Und aus der Sicht des subjektiven Rechts gibt es eine Tendenz, die

Diskriminierungen aufgrund ererbter Stellung durch Diskriminierungen aufgrund der geschaffenen Zustände und Vorzugsbe-
handlung für die weniger Begünstigten zu ersetzen. Daß man in
dieser Hinsicht weit vorangekommen ist, mildert nicht den materiell diskriminierenden Charakter des neuen Rechts.
Die mögliche objektive Gleichheit vor dem Gesetz beschränkt
sich darauf, daß die Rechtsordnung in einem gegebenen Augenblick gleichartige Lösungen für entsprechende Tatbestände und
gleicher Gerichtsbarkeit unterworfene Subjekte vorsieht. Und
die subjektive Gleichheit vor dem Gesetz beschränkt sich darauf, daß die Rechtsstellung des Subjekts sich nicht aufgrund von
Bewertungen ändert, die von seinem freien Verhalten unabhängig sind. Die objektive Gleichheit vor dem Gesetz ist wünschenswert, ist aber außerordentlich schwer zu verwirklichen
und enthält sehr viel weniger wirklich gleichmachende Kraft als
intuitiv und gemeinhin vermutet wird. Die subjektive Gleichheit vor dem Gesetz erfordert die Abschaffung jeden ererbten
Rechts, was auch nicht zu einer wirklichen Besitzgleichheit
führt. Aber aus jener eingeschränkten objektiven und dieser
anfechtbaren subjektiven Gleichheit, alle beide formal, ergibt
sich nicht, daß die Gesetze keine die einen begünstigenden und
anderen schadenden, der herrschenden Gerechtigkeitsauffassung entsprechenden Diskriminierungen enthielten, noch, daß
die darauf beruhenden Urteile Gleichheit schafften, im Gegenteil, gewöhnlich schaffen oder bestätigen sie Ungleichheiten.
Das ist der problematische und karge Gehalt der angeblich vollständigen und allumfassenden Gleichheit vor dem Gesetz.

Die politische Gleichheit

Die politische Gleichheit ist weniger Eigenschaft als Recht: Alle
sind wählbar und Wähler, ein jeder mit einer Stimme gleichen
Wertes. Diese Gleichstellung subjektiver politischer Rechte ist
ein Sonderfall der Gleichheit vor dem Gesetz, ist aber beispiel-
haft, weil sie wie die sogenannten Menschenrechte ein Recht
ist, das einer Person ihrer Eigenschaft als solcher wegen und
nicht wegen vorübergehender Gegebenheiten zusteht. Es gibt
also eine Gleichheit dem Grunde oder dem Rechte nach. Sie
stellt außerdem ein Grundrecht dar, weil die Mitglieder des
Gemeinwesens durch seine Ausübung paritätisch an der Auswahl ihrer Gesetzgeber und Regenten teilhaben können, womit
die Rechtsordnung und das Handeln der Verwaltung zum Wider-

schein der Mehrheit werden sollen. Und endlich wird angenommen, daß der Mehrheitswille nicht elitär und diskriminatorisch, sondern volksnah und egalitär sein wird. So schließt sich der logische Kreis: Aus der politischen Gleichheit erwachsen die übrigen gesellschaftlichen Gleichheiten. Die Gleichheit politischer Rechte ist das Ergebnis und gleichzeitig die Garantie der Gleichheit vor dem Gesetz, und darum ist sie Ausgangspunkt und Ziel des demoliberalen Staates. Bis hierher die theoretische Hypothese, die, leider, eher illusorisch als real ist.

Von der Gleichheit politischer Rechte läßt sich soviel sagen wie von der Gleichheit vor dem Gesetz. Die wichtigste allgemeine Einschränkung ist, daß es wirksame politische Gleichheit nur unter Mitbürgern gibt. In einigen Ländern besitzt man mehr politische Rechte als in anderen. Und es ist nicht dasselbe, das Recht zu haben, den Präsidenten der Vereinigten Staaten zu wählen als den Ministerpräsidenten von Liechtenstein. Auch wenn beide Rechte sich formal entsprechen, ist das eine doch von sehr viel größerer Tragweite als das andere. Damit die politischen Rechte aller gleich wären, müßte die Menschheit einen weltumfassenden Staat bilden. Die Ökumene ist eine Vorbedingung dieser und anderer vom Gesetz geschaffener Gleichheiten. Aber es gibt weitere besondere Einschränkungen von großer Tragweite. Das demokratische Ideal findet seine Quintessenz in dem Grundsatz: «Regierung durch das Volk». Aber um welches Volk handelt es sich? Dieser überaus schwerwiegenden Frage weichen die Doktrinäre systematisch aus. Könnten zum Beispiel die Mailänder sich heute als «Volk» konstituieren, das heißt als kollektives Subjekt politischer Rechte, und sich für unabhängig erklären? Oder ist dies eine Entscheidung, die einem anderen Volk zusteht, nämlich dem des heutigen Italien? Das Problem, das die demokratische Theorie und Praxis gewöhnlich beiseitelassen, besteht darin, wie ein Volk einzugrenzen ist. Tatsächlich ist das Verfahren nicht der Gesellschaftsvertrag. Es ist offenkundig, daß das nordamerikanische Volk sich nicht plebiszitär gebildet hat, sondern durch eine lange, dichte Reihe kriegerischer Ereignisse, die ihren Höhepunkt im Sezessionskrieg fanden. Und entsprechendes ließe sich von den übrigen politisch existenten Völkern sagen: Die Weltgeschichte bezeugt, daß die Völker gewöhnlich teils zufällig, teils gezwungen zur Welt kommen, weshalb sie vom Ursprung her keine demokratische Legitimität haben. Diese Völker, die allen ihren Gliedern gleiche politische

Rechte zubilligen, sind nicht aus der Gleichheit vor dem Gesetz hervorgegangen, sondern aus Gewalt und Diskriminierung. Und als Folge dieser an ihrem Anfang stehenden irrationalen Mixtur, die sehr unterschiedliche Staaten bildet, ergibt sich, daß die politischen Rechte der Menschen entweder formal ungleich sind, wie vergleichsweise die des recht freien Genfers und die des tyrannisierten Ukrainers, oder sie sind es materiell, wie die des bescheidenen Tibetaners gegenüber dem mächtigen Nordamerikaner. Die Vielfalt und Verschiedenheit souveräner Völker macht die politische Gleichheit der menschlichen Spezies undurchführbar.

Aber diese Analyse aus der Sicht der Entstehung der Völker muß aus der Sicht ihrer Auflösung ergänzt werden. Die demokratische Praxis pflegt den Staaten und Provinzen der konstituierten Staaten die legale Möglichkeit zu verweigern, sich unabhängig zu machen. Die Ungleichheit ist offenkundig: Den Bürgern des Staates wird das Recht politischer Selbstbestimmung gegenüber der internationalen Gemeinschaft zuerkannt, aber dieses Recht wird den nichtsouveränen Gruppen gegenüber ihrem eigenen Staat verweigert. Dieser Widerspruch hat seinen Ursprung in der außerordentlichen Verschwommenheit des Begriffes «Volk». Der einzige Versuch, objektive Begriffe einzuführen, war die Erfindung des sogenannten Nationalitätenprinzips: Nur eine Nation kann ein sich selbst regierendes Volk sein. Diese Doktrin des 19. Jahrhunderts hat sehr ernste Mängel. Der erste ist, daß der Begriff Volk durch den nicht weniger problematischen der Nation ersetzt wird. Der zweite ist, daß die gegenwärtige politische Verschiedenheit der Menschheit rechtswidrig wäre, denn es gibt auf verschiedene Staaten aufgeteilte Nationen, und Staaten, die verschiedene Nationen umfassen. Und der dritte ist, daß mit der uneingeschränkten Anwendung des Nationalitätenprinzips die rechtliche Zersplitterung der Menschheit fortdauerte und sich vielleicht die derzeitigen Ungleichheiten vor dem Gesetz vervielfältigten.

Aber diese Diskriminierung ist weniger schwerwiegend als die Absurdität, in die eine Maximierung des demokratischen Prinzips münden würde. Wenn ein Dorf oder eine Familie ein «Volk» sein könnten, führte die Demokratie zur Kleinstaaterei, da ja der Definition nach jedes Volk sich selbst regieren soll. Es ist demnach verständlich, wenn der konkrete Demoliberalismus den theoretischen Widerspruch und die praktische Durchführbarkeit der doktrinären Folgerichtigkeit und dem politischen Chaos vorzieht. Nimmt man aber diesen pragmatischen Weg, so ergibt sich eine tiefgreifende Ungleichheit: Man verteidigt das Selbstbestimmungsrecht auf einigen Gebieten und bestraft es auf anderen unter der Bezeichnung «Separatismus».

Die politische Gleichheit erstreckt sich nicht auf alle Menschen, sondern einzig auf die desselben Staates, aber einigen von ihnen hat man die Mitbürgerschaft aufgezwungen, und andere hindert man daran, örtlich begrenzte Anstrengungen zusammenzufassen, um sich loszureißen und souverän zu werden. Es gibt also drei Ungleichheiten: Erstens die zwischen der Zahl und dem Ausmaß der politischen Rechte der Bürger je nach dem Staat, dem sie angehören; zweitens die zwischen einem mächtigen Staat, dessen kollektive Rechte auf imperialistische Weise ausgeübt werden, und denen eines schwachen, mehr oder weniger kolonisierten Staates; und drittens wird das der Mehrheit des Volkes zugebilligte Recht der Selbstbestimmung den Minderheiten verweigert.

Aber das sind nicht alle Beschränkungen. Die Gleichheit subjektiver politischer Rechte wird solange nicht gegeben sein, als sie nicht allen, die zur Welt kommen, zuerkannt werden. Derzeit werden die unter 18 Jahre alten Minderjährigen ausgenommen. Vielleicht weil man ihnen ausreichenden Gebrauch des Verstandes abspricht? Hier liegt ein weiterer Widerspruch der demoliberalen Theorie: Wenn der Verstand eines intellektuell unterbegabten Analphabeten im Augenblick der Stimmabgabe dasselbe Gewicht hat wie die eines Genies, warum muß der Verstand eines siebzehnjährigen Bürgers ausgeschlossen werden, und ist ein junger Mensch dieses Alters gesellschaftlich weniger bewußt als ein Greis von 90 Jahren? Das praktische Problem ist das der Schwellen der Mindestrationalität. Beschränkt man sie auf den Zeitpunkt a quo, fragten wir: Vielleicht 7 Jahre? Unter dieser Voraussetzung würden subjektive politische Rechte dem Rest der kindlichen Bevölkerung verweigert. Es wäre eine politische Ungleichheit gegenüber den anderen Bürgern, eine rechtliche Ungleichheit, weil alle Minderjährigen sich eines gesetzlichen Vertreters für die Verteidigung ihrer zivilen Rechtsansprüche erfreuen, und es wäre eine moralische Ungleichheit, denn wenn ein Mensch eine Stimme ist, würde dem Nichtwähler die Menschlichkeit abgesprochen. Alles läuft auf eine Schlußfolgerung hinaus: Die innere Logik der politischen Gleichheit zwingt dazu, einem jeden, der geboren wird, das Stimmrecht zuzuerkennen, damit er es entweder selbst oder durch seinen gesetzlichen Vertreter ausübt. Solange man nicht an diesen Punkt gelangt, wird es keine Gleichheit politischer Rechte geben, sondern Diskriminierung aus Altersgründen.

Diesen Einschränkungen des aktiven Stimmrechts (hinzuzufügen wären die aus Strafurteilen herrührenden) entsprechen die Beschränkungen der Wählbarkeit, die weniger allgemein, aber auch wider die Gleichheit sind. In den dynastischen Monarchien oder denen, wo lediglich königliches Blut erforderlich ist, ist offenkundig eine radikale politische Ungleichheit für die Wählbarkeit zum höchsten Amt gegeben: Fast alle sind ausgeschlossen. Es gibt auch Altersgrenzen für öffentliche Ämter, und für einige, wie das des Senators, werden gewöhnlich besonders qualifizierte Altersstufen gefordert. Und nur Personen mit bestimmten beruflichen Voraussetzungen können für politische Ämter gewählt werden wie das eines Mitgliedes des Verfassungsgerichtshofes. Die Gleichheit passiver politischer Rechte ist teils unmöglich, denn es wäre sinnlos, einen Minderjährigen zum Minister durch Stellvertretung zu wählen, es hieße das einigen Monarchien eigene Regentschaftsverfahren auf alle politischen Verantwortlichkeiten ausdehnen. Das Hindernis ist unüberwindlich.

Damit sind die tatsächlichen Beschränkungen des Rechts auf Zugang zur Ausübung der Macht nicht erschöpft. Der angenommene archetypische Fall ist der des Abgeordneten. Alle Erwachsenen sind wählbar, aber das konkrete Problem ist, Kandidat zu werden. Kann jeder Bürger auf der Wahlliste stehen? Die Gesetze berücksichtigen gewöhnlich die Eventualität unabhängiger Namen oder Gruppierungen, die durch eine bestimmte Zahl von Wählern vorgeschlagen werden. Aber die Praxis zeigt, daß in den repräsentativen entwickelten Demokratien die Parteien das tatsächliche Monopol der Aufstellung von Kandidaturen haben: Tatsächlich sind nur die Personen wählbar, die der partikratischen Minderheit angehören. Die Gleichheit der passiven politischen Rechte ist eine Fiktion in den mehrparteilichen Regierungsformen und in den totalitären reine Rhetorik. Die politische Wählbarkeit ist keine für alle Bürger wirklich gleiche Möglichkeit, sie ist ein Privileg, mit dem die Parteiführer einige wenige ihrer Getreuen zufriedenstellen. Wenn sich die politi-

sche Ungleichheit auf irgendeiner Ebene offenbart, dann auf
dieser für die Erlangung politischer Macht entscheidenden.
Die politische Gleichheit als Recht und als Vermögen, Macht zu
verleihen und zu empfangen, ist etwas sehr viel beschränkteres
als die unbefangene Lektüre der verfassungsrechtlichen Dogma-
tik Rousseaus vermuten läßt. Aber die politische Gleichheit
wird nicht nur eingeschränkt, sondern verschwindet, untersucht
man sie als eine reale Eigenschaft der Bürger und nicht als Recht.
Es gibt keine Gesellschaft ohne Gesetze, die die widerstreitenden Interessen der Bürger in Einklang bringen, und ohne einen
Zwangsapparat, der sie durchsetzte. Dieser Apparat erfordert
eine Rangordnung. In jeder organisierten Gesellschaft gibt es
einige Regierende, die den größten Teil der politischen Macht
innehaben, und Regierte, die sie tragen. Und die führende Klasse
und ihr Verwaltungsapparat sind so streng gegliedert, daß es
nicht zwei Individuen gleichen Ranges oder identischer Befugnisse gibt. Eine Gesellschaft ist, desto mehr, je organisierter sie
ist, nach Definition und Aufbau eine vertikale Struktur, in der
nicht zwei ihrer Elemente sich im gleichen Abstand zur souverä-
nen Spitze befinden. Die politische Verfassung des Bürgers ist
die Ungleichheit, so egalitär seine Grundrechte auch sein mögen. Sobald man der Abstraktheit der Gesetzbücher enträt, verflüchtigt sich die politische Gleichheit: Ein Bürger ist einigen
unter- und anderen überlegen, ausgenommen die beiden Enden
der Kette. Die wirkliche Gleichheit der Macht ist eine unmögliche Illusion.
Wenn, wie die demoliberalen Theoretiker vorgeben, die Gleichheit vor dem Gesetz von der tatsächlichen politischen Gleichheit abhinge, wäre jene noch ungewisser als die uns bekannte,
weil die Parteienwirtschaft vorherrschte, die der Gleichheit subjektiver Rechte aller Menschen polar entgegengesetzt ist. Je
mehr Kantone desto mehr Ungleichheit. Der Kosmopolitismus
und der Imperialismus, die beiden auf Ausdehnung des staatlichen Zuständigkeitsbereiches bedachten Kräfte, die das Anwen-
dungsgebiet eines einzigen Rechts ausweiten, sind deutlich elitär. Die höchste Gleichheit vor dem Gesetz entsprang nicht dem
zersplitterten Demokratismus der griechischen Städte, sondern
dem römischen Kaisertum. Die Gleichheit der Macht anarchi-
siert, und nur innerhalb einer Ordnung kann sich ein Wille nach
Gerechtigkeit und relativer Gleichstellung durchsetzen. Die
Voraussetzung der durchführbaren Egalitarismen ist das Vorhan-

densein einer Rangordnung oder Ungleichheit der Macht, wie die Voraussetzung des äußersten Egalitarismus die einebnende Amtsführung einer totalen und absoluten Diktatur ist. Je ausgedehnter und strenger die Gleichheit unter den Bürgern, um so größer die Ungleichheit zwischen den Führern und der Masse. Wenn alle Bürger identische politische Macht haben, dürfen die Entscheidungen, die das Gemeinwesen angehen, nicht durch einen angeblich überlegenen Menschen, sondern nur durch das Gemeinwesen getroffen werden. Ist diese egalitäre These sicher, besteht das praktische Problem darin, ein Verfahren zu entwikkeln, damit eine Vielzahl und womöglich eine Menschenmenge entscheiden kann. Die Methoden der Volksvertretung sind verschiedenartig und mannigfaltig, aber alle haben ihre Grundlage in dem sogenannten Mehrheitsprinzip: Die Meinung, die die zahlreichste Zustimmung erhält, muß die Oberhand behalten. Propaganda und schon jahrhundertealte Übung haben dem Mehrheitsprinzip den Anschein eines klaren sittlichen Gebotes oder intuitiver Richtigkeit verliehen. Trotzdem ist das Prinzip außerordentlich anfechtbar, und daher erweist sich die praktische Verwirklichung der politischen Gleichheit als sehr problematisch, wenn Entscheidungen zu treffen sind, die das Gemeinwesen angehen.

Nach der üblichen Begründung haben alle Meinungen zur res publica gleichen Wert, weshalb die zahlreicheren mehr Wert haben als die anderen. Mit wahrlich bitterer Mühe wollen wir annehmen, daß die Meinung des genialen Gelehrten soviel wert ist wie die des unwissenden Dummkopfes. Ließe sich aus diesem Postulat folgern, daß zwei Meinungen wahrer sind als eine? Nein, denn niemand hat bewiesen, daß die Massen nicht irren. Im Gegenteil, die Erfahrung enthüllt, daß Millionen von Menschen völlig falsche religiöse Dogmen, theoretische Schemata und Geschichtsauslegungen akzeptiert und verteidigt haben. Und wenn auch Condorcet in einem berühmten Essay die Behauptung aufstellte, daß die Wahrscheinlichkeit, daß die Auffassung einer Mehrheit richtig sei, im Verhältnis zur Zahl der Wähler zunimmt, hat die Psychologie der Kollektive bewiesen, daß das Rationalitätsniveau der Massen sehr viel niedriger ist als das des Durchschnittsindividuums. Noch der amerikanische Publizist Henry Louis Mencken behauptete: «Zieht man von Demokratie und Puritanismus den Neid ab, so nimmt man ihnen ihre Existenzgrundlage. Beide sind nicht denkbar ohne den Haß des kleinen Mannes auf jeden, der das Leben genießt.»

Das Mehrheitsprinzip läßt sich nicht mit der Annahme begründen, daß die zahlreicheren bei der Definition des Wahren und Guten rechthaben, weil Wahrheit und Güte von den Menschen unabhängig sind. Aber ließe es sich mit der Annahme begründen, daß der Wille der Mehrheit für alle das Beste ist? Wieder beweist die geschichtliche Erfahrung, daß die Massen, ihrer Unverantwortlichkeit halber, noch mehr als das Individuum zu Irrtum und Ungerechtigkeit neigen. Und die Psychologie der Kollektive hat bewiesen, daß der Wille des in der Masse untergetauchten Menschen sehr viel manipulierbarer ist als der des Einzelmenschen. Wenn es sich um große Massen handelt, läßt sich das Mehrheitsprinzip, auch vom Willen her gesehen, nicht wirksam verteidigen.

Genaugenommen wird die These, daß die Mehrheit die Oberhand behalten muß, nicht aus einer vermeintlichen Unfehlbarkeit der Zahl hergeleitet, sondern aus der fundierten Annahme der physischen Überlegenheit der vielen über die wenigeren. Die Stärke ist eine gleichförmige Größe, und ihre individuellen Äußerungen sind summierbar. Und es ist nicht widersinnig, wenn man hinsichtlich großer Gruppen sagt, daß ihre Mitglieder eine im Durchschnitt gleiche körperliche Kraft besitzen. Die logische Stütze des Mehrheitsprinzips besteht nicht darin, daß die größere Zahl eine überlegene Rationalität oder einen nützlicheren Willen repräsentiert, sondern eine höhere Zwangsgewalt. Locke, der erste große Verteidiger des Vorrangs der Mehrheit, gestand es beiläufig zu: «Der gesellschaftliche Körper muß sich in der Richtung bewegen, in die ihn die stärkere Kraft zieht, und das ist der Konsens der Mehrheit» (Civ, Gov. II, 8,96). Diese These hatte ihren damals unveröffentlichten Vorläufer in dem schonungslosen Denken Pascals: «Warum folgt man der Mehrheit? Weil sie vernünftiger ist? Nein, sondern weil sie stärker ist» (Pens., V,301). Keiner von beiden bemerkte die Tragweite seines mechanistischen Verständnisses des demokratischen Verfahrens schlechthin. Aus dieser Sicht, die den Tatsachen am nächsten kommt und am wenigsten von begrifflichen Fiktionen abhängt, ist das Mehrheitsprinzip eine Sublimierung des Krieges, ein Ersatz der Gewalt durch die Arithmetik, eine Ritualisierung des Konfliktes, aber ist an sich ein so realistisches wie primitives Schema der Gewalt. Und eine solche Grundlage führt logischer-

weise zur Errichtung der Tyrannei der Mehrheit unter Nichtachtung der Minderheiten, zu einem Despotismus, der mit der Freiheit unvereinbar ist, die zu sichern der politische Egalitarismus
doch vorgibt.

In jedem Falle gibt das Mehrheitsprinzip letzten Endes der zahlreicheren Meinung den Vorrang und wertet die übrigen ab. Vom
Augenblick der Auszählung an verschwindet die politische
Gleichheit: Die gewinnende Meinung ist so überlegen, daß sie
alles wert ist, die verlierenden dagegen nichts. Obgleich einige
Katecheten es beharrlich leugnen, ist das Mehrheitsprinzip weder vernünftig noch mit dem politischen Egalitarismus vereinbar.

Die Mehrheitsbeschlüsse haben weit zurückreichende geschichtliche Vorläufer, aber ihre klassische Formulierung ist
dem kaiserlichen Juristen Scaevola zu danken. «Was die Mehrheit des Rats entschieden hat, ist als Beschluß aller anzusehen
[Quod maior pars curiae effecit, pro eo habetur, ac si omnes
egerint]» (Dig. L. 1,19). Aber schon die Glossisten verwiesen
darauf, daß dieser Text sich auf den Gemeinderat bezöge und
daß in den Fällen, in denen die Individuen von sich aus übereinstimmen, die vertragliche Einstimmigkeit vorgeht. Der theoretische und praktische Widerstand der Menschheit gegen das
Mehrheitsprinzip war lang und ausdauernd. Die antike Welt
verweigerte den Sklaven und den Barbaren die politische Ent-
scheidungsbefugnis, aber selbst unter den freien Bürgern war der
Grundsatz nicht ausdrücklich anerkannt. Das römische Privat-
recht verlangte Einstimmigkeit, bei Beschlüssen in Vormund-
schaftsangelegenheiten, Sachen gemeinschaftlicher Verwaltung
und Gemeineigentums, ebenso das öffentliche Recht für die
Intervention der Volkstribunen. Schon Plinius war dagegen, daß
die Senatsbeschlüsse nach Nummern und nicht nach ihrer Bedeutung aufgezählt wurden (ep. II,12). Die Kirche verlangte Einstimmigkeit während mehr als tausend Jahren, und im Falle
abweichender Ansichten stand die Entscheidung der Autorität
zu. Noch das Konzil von Trient verlangte Einstimmigkeit für
Dekrete in Sachen der Lehre. Die kirchlichen Verfahren hat
immer die Elitevorstellung des Evangeliums bestimmt: «Viele
sind berufen, aber wenige auserwählt» (Mat. XX,16).

Im englischen Parlament stammt das erste Gesetz, das mit
Mehrheit beschlossen wurde, aus dem Jahre 1554, und noch

Bentham behauptete, daß 99% der parlamentarischen Beschlüsse einstimmig getroffen würden.

Bis 1791 erforderte die Wahl des polnischen Königs einstimmigen Beschluß. Die Einführung des Mehrheitsprinzips ist der französischen Revolution zu danken, aber ihr Anstifter Rousseau verlangte Einstimmigkeit für den Gesellschaftsvertrag oder die Verfassung und eine qualifizierte Mehrheit für die wichtigen Angelegenheiten. Es war keine vereinzelte Auffassung, die klassischen Doktrinäre des Gesellschaftsvertrages verlangten Einstimmigkeit, was die Bürger vor die Alternative stellte, sich anzuschließen oder auszuwandern. Das zeitgenössische öffentliche Recht kennt zahlreiche Tatbestände, bei denen die einfache Mehrheit nicht genügt, sondern die absolute oder die Zweidrittelmehrheit verlangt wird, was ein Indiz für die Skepsis gegenüber der Hälfte plus eins ist. Und trotz der Bejahung des Mehrheitsprinzips pflegen die Egalitaristen in den Widerspruch zu verfallen, einmal für den Konsens und ein andermal für die Berücksichtigung der Minderheiten einzutreten. Der sogenannte Konsens ist reines Heimweh nach der Einstimmigkeit und stillschweigendes Eingeständnis, daß die Mehrheit nicht genug ist. Und die Berücksichtigung der Minderheitsauffassungen ist das Eingeständnis, daß die Zahl nicht der Güte noch der Wahrheit Ausdruck gibt. Ein gesetzgeberischer Widerschein dieses Unsicherheitskomplexes ist die so weitläufige Verteidigung der Verhältnis- anstelle der Mehrheitswahl. Und in den Geschworenengerichten gilt beinahe weltweit das Erfordernis der Einstimmigkeit. Das Mehrheitsprinzip ist demnach weit davon entfernt, eine Selbstverständlichkeit zu sein.

Entweder ist das Mehrheitsprinzip eine friedliche Umsetzung des Rechts des Stärkeren, oder es ist bloß ein willkürliches Rezept, so problematisch wie irgendein anderes, einschließlich der Auslosung, wenn es auch den Vorteil hat, den Massen zu schmeicheln. In keinerlei Hinsicht ist es ein Werkzeug der politischen Gleichheit, weil sich aus diesem Postulat logischerweise die Einstimmigkeit ergibt, das heißt die theoretische Utopie und das praktische Chaos. Die Gleichheit der politischen Gewalt schließt jedwede Diktatur aus, und sei es die der Mehrheit. Die Gleichheit politischer Rechte verlangt einen ökumenischen Staat und universale Emanzipation, die effektive politische Gleichheit ist mit der Rangordnung unvereinbar, weil sie sich nur in einem anarchischen Zusammenleben verwirklichen läßt, und die relativ durchführbaren gesellschaftlichen Gleichheiten sind Sache einer um so absoluteren Gewalt, je größer die erstrebte Egalität ist.

Die Chancengleichheit

Die Offenkundigkeit der wesensmäßigen Ungleichheit der Menschen und der schwere Zweifel, ob die vollständige Gleichstellung aller, wenn schon nicht durchführbar so doch wünschenswert sei, lassen die Gleichmacher sich auf ein bescheideneres Ideal zurückziehen, die sogenannte Chancengleichheit. Der Ursprung des Begriffes geht auf Tocqueville zurück, der sein Buch «De la Démocratie en Amérique» (1835) mit dem folgenden Satz beginnt: «Unter den Neuheiten, die während meines Aufenthaltes in den Vereinigten Staaten meine Aufmerksamkeit erregt haben, hat keine mich mehr beeindruckt als die Gleichheit der Vorbedingungen.» Obgleich der Autor wahrscheinlich an die Gleichheit der gesellschaftlichen Stellung dachte und damit an die Klassenlosigkeit der nordamerikanischen Gemeinwesen, enthält der Ausdruck «égalité des conditions» nicht den radikalen von Babœuf vertretenen Egalitarismus, sondern die Gleichstellung aller auf der Startlinie, das heißt die Chancengleichheit. Der Begriff hat eine sehr klare und augenfällig negative Belastung: ablehnende Haltung dagegen, daß einige wenige aufgrund der sozioökonomischen Stellung der Eltern mehr Möglichkeiten der Bildung und des Obsiegens haben als die übrigen. Aber die positive Bedeutung ist voller Doppelsinn. Handelt es sich darum, daß alle Menschen die gleichen Möglichkeiten haben, ihr Leben zu meistern? Diese Deutung wäre – da illusorisch – nicht annehmbar. Es gibt drei Arten von Möglichkeiten: die inneren angeborenen, das sind die genetischen Gaben des Individuums; die inneren einverleibten, d. h. die freiwillig erworbenen und dem eigenen Wesen eingefügten, und die milieubedingten oder äußerlichen, das heißt das bildende Umfeld und die Gelegenheit zum Tätigwerden. Die erste Art von Möglichkeiten kommt für die Gleichstellung heute nicht in Betracht, denn die biologische Persönlichkeit und infolgedessen die intellektuelle und moralische hängen in hohem Maße von dem Chromosomencode ab. Also muß sich die Chancengleichheit auf die anderen Arten von Möglichkeiten beziehen. Die erworbenen sind ein aus den beiden anderen gemischtes Zwischending, denn ihr Erwerb hängt einerseits von der angeborenen Verstandeskraft und

Zähigkeit ab und andererseits von Zahl und Qualität der aus dem Umfeld kommenden Angebote. Alles gesellschaftlich Veränderliche der erworbenen Möglichkeiten ist, genau besehen, das Äußerliche. Daraus ergibt sich, daß der tatsächliche Gehalt der Chancengleichheit in der dritten Art von Möglichkeiten enthalten sein muß, den milieubedingten oder äußeren Voraussetzungen. Nach dieser Einengung des Arbeitsfeldes ist zu untersuchen, ob alles milieubedingte gleichstellbar ist.

Die geographischen Gegebenheiten sind für das Individuum veränderlich, nicht aber für die Gesamtheit des auf sehr verschiedene Breiten des Planeten verteilten Menschengeschlechtes. Die Psychologie hat die tiefgehenden Abhängigkeiten zwischen dem Menschen und seinem Umfeld aufgezeigt. Sebst die auf die milieubedingten Möglichkeiten eingeengte Chancengleichheit kann nicht danach trachten, die geographischen Voraussetzungen gleichzustellen. Trotzdem sind wesentliche Inhalte der Chancengleichheit nicht so sehr die praktischen Möglichkeiten, sondern die moralischen, zu denen die kulturellen und geschichtlichen gehören. Diese letzten sind infolge der Nichtumkehrbarkeit der Zeit für aufeinanderfolgende Generationen nicht gleichstellbar und sind es nicht einmal für die gleichzeitigen, weil einige fortgeschritteneren Zivilisationen angehören als andere. Die radikale operative Verwirklichung der Chancengleichheit bezieht sich nicht auf alle kulturellen Möglichkeiten, sondern auf eine sehr konkrete, die pädagogische. Aber diese zusätzliche Einengung des Feldes ist nicht die letzte.

Die Bildung des Menschen hängt von dreierlei zunehmend konkreter werdenden Arten der Unterweisung ab: Die verschwommenste ist die gesellschaftliche, aus Äußerungen des Kollektivs bezogene; bestimmter und persönlicher ist die familiäre von Eltern und Verwandten erteilte, und sehr präzise und geregelt ist die den Lehrern übertragene schulische. Sind diese drei Erziehungsebenen für alle Menschen gleich zu gestalten? Die gemeinschaftliche nicht, denn selbst innerhalb eines und desselben Landes ist es nicht dasselbe, in einer abgelegenen Gegend zu wohnen oder in einer Universitätsstadt, und es lassen sich nicht alle Bürger in einem identischen Milieu zusammenziehen. Die familiäre noch weniger, denn es ist ein großer Unterschied mit analaphabetischen moralischen Eltern oder mit analphabetischen amoralischen Eltern oder mit akademischen vorbildlichen oder akademischen amoralischen Eltern zusammenzuleben.

Die materiellen Erziehungsmittel können angeglichen werden, nicht aber die erzieherischen. Gute Lehrkräfte sind die Ausnahme, und diese Tatsache ist von so entscheidender Bedeutung, daß es kaum einen großen Mann in der Wissenschaft, der Kunst, der Lebensart und sogar im Sport gibt, der nicht einen außergewöhnlichen Erzieher gehabt hätte. Und die pädagogische Beziehung pflegt sehr selektiv zu sein, denn hervorragende Lehrer und Schüler sind immer auf der Suche nacheinander und schließen die anderen stillschweigend aus: Dieser gegenseitige Tropismus wirkt wie ein veredelnder Strom von höchster Energie, der sich, wäre er auch nicht erwünscht, nicht abschalten ließe. Die Gleichheit der Lehrkräfte ist absolut unmöglich, und es ist nur eine relative Vereinheitlichung möglich, die um so größer ist, als das schulische Niveau niedriger. Die Chancengleichheit bleibt damit faktisch auf die Erziehung in den unteren Klassen beschränkt: Aber auch dieses eingeschränkte Ergebnis wirft so ernste Probleme auf, daß es nicht definitiv sein kann.

Die relativ mögliche Gleichstellung der Erziehungsmittel im materiellen Bereich wie in dem der Lehrkräfte erfordert eine so hohe Dosis an Zwang, daß sie heutzutage nur der Staat vollziehen kann. Solange die menschliche Spezies in eine Vielfalt von Staaten mit verschiedener Entwicklung und Ideologie aufgeteilt ist, würde sogar die totalitärste Anwendung der schulischen Chancengleichheit innerhalb von Landesgrenzen die Ungleichheiten zwischen diesen und jenen Völkern nicht vermindern. Im globalen Rahmen wäre man sehr wenig vorangekommen, und das ist ein schwerwiegender Einwand gegen den Egalitarismus, der seiner Definition nach mit ethischer oder politischer Diskriminierung unvereinbar ist. Aber auch bei Annahme eines universalen vereinheitlichten Lehrzwanges oder der resignierten Bescheidung auf einen auf einen Staat beschränkten Zwang, wäre diese Druckausübung mit dem gültigen Stand der Menschenrechte vereinbar?

Die erzwungene Gleichheit der Erziehungsbedingungen setzt den Schulzwang voraus und – darin liegt das Problem – die offizielle Einheitsschule. Weil dort, wo die Bürger private Erziehungsanstalten einrichten dürfen, obschon sie sich an offizielle Lehrpläne zu halten haben, es bessere Schulen geben wird, und den Schülern, die sie besuchen, irgend jemandes Willkür ein Privileg gewährt hat. Um diesen gleichheitswidrigen Faktor zu beseitigen, müßte man das Recht der Menschen auf freies Lehren und Lernen leugnen und wäre jede von der staatlichen verschiedene Lehrtätigkeit zu unterbinden. Diese Bürokratisierung der Erziehung pflegt die ideologische Diktatur und den Verlust eines Kernbereiches individueller Selbstbestimmung einzuschließen. Hierin, wie in allem, erweist sich, daß die Einförmigkeit despotisch ist, denn was frei ist, ist mannigfaltig. Es sind demnach zwei Voraussetzungen zu unterscheiden: In einer totalitären Gesellschaft kann die Chancengleichheit in einer schulischen Vereinheitlichung der unteren Klassen bestehen, in einer humanistischen nur in der Vereinheitlichung der Lehrpläne, im Erfordernis sehr geringer Geldmittel und in der Einführung irgendwelcher korrektiver Faktoren wie der Reglementierung der Zulassungsverfahren oder der Verpflichtung zur Vergabe von Stipendien in den Privatschulen. Es ist also eine noch begrenztere Gleichstellung der Erziehungsbedingungen.

Der schulische Egalitarismus opfert die Freiheit, aber beeinträchtigt er nicht auch die pädagogische Effizienz? Sogar ohne auf die totalitäre Voraussetzung der staatlichen Einheitsschule zu verzichten, ist es so, daß sobald ein Jahrgang von Kindern eingeschult ist, es sich zeigt, daß es im nationalen Durchschnitt einen kleinen Prozentsatz von Hochbegabten und Unterbegabten gibt, und unter den übrigen eine Abstufung der Begabungen. Ist es fruchtbringend, weiterhin allen die gleiche pädagogische Behandlung angedeihen zu lassen? Vermischt man auf längere Dauer die dummen Schüler mit den intelligenten und die faulen mit den fleißigen, so geben die schlechteren auf, weil sie dem durchschnittlichen Rhythmus nicht zu folgen vermögen, und unter den besseren stecken sich viele an der Mittelmäßigkeit an und mißraten. Die Rentabilität der pädagogischen Investition ist der Befähigung des Empfängers proportional, woraus folgt, daß die Optimierung der Erziehungsaufwendungen die unterschiedliche Behandlung der Schülerschaft je nach ihren Leistungen erfordert. Das hartnäckige Beharren auf dem Egalitarismus in der Erziehung schließt eine fehlerhafte Verwendung der nationalen Ressourcen und damit eine unrechtmäßige Verwendung der Arbeit der Erwachsenen ein. Der schulische Egalitarismus ist reaktionär, weil er die Potenzierung der Besten, der Vorkämpfer der menschlichen Entwicklung der Verhütung des eventuellen Ressentiments der weniger Begabten opfert.

Aber sogar unter totalitärer Voraussetzung, zu so hohem Preis an Zwang und Förderung der Mittelmäßigkeit, ist die pädagogische Gleichstellung nicht gewährleistet. Die anfängliche Gleichheit der Erziehungschancen wird mit der Zeit diskriminierend werden. Nehmen wir an, daß alle Kinder von sechs Jahren in Schulen eingeschult wurden, die der Staat maximal vereinheitlicht hat. Diese Kinder werden von der untersten Klasse in fortgeschrittenere versetzt werden. Stellen wir uns vor, daß alle die mittlere Reife machen werden, das heißt, daß die Gleichstellung der pädagogischen Chancen bis zum Alter von 18 Jahren durchgehalten wurde, dem Augenblick, der gewöhnlich mit der Volljährigkeit zusammenfällt. Werden alle zu den Hochschulstudien Zugang finden? In unserer Zeit verfügen nicht die reichsten Länder über genügend Universitäten und über ein Volkseinkommen, das es erlaubt, die ganze Bevölkerung bis zum Alter von 24 Jahren, dem Durchschnittsalter eines akademischen Abschlusses, mit seiner Bildung beschäftigt sein zu lassen. Nur eine Minderheit wird an den Hochschulen studieren können. Von diesem Augenblick an wird die Gleichheit der Erziehungschancen erlöschen. Einige werden die tatsächliche Möglichkeit haben, akademische Grade zu erwerben, eine noch beschränktere Minderheit wird es bis zu einem Lehrstuhl bringen, und einige wenige werden bis zu ihrer Pensionierung oder bis zu ihrem Tode studieren. Wenn auch nicht alle intellektuell berufen sein mögen und wenn auch die Kandidatenauswahl nach objektiven Kriterien durchgeführt wird, wer zweifelt daran, daß viele sich durch dieses Ausleseverfahren einer der derjenigen der Zugelassenen gleichen Ausbildungchance beraubt fühlen werden. Obgleich Erziehung theoretisch ein Dauerzustand ist, bedeutet das nicht dasselbe für den, der es bis zum Abiturienten, und den, der es bis zum wissenschaftlichen Forscher gebracht hat. So wird die Chancengleichheit noch mehr eingeschränkt: Sie sichert allen, unabhängig von ihrer wirtschaftlichen Lage die Möglichkeit einer gleichen Grunderziehung zu, aber von dieser Schranke an gestattet sie nur immer wenigeren die Absolvierung der folgenden Ausbildungsstufen nach vorheriger Erfüllung der Zulassungsbedingungen. Die pädagogische Chancengleichheit läßt sich nicht einmal in den totalitären Staaten unbegrenzt aufrechterhalten. Von einer bestimmten Stufe an wird laufend nach angeborenen oder erworbenen Fähigkeiten und entsprechend der Nachfrage nach Arbeitsplätzen ausgesiebt. Es ist ein auslesendes und damit Ungleichheit schaffendes Verfahren. Die Leute werden unterschieden nach Fachleuten, Diplomierten, Lizensierten, Doktoren, Forschern usw., und innerhalb jeder Gruppe werden die Individuen nach ihrer Effizienz und Qualifikation eingestuft. Die erzieherische Chancengleichheit geht von einer Gleichstellung aus, die sich zum Preise von Despotismus und Mißwirtschaft verlängern läßt, die man aber in einem bestimmten Augenblick abbricht, um dann Unterscheidungen zu treffen und Rangordnungen zu schaffen. Zusammengefaßt: Die erzieherische Chancengleichheit ist heutzutage nur auf die Grundausbildung anwendbar.

Wie sieht eine Gesellschaft mit Chancengleichheit aus? Innerhalb jeder Tätigkeit bildet sich eine Rangordnung gemäß der Effizienz, die von Intelligenz, Ausbildung und Anstrengung bestimmt wird. Der Grund hierfür ist einleuchtend. Ein Grundprinzip der praktischen Wirtschaft ist die optimale Zuweisung der materiellen und menschlichen Ressourcen: «The right man in the right place». Der Mensch, in dessen Ausbildung die Gesellschaft mehr investiert hat und den die Natur besser ausgestattet hat, muß seiner Begabung entsprechend Verantwortung tragen, damit er den höchsten Nutzen erbringt. Und je größer die Verantwortung, desto höher die Stellung. Dieser Maßstab wird während des ganzen Lebens aller Individuen angewandt, und deshalb ist das Dienstalter nicht länger ein Grund automatischer Beförderung, sondern wird durch größere Brauchbarkeit ersetzt, die aus der in jedem Falle angesammelten Erfahrung erwächst. Diese Gesellschaftsform nennt man die Leistungsgesellschaft.

Das Gegenteil der Leistungsgesellschaft ist die Familiengesellschaft, in der die Väter zumindest versuchen, ihren Rang, ihre Sitten und ihren Besitz auf die Kinder unabhängig von deren Begabungen zu übertragen, und, wenn das auch schwieriger sein mag, versuchen, ihre Nachkommenschaft auf der sozialen Leiter aufsteigen zu lassen. Innerhalb dieser Koordinaten erweist sich der Nepotismus als die vorwiegende einstufende Kraft. So erklärt sich, daß die Adoption eines Enterbten durch einen Mächtigen eine kopernikanische Lebenswende bedeutet: Die Möglichkeiten vervielfältigen sich plötzlich und willkürlich. Die erzieherische Chancengleichheit und die fortschreitende Abschaffung der Besitzvererbung sind die beiden großen Werkzeuge der Umbildung der Familiengesellschaften in Leistungsgesellschaften. So wird eine gewisse Annäherung an die Startgleichheit erreicht, aber wie entwickelt sich das Rennen?

In einer Leistungsgesellschaft werden die Individuen nach zwei Hauptwerten eingeordnet, dem Intelligenzquotienten und der Arbeitsleistung. In dieser Ordnung steht die Intelligenz an erster Stelle, weil sie gewöhnlich die Strebsamkeit auslöst. Unter diesen Bedingungen und bei völliger Mobilität wird die Gesellschaft nach einiger Zeit eine rhomboide Struktur annehmen: im oberen Dreieck die Hochbegabten, im unteren die weniger Begabten und im zentralen Sechseck die durchschnittliche Mehrheit. Innerhalb jeder Gruppe wird es eine in diese vom Genie zum Subnormalen verlaufende Fallinie eingefügte Rangordnung geben. An der Spitze mehr Verantwortung, Zähigkeit und Verfeinerung, und, je mehr wir uns der Basis nähern, mehr Entpersönlichung, Faulheit und Gewöhnlichkeit. In einer Leistungsgesellschaft sind die schlechtesten nicht so sehr Ausgebeutete, sondern Nutznießer. In jedem Falle glänzt die Gleichheit durch ihre Abwesenheit. In der Familiengesellschaft gründen sich die Unterschiede auf den Rang des Vaters, in der Leistungsgesellschaft gründen sie sich auf die Fähigkeit.

Wie entwickelt sich das rhomboide Leistungsmodell? Jeder neue Erwachsene wird den seiner Leistung entsprechenden Platz einnehmen, auf welcher Ebene auch immer er geboren sein mag. Aber die Verbindung seiner Eltern wird nicht vom Zufall bestimmt sein. Aus Gründen der Gemeinsamkeit in der Arbeit, bestimmter Affinitäten werden die Ehen gemeinhin in derselben Schicht geschlossen. Der Hauptreiz wird die Intelligenz, der anerkannt höchste gesellschaftliche Wert sein, weil verantwortungsvolle Elternschaft ihr Augenmerk auf die genetischen Vorzüge konzentrieren wird und weil die höherstehende Frau im Manne am meisten die Begabung bewundert. Dank der genetischen Gesetze und der Erblichkeit des Intelligenzquotienten wird diese Endogamie eine kontinuierliche Auslese der gesellschaftlichen Gruppen vornehmen: Die im Vergleich zu ihren Eltern weniger intelligenten Kinder werden in der gesellschaftlichen Rangordnung absteigen und sich mit ihresgleichen verbinden, aber die Zahl der Absteiger wird aufgrund laufender Säuberung des elitären Gengutes kleiner werden. Umgekehrt werden die im Vergleich zu ihren Eltern intelligenteren Kinder aufsteigen, aber auch diese Gruppe wird immer kleiner werden, weil eine negative Auslese unter den weniger begabten stattfinden wird. Nach einer gewissen Zeit wird die für die Leistung maßgebliche Gengruppe sich konzentriert und stabilisiert haben, womit die Veränderlichkeit des Intelligenzquotienten und des Strebens innerhalb jeder gesellschaftlichen Gruppe sich auf ein Minimum reduzieren wird. Und wenn die pädagogische Rationalisierung in der Schaffung besonderer Anstalten für Intelligente Ausdruck findet, wird die Erziehung die Unterschiede verstärken und verfestigen. Die Leistungsgesellschaft schafft Leistungsklassen, und diese Klassen sind mindestens so erblich wie die aus der Besitznachfolge hervorgegangenen.

Ist diese, der vorhergehenden gegenüber rationalere, Ungleichheit weniger streng und distanziert? Die Familienklassen sind aus drei wesentlichen Ursachen weniger verhärtet als die Klassen der Leistungsgesellschaft. Die erste ist, daß die vom Nepotismus kommenden Ungleichheiten immer für ungerecht gegolten haben und die von ihm Begünstigten daher unter einer Art schlechten Gewissens leiden, das sich in philanthropische oder pragmatische Betätigungen umsetzt. Einige verdienen sich die Selbstverzeihung psychologisch, und andere kaufen sie. Beide Impulse lösen gesellschaftliche Mobilität aus. An zweiter Stelle eliminiert das zunehmende Erfordernis der Leistungsfähigkeit in einem immer mehr untereinander verknüpften, technischen und vielgestaltigen Gemeinschaftsleben einige Unfähige, seien sie auch Kinder Privilegierter, und bringt die Fähigeren voran, stammten sie auch aus besitzlosen Familien. Nur schwer werden die privilegierten Positionen über die zweite Generation hinaus weitergegeben, wenn nicht bestimmte persönliche Gaben den Erben zur Seite stehen. Auch dieser Mechanismus verstärkt die Durchlässigkeit unter den Klassen. Drittens sind die strukturierenden Kräfte einer Familiengesellschaft neben der Begabung die physische Stärke, die Institutionen, die Günstlingswirtschaft und der Zufall. Damit verteilt sich die Intelligenz hinlänglich unter Regierende und Regierte, Reiche und Arme. Und parallel dazu ist das ordnende Kriterium bei Eheschließungen in einer Familiengesellschaft nicht die Begabung, sondern Stellung und Schönheit. Die physische Attraktivität hat keine notwendige Beziehung zur Intelligenz, und die sozioökonomische Stellung schließt beim Menschen und besonders bei der nichtemanzipierten Frau das Fehlen geistiger Gaben nicht aus. All das trägt dazu bei, daß die Verteilung der Intelligenz unter den verschiedenen Klassen einer Familiengesellschaft zufällig und relativ einheitlich ist. In ihr ist der dumme Aristokrat im Verhältnis nicht ungewöhnlicher als der intelligente Proletarier.

Diese Tatsachen sind weitere kraftvolle Triebkräfte des gesellschaftlichen Wandels und der Flexibilität der Klassen. In einer Leistungsgesellschaft hingegen gründet sich der Rang auf einen eigenen, objektiven, fruchtbaren und allgemein anerkannten Wert, womit die führende Minderheit, von Schuldgefühl weit entfernt, sich unablässig ihre Vorzüglichkeit bestätigt, was ein Element gesellschaftlicher Starre darstellt. Zweitens verfestigt das gesellschaftliche Erfordernis der Leistungsfähigkeit die überlegene Stellung der Tüchtigen und die geringere derer, die es weniger sind, was eine weitere ausschlaggebende Ursache für die Undurchlässigkeit der Klassen ist. Und endlich führt die zunehmende Konzentrierung der Begabung und ihre Verfestigung auf entsprechenden Ebenen dazu, daß die Intelligenzerwartungen von der Geburt abhängen, womit die Klassen an ihrem archimedischen Punkt versteinern. Kurz: Die auf die Erblichkeit der Begabung gegründete Ungleichheit ist sehr viel starrer als die auf Namen und Besitz gegründete. Ist sie außerdem distanzierter?

Der Punkt Omega der menschlichen Entwicklung ist unbekannt, und deshalb ist das Ziel ad quem der Intelligenz unbestimmt. Dagegen sind die Schwellen der Subnormalität und der Unvernunft bestimmbar. Wenn, wie wahrscheinlich, die natürliche Auslese und die genetischen Mutationen die derzeitigen Höchstwerte des Intelligenzquotienten anheben, werden in einer Leistungsgesellschaft die Abstände zwischen den Klugen und den Dummen sich vergrößern, es sei denn, man verhindere die Fortpflanzung der weniger Intelligenten. In einer Familiengesellschaft hingegen ist das Auftreten des Hochbegabten ein vereinzeltes und zufälliges Phänomen, das genetisch kaum selektiv ist und das größtenteils durch die oben beschriebenen ausgleichenden Kräfte kompensiert wird.

Eine fortgeschrittene Gentechnik vorausgesetzt, wäre auch die menschliche Natur manipulierbar, und die Qualität und die Schichtung der Personen hingen von einer wissenschaftspolitischen Entscheidung ab, aber eine solche Hypothese, die eine hierarchische Gesellschaft auch nicht ausschlösse, ist heute rein spekulativ und ermangelt praktischer Bedeutung.

Zusammengefaßt: Eine Leistungsgesellschaft tendiert zu einer starren und gleichheitswidrigeren Schichtung der Bevölkerung als eine Familiengesellschaft, gestattet aber eine Optimierung der intellektuellen Ressourcen und einen intensiveren und schnelleren Fortschritt des Gemeinwesens. Es ist eine höhere und schöpferischere Ungleichheit.

Die wirtschaftliche Gleichheit

Die wirtschaftliche Gleichheit besteht darin, daß jeder Mensch über einen gleichen Anteil an Gütern und Dienstleistungen verfügt. Dieses Ziel läßt sich nicht mit einer bloßen Nivellierung der persönlichen Einkünfte erreichen, sondern erfordert eine vorherige Neuverteilung des gesamten vorhandenen Fixkapitals vermittels Enteignung, Verstaatlichungen und anteiliger Aufteilung des Restes unter Privatpersonen. Die erste große Schwierigkeit besteht darin, den Anteil des öffentlichen Eigentums zu bestimmen und die Art seiner Verwaltung, damit deren Inhaber nicht gegenüber dem einfachen Bürger privilegiert werden. Dieses Dilemma ist unlösbar, weil in einem Industriestaat die Produktionsmittel den größeren Teil des Nationalvermögens darstellen, während die Verwaltungsbürokratie immer eine Minderheit bildet. Es wird also notwendigerweise einige wenige geben, die das Gemeinschaftsvermögen kontrollieren und die mehr Macht und Nutzen davon haben als der Rest der Bevölkerung. Die Besitzgleichheit läßt sich rechtlich durch Gesetz proklamieren, ist aber tatsächlich undurchführbar. Eher durchzuführen ist die Gleichheit der Einkünfte.

Die individuellen Einkünfte lassen sich in Geld oder anderen Größen messen: Man kann jedem Bürger entweder dieselbe Summe Geldes für Wohnungsmiete zubilligen oder dieselbe Zahl von Quadratmetern Wohnung. Eine entsprechende Alternative – Geld oder Spezies – stellte sich in den übrigen Konsumbereichen. Welches der beiden Verfahren ist der Gleichheit förderlicher? Die wirtschaftliche Gleichheit setzt sich, wird sie als Gleichheit der Löhne verwirklicht, nicht in Gleichheit an Gütern und Dienstleistungen um, denn es wird einige Sparer geben, die reich werden, und einige Überverbraucher, die ihr Geld ausgeben. Auch wird es solche geben, die mit derselben Menge Geldes mehr erwerben als andere. Und schließlich wird es Schenker und Beschenkte geben. Solche unvermeidbaren Gegebenheiten schaffen Ungleichheiten.

Die wirtschaftliche Gleichheit ist, wird sie als Gleichheit in der Zuteilung von Waren verwirklicht, nur bei den Gütern und Dienstleistungen des Grundbedarfs oder allgemeinen Verbrauchs durchzuführen, die überdies gleichartig sind. Die optativen und überflüssigen Güter, wie die Kunst, sind knapp, was hindert, sie an alle zu verteilen, und da sie außerdem nur einige wenige interessieren, sind sie für eine quotenmäßige Verteilung ungeeignet. Aber diese Formel setzt sich, selbst unter Beschränkung auf ihre möglichen Anwendungsgebiete nicht immer in Gleichheit von Gütern und Dienstleistungen um, denn zwanzig Meter Wohnraum in zentraler Lage sind nicht dasselbe wie in der Vorstadt, noch ist ein Brot mittlerer soviel wie eines mittelmäßiger Qualität. Man müßte alle Produkte mit der daraus folgenden Einförmigkeit standardisieren, aber nicht einmal so ließe sich die mit Notwendigkeit der Gleichheit zuwiderlaufende Selbstherstellung vermeiden. Die qualitative Gleichwertigkeit ist sehr viel heikler als die mengenmäßige. Aber auch Warenzuteilungen schließen den für einige vorteilhaften und andere nachteiligen Tausch nicht aus, und das bringt Ungleichheit mit sich.

Die Einführung des geldlichen Gegenwertes verlangt ein laufendes Angebot, denn das Erscheinen paralleler Märkte würde die gleichstellende Wirkung des Verfahrens von Grund auf zunichtemachen. Andererseits setzt der Gegenwert in Ware eine gewisse Rationierung der diesem Regime unterworfenen Güter und Dienstleistungen voraus. Und die Rationierung läßt gewöhnlich Schwarzmärkte entstehen, was die gleichzeitige Anwendung der beiden Gegenwerte, des geldlichen und des warenmäßigen verhindern würde.

Die Erfahrung der kommunistischen Wirtschaften zeigt, daß die geldliche Gleichheit weniger undurchführbar ist als die der Waren, wenn diese auch theoretisch der Gleichheit eher entgegenkommt. Und diese geldliche Gleichstellung bleibt auf die Löhne beschränkt, erfaßt aber nicht die schließliche Entwicklung der privaten Haushalte, in denen unvermeidliche Verschiedenheiten entstehen. Aus diesem und anderen Gründen verlangt die Aufrechterhaltung der Gleichheit im Genuß von Gütern und Dienstleistungen etwas mehr als Identität der Löhne und anteilige Zuteilung gleichförmiger Produkte. Sie verlangt periodische Konfiszierung der Ersparnisse auf steuerlichem oder strafrechtlichem Wege, Abschaffung des Erbrechts und fortwährenden polizeilichen und gesellschaftlichen Druck zur Abschreckung von vorteilhaftem Tausch und jedem Streben nach persönlicher Besonderheit.

Die Gleichheit der Löhne ist technisch machbar, aber ist sie wünschenswert? Es gibt fähigere, besser ausgebildete und fleißigere Leute, die mehr produzieren. Ist es gerecht, sie so zu entlohnen wie die weniger begabten, weniger sachkundigen und weniger arbeitsamen?

Damit diese Gleichstellung gerecht wäre, müßte man das Individuum vergesellschaftlichen, das heißt, es wäre vorauszusetzen, daß seine Intelligenz, seine Ausbildung und sein Fleiß nicht ihm gehörten, sondern dem Gemeinwesen. Daß die Begabung einer Person Eigentum der Spezies wäre, ist schwieriger nachzuweisen als die gegenteilige These, daß nämlich die geringeren Individuen den höheren gesellschaftlich untergeordnet sind, wie es die Verhaltensforschung weitgehend bestätigt. Aber daß die erworbenen Kenntnisse und zäher Fleiß allen gehören, ist offensichtlich falsch. Es läßt sich nicht annehmen, daß Studium und Arbeit keine eigenen Leistungen wären, und wenn sie das sind, müssen sie belohnt werden. Die Verneinung der Belohnung bedeutet die Abschaffung der Strafen, und diese letzte Annahme ist noch absurder, denn ein geordnetes Zusammenleben ohne Strafen gibt es nicht. Wären Gutartigkeit und Bösartigkeit angeborene und nicht zu überwindende Eigenschaften, verschwände die Moral. Die klassische Gerechtigkeit besteht darin, einem jeden zu geben, was er verdient. Der distributive Egalitarismus würde das Problem der Gerechtigkeit aufheben, denn er reduzierte es auf eine einfache Divisionsaufgabe, die Berechnung der Verbrauchsrente pro Einwohner. Die Abschaffung von Wert und Unwert ist die ethische Entfremdung des Menschen. So ist es bei den unfreien Tierpopulationen, wie den Termiten oder Korallen. Unter den Menschen erforderte die Umsetzung des Egalitarismus in Form der Einführung eines und desselben persönlichen Einkommens ein sehr hohes Maß an Zwang. Die Gleichheit in der Verteilung von Gütern und Dienstleistungen ist nur durchführbar, geht man von einem totalen Despotismus aus.

Und angenommen, dieser Egalitarismus von Gütern und Dienstleistungen würde verordnet und vollzogen, welche Wirkungen hätte er für die Entwicklung der Art? Er setzte das Verschwinden eines großen Teiles der Anreize zur Selbstvervollkommnung und Produktivität voraus. Mittelmäßigkeit und Trägheit hingegen würden begünstigt. Wie viele opferten Jahrzehnte für ihre Ausbildung, wenn ihre wirtschaftliche Lage am Ende genauso wäre wie die des ungelernten Faulpelzes? Den Reiz des Fortschritts auf die eigene intellektuelle Befriedigung beschränken hieße auf andere entscheidende Elemente verzichten und damit den Prozeß der Rationalisierung hemmen und den Ablauf der Geschichte verlangsamen. Der wirtschaftliche Egalitarismus unterdrückt außerdem den Aspekt des zwischenmenschlichen Wettbewerbes, der sich auf die Leistung gründet und der aus gesellschaftlicher Sicht am fruchtbarsten ist. Das Vakuum müßte teils mit Zwangsmaßnahmen gegen die gesamte Bevölkerung, aber ganz besonders gegen die Vorkämpfer des menschlichen Fortschritts, die Hochbegabten, ausgefüllt werden. Kann man von Erfindern und Urhebern rationierte Erzeugnisse erwarten? Kaum denkbar.

Die wirtschaftliche Gleichheit ist wesentlich für die marxistische Auffassung vom Zusammenleben. Deshalb ist sie ein vornehmlich sozialistisches Ziel, wenn auch nicht das einzige und letzte. Die wirtschaftliche Gleichheit wäre logischer und weniger unnatürlich, wenn eine gewisse Gleichstellung der intellektuellen Fähigkeiten gelänge, weil in diesem Falle die Gleichheit der Löhne einer gewissen Gleichheit der Leistung entspräche. Da die marxistische Biologie milieubestimmt ist und den Vorrang erblicher Merkmale bestreitet, verkündet sie eine Gleichstellung der individuellen Fähigkeiten vermittels der Pädagogik. Vorausgesetzt wird, daß mit mehr Interesse und Mittelbereitstellung für die Ausbildung der weniger Begabten diese den Leistungsgraden der Intelligenteren angenähert werden könnten.

Die längere systematische Anwendung der Chancengleichheit führt zu einer hierarchischen, vom Vorrang der Leistung bestimmten Gesellschaft, die mit der Gleichstellung aller persönlichen Einkünfte nur schwer vereinbar ist. Ist man daher, wie der Marxismus, der Auffassung, daß die wirtschaftliche Gleichstellung den übrigen vorgeht, muß die Ungleichheit der Erziehungsmöglichkeiten eingeführt, das heißt den Zurückgebliebenen mehr und den Fortgeschrittenen weniger gegeben werden, müssen mit anderen Worten die Schlechteren begünstigt und die Besseren bestraft werden. Für die Nativisten ist der der beste, der einen hohen Intelligenzquotienten in den Chromosomen mitbekommen hat, für die Milieutheoretiker ist der unterlegen, der durch eine widrige familiäre und gesellschaftliche Umwelt belastet ist. Obgleich die Erziehung für beide sehr wichtig ist, ist sie für diese letzten entscheidend.

Die Ungleichheit der Erziehungschancen kann allgemein oder sektorial zur Anwendung kommen. Ein Beispiel für das erste wäre es, allen Schülern mit schlechteren Noten eine bessere Erziehung zu geben und umgekehrt. Aber die Ungleichheit der Chancen läßt sich auch sektorial anwenden, das heißt nicht auf die Bevölkerung als ein homogenes Ganzes, sondern auf Gruppen von ihr. Und das geschieht gewöhnlich, wenn man unter dem Druck von Klassen oder minderheitlichen Gemeinschaften daran geht, die erwachsenen Bevölkerungsgruppen gleichzuschalten. Die sektorialen Egalitarismen basieren auf Gedankengängen wie dem folgenden: Die weiblichen Doktoren sind vergleichweise weniger zahlreich als die männlichen, mithin sind sie mittels Stipendien und besondere Anreize zu begünstigen, einschließlich der Auflage für die Universitäten, eine bestimmte Anzahl von Titeln für das weibliche Geschlecht zu reservieren. Diese Begründung kann auf andere Ebenen und Bereiche ausgedehnt werden, zum Beispiel auf die Professorenschaft, auf die höheren Angestellten oder die Generalität anstelle der Doktoren. Und sie läßt sich auf andere Menschengruppen anwenden, wie die der Schwarzen, der Sintis oder Armen anstelle der Frauen.

Die verallgemeinerte Ungleichheit der erzieherischen Möglichkeiten steht im Widerspruch zu dem wirtschaftlichen Grundsatz der Maximierung der Ressourcen, denn sie zwänge zu höheren Investitionen in den weniger produktiven Personen und umgekehrt.

Die sektoriale Ungleichheit der Erziehungsmöglichkeiten stellt erhebliche praktische Probleme. Nimmt man an, daß eine unmittelbare arithmetische Verhältnismäßigkeit zwischen Herkunftsgruppe und Beruf bestehen muß, gelangt man zum Widersinn. Nehmen wir so natürliche Gruppen wie die der Albinos, der Mestizen oder der Farbenblinden, müßte man ihnen in allen Betätigungsfeldern Plätze reservieren, damit sie an einem jeden im gleichen Verhältnis wie die übrigen teilhaben könnten. Nehmen wir an, es sei so geschehen und das Gleiche für das weibliche Geschlecht beschlossen worden. In diesem Falle wäre eine albine Frau für jedwede Betätigung gesetzlich privilegiert. Dieses Beispiel beweist, daß die Auswahl einer Menschengruppe in diesem Zusammenhang Willkür ist und Superstellungen vergeben werden. Dies letzte ließe sich vermeiden, beschränkte man sich auf zwei Gruppen, wie Männer und Frauen, Schwarze und Weiße, aber nähme man zwei Paare aus sich gegenseitig ausschließenden Gruppen, ergäbe sich ebenfalls eine Verdoppelung:

In Spanien wäre eine schwarze Frau in hohem Maße privilegiert, auch wenn sie weniger begabt wäre als viele Männer. Die sektoriale Chancenungleichheit wirft auch theoretische Probleme auf, genauer gesagt solche der Inkohärenz mit der Gleichheit vor dem Gesetz und einer radikalen Auslegung der politischen Gleichheit. Der rechtliche Schutz bestimmter Gruppen, wie der der Frauen, der Farbigen, der Moslems, der unehelichen Kinder usw. bedeutete offensichtlich eine gesetzliche Diskriminierung aufgrund von Geschlecht, Rasse, Glauben, Geburt usw. In diesem Falle würden Buchstabe und Geist des Grundsatzes der Gleichheit vor dem Gesetz verletzt. Und die formelle Würdigung änderte sich nicht durch den mehr oder weniger philanthropischen Umstand, daß beabsichtigt ist, vermeintlich Notleidende zu schützen. Die eine Gruppe begünstigenden Vorschriften erweisen sich als vergleichsweise nachteilig für die übrigen und schaffen kollektive Privilegien. Die wirtschaftliche Gleichheit ist in dem Maße, in dem sie sich der Diskriminierung der Chancen bedient, mit der Gleichheit vor dem Gesetz unvereinbar.

Auch gibt es Widerspruch zur politischen Gleichheit, versteht man sie als eine gleichwertige Stimme, und nur eine Stimme, für jeden Bürger. Diese Formel ist die des allgemeinen repräsentativen Wahlrechts, in dem alle abstimmen und alle den gleichen Wert als Wähler haben. Und ihr subjektives politisches Recht ist ihnen aufgrund ihrer Eigenschaft als Menschen verliehen. Das ständische Wahlrecht hingegen geht davon aus, daß der Bürger nicht in seiner Eigenschaft als Person abstimmt, sondern in seiner Eigenschaft als Mitglied einer gesellschaftlichen Gruppe oder Körperschaft. Das führt dazu, daß ein und derselbe Bürger mehrmals abstimmen kann, um mehrere Kandidaten zu wählen, wenn er einer Vielzahl sozialer Gruppen mit dem Recht auf eigene Vertretung angehört. Die ständische Vertretung lehnen die radikalen Demokraten gewöhnlich ab, weil sie meinen, daß sie bestimmten Gruppen Vorteile einräumt, daß sie die Wählerschaft aufsplittert und verdoppelt und daß sie vor allem die Homogenität der Kammern sprengt, da die Mitglieder dort nicht länger Beauftragte der Nation, sondern der Gruppen, Körperschaften oder Stände sind, die sie gewählt haben. Die Anwendung des Prinzips der sektorialen Chancenungleichheit mit dem Ziel, die Übernahme bestimmter Verantwortlichkeiten durch bestimmte Gruppen anzuregen, bedeutet, daß man eine gesellschaftliche Aufgabe nicht erfüllt, weil man Bürger ist, sondern weil man einem bestimmten Geschlecht, einer Rasse, einem Glauben, einer Abstammung oder einem Beruf angehört. Und hierin besteht gerade die direkte Vertretung, und die Verallgemeinerung des Verfahrens für alle Instanzen der Macht führte zu einem Ständestaat. Es ist daher eine mit der strengen demoliberalen Auffassung von der politischen Gleichheit nicht zu vereinende Hypothese.

Die wirtschaftliche Gleichstellung ist in jeder Hinsicht die reinste Chirurgie: Beschlagnahme, Verstaatlichung, Standardisierung, Rationierungen, Einebnung der Löhne, Verpflichtung zur Produktivität, zwangsweise Gleichförmigkeit des Lebens und Ungleichheit der Chancen. In jedem dieser Punkte nimmt sie der Selbstfortbildung und Leistung den Anreiz, zerstört die Persönlichkeit, ersetzt die Gerechtigkeit durch die Arithmetik, verstümmelt die Freiheit, engt die Kreativität ein, entfremdet moralisch, erstickt die Ausbildung der Besten, widerspricht der Gleichheit vor dem Gesetz und in gewisser Hinsicht der politischen Gleichheit. Und trotz allem ist die wirtschaftliche Gleichheit nur relativ erreichbar, und darum werden die Gründe für Neid und Mißgunst nur ungenügend abgebaut. Ein sehr hoher gesellschaftlicher Preis für mittelmäßiges Gelingen.

ZUSAMMENFASSUNGEN

Die unerreichbare biologische Gleichheit
Die egalitären Ideologien sind zweideutig, gewöhnlich präzisieren sie nicht, welche Gleichheiten sie anstreben und welche nicht. Wie alle Ideologien wirken sie, indem sie verschwommene Gefühle und Ansprüche wecken und die Utopie den Subjektivismen ihrer Gefolgsleute und der Demagogie der Anführer ausliefern. Die begründete und systematische Analyse des Wünschenswerten wie des im Bereich der Gleichheit Möglichen ist noch zu erstellen. Immer sind es die Tatsachen, die die empirischen Grenzen der Illusionen bestimmen.

Die Gleichheit aller Menschen im Sinne von Identität ist unmöglich aus dem philosophischen Grunde, daß jedes konkrete Sein individuell und unwiederholbar ist. Eine gewisse biologische Gleichartigkeit aller Menschen wäre theoretisch herstellbar mittels aufeinanderfolgender Befruchtungen bei zunehmender Blutsverwandtschaft. Außerdem müßte man den Rest der Menschheit sterilisieren, ein Vorhaben, das selbst bei Beschränkung auf die Schaffung einer bestimmten fast eineiigen Population Jahrhunderte erforderte und so schwerwiegende Risiken liefe, wie das des Auftretens unerwünschter dominierender Gene, etwas, das sich von vornherein wegen der nur überaus partiellen zu den individuellen biologischen Vorgeschichten verfügbaren Informationen nur schwer ausschließen läßt. Jedenfalls bildete eine derartige Auslese eine winzige relativ gleiche Gruppe in einer unermeßlichen ungleichen Menschheit. Sie wäre nicht viel mehr als ein Paar echter Zwillinge in einer großen Nation.

Eine andere Formel bestünde darin, die genetischen Vorgänge zu kontrollieren. Hierfür müßte die Struktur der menschlichen Chromosomen und die Wirkungsweise ihrer zahlreichen Elemente erforscht werden. Aber heute weiß man nicht einmal, wieviele Gene es gibt: Die Wissenschaft tut die ersten Schritte mit den Riesenchromosomen bestimmter Insekten. Und wenn man einmal über die anatomischen und physiologischen Daten des Zellkerns verfügt, wären die Verfahren zu finden, um bestimmte Gene auszuschließen, zu ersetzen oder vorzuziehen, was heute außerhalb der Möglichkeiten von Pharmakologie und Chirurgie liegt. Außerdem stellte sich die Frage, ob die Ergebnisse dieser genetischen Manipulationen wirklich Kinder ihrer Eltern oder der Biochemie wären. Am Ende dieser Fortpflanzungstechnik steht das Laboratorium, die große kollektive Gebärmutter der «schönen Welt» Huxleys. Und dem ist hinzuzufügen, daß es wider die Gleichheit wäre, die Auslese mit einigen vorzunehmen und mit anderen nicht und noch mehr, einigen das Privileg zuzuerkennen, ihre Entscheidung dem Rest aufzuzwingen. Es gibt demnach einen ethischen Widerspruch bei einem Vorhaben, das überdies heute praktisch in wahrnehmbarem Maßstab unmöglich ist. Wo sich die Wissenschaft auf Modelle zurückzuziehen scheint, impliziert sie unweigerlich, daß alles Modell *ist,* d. h. gar nicht anders gedacht werden *kann.* Ich habe den Verdacht, daß dieses modellhafte Weltbild sehr leicht in ein magisches umschlagen kann.

Aber werden nicht andere von der biologischen verschiedene gesellschaftliche Gleichheiten möglich sein? Zu unterscheiden ist die Gleichheit der politischen Macht, die der Autorität, die der Tätigkeit, die der Belohnung, die der Chancen, die rechtliche und die wirtschaftliche.

Die unmögliche gesellschaftliche Gleichheit

1. Es gibt keine Gesellschaft ohne Rangordnungen, und wo eine Rangordnung ist, haben ihre Glieder in verschiedenem Umfang an der politischen Macht teil. Dieser Zustand ist unüberwindlich. Das reine demokratische Muster schafft nicht die Gleichheit politischer Gewalt, sondern die Gleichheit politischer Rechte. Obgleich alle Autoritäten aus der Wahl hervorgehen und obgleich alle wählbar und Wähler sind, wird es immer einige Regierende und Regierte geben, oder eine Minderheit, die die Macht hat, die Mehrheit gehorchen zu lassen. Die Beauftragten sind dem den Auftrag erteilenden Volk nicht gleich, denn es kann sie nicht jederzeit abberufen, im Gegenteil, während einer bestimmten Zeitspanne muß es ihnen gehorchen. Außerdem entstammen diese Vertreter nicht dem Willen des ganzen Volkes, sondern nur eines Teiles von ihm und entgegen dem derer, die andere Kandidaturen unterstützt haben. Die Gleichheit der politischen Gewalt gibt es nicht, nicht einmal in einer eingebildeten Republik, in der alle Würdenträger des Staates in täglicher Volksabstimmung gewählt würden.

2. Aber in einer Gesellschaft bilden sich außer der Hierarchie der politischen und administrativen Gewalt andere autoritative Rangordnungen in anderen Bereichen des gesellschaftlichen Lebens. In den Wissenschaften, in den Künsten, der Technik wird einigen mehr Autorität zuerkannt als anderen. Auch wenn in einer Gruppe alle denselben Beruf ausübten, gäbe es Bessere und Schlechtere und daher eine stufenförmige Reihenfolge der Positionen. Aber die berufliche und umständegegebene Spezialisierung schafft eine Rangordnung in jeder Tätigkeit. Wäre es möglich die Autorität aller Mitglieder einer Zunft gleichzustellen? Zum Beispiel aller Maler oder Chirurgen? Ein solcher Autoritätsegalitarismus ist noch undurchführbarer als der der politischen Macht. Nicht der despotischste Zwang könnte vermeiden, daß irgend jemand eine Arbeit besser ausführte als ein anderer. Solche Nivellierung ist unmöglich.

3. Und die Ungleichheit in der Tüchtigkeit schafft ein System gesellschaftlichen Ausgleiches: einigen Ruhm, anderen Strafe. Ebensowenig ist der Egalitarismus der Entlohnung zu verwirklichen, weder im negativen noch im positiven Sinne. Könnten die

Strafen abgeschafft werden, damit keiner härter gestraft würde als ein anderer? Ohne Zwang gibt es kein Recht, und die Strafen sind rechtlicher Ausdruck des Zwanges. Eine nicht mit äußeren Zwangsmitteln ausgestattete Norm verwandelt sich in ein bloßes Gewissensgebot. Aber ohne durchsetzbare Gesetze gibt es keine Gesellschaft. Der strafrechtliche Egalitarismus ist nicht zu verwirklichen. Und die Erfahrung zeigt, daß in den vermeintlich egalitären Gesellschaften die Strafgesetze unerbittlichste und weitgehendste Anwendung finden.

Ließe sich hingegen jedwede Form der Auszeichnung abschaffen? Es ist schwierig, sich ein Heer vorzustellen, in dem alle Generäle wären, und eine Universität, in der alle Rektoren wären, aber selbst dies vorausgesetzt, ließe sich durch die Abschaffung jeder staatlichen Ehrung oder Prämie vermeiden, daß bestimmte Leute einige Mitbürger mit mehr Bewunderung und Respekt auszeichneten als andere? Und ließe es sich verhindern, daß die Leute die Dienste des Geschickten privat höher entlohnen als die des Tölpels? Der Egalitarismus der Entlohnung ist schon seitens des Staates schwer vorstellbar, ist aber unter Menschen völlig undurchführbar.

4. Ist die Chancengleichheit durchführbar? Nur in einigen Fällen. Die zeitlichen, geographischen und familiären Gegebenheiten versetzen die Menschen in mehr oder weniger günstige Umstände. Und diese Ungleichheit von Anbeginn bedingt tiefgreifende und dauernde Unterschiede. Das archetypische Beispiel ist der Gegensatz zwischen den Möglichkeiten zur Selbstverwirklichung des Kindes eines Bettlers und des Kindes eines Mächtigen. Dieser zufällige Standesunterschied kann ein Leben belasten. Sollte man jedes Privileg am Beginn des Lebens eines Menschen verbieten? Die Mehrzahl ist unvermeidlich. Keiner hat die gleiche geistige Chance, denn man kommt mehr oder weniger intelligent und mehr oder weniger gesund zur Welt. Keiner wird dieselben historischen Möglichkeiten haben, solange dieser Fortschritt nicht unterbrochen wird, der es zuläßt, daß man in einer mehr oder weniger fortgeschrittenen Zivilisation mit einem kleineren oder größeren Volksvermögen geboren wird. Keiner wird dieselben nationalen Chancen haben, solange nicht das wirtschaftliche und kulturelle Niveau aller Völker auf gleicher Höhe liegt. Die relativ machbare Chancengleichheit besteht darin, daß innerhalb einer gegebenen Gesellschaft und zu einer gegebenen Zeit keiner aufgrund familiärer Gegebenheiten ge-

ringere Chancen für den Zugang zu irgendeiner gesellschaftlichen Stellung besitzt. Ist aber diese eingeschränkte Chancengleichheit erreicht, so bleiben doch die unüberwindlichen Ungleichheiten der geistigen und sittlichen Persönlichkeit und des Orts und des Zeitpunkts. Es ist nicht dasselbe, als Schweizer oder Kongolese geboren zu werden und vor oder nach diesem oder jenem Fortschritt. Die Chancen im persischen Golf waren nicht dieselben vor oder nach dem Öl, wie die medizinischen Möglichkeiten vor und nach den Antibiotika sehr verschieden waren.

Und natürlich ist die Gleichheit vor dem Gesetz herstellbar, das heißt, daß die Gesetzbücher und die Richter entsprechend dem freien Verhalten urteilen, nicht aber nach unwillkürlichen Merkmalen, wie der Rasse, dem Geschlecht oder der Stellung der Eltern. Trotzdem stellt die Gleichheit vor dem Gesetz nicht den Kriminellen mit dem Minister auf eine Stufe. Im Gegenteil, sie schafft gesetzliche Ungleichheiten, bestimmt sie doch die einen zur Regierung und andere zum Gefängnis. Die unterschiedslose Anwendung der Normen ist nicht mit der tatsächlichen Gleichstellung der Individuen zu verwechseln.

Auch die Chancengleichheit macht die Menschen nicht gleich. Eine Sache ist es, daß die Läufer gleichzeitig und auf identischer Rennbahn starten, und eine andere, daß sich im Laufe des Rennens Ungleichheiten ergeben wie die, die den Meister vom Ausgeschiedenen trennt. Die Chancengleichheit ist eine Gleichstellung beim Start, aber nicht im Ziel. Diese Voraussetzung, die Chancengleichheit, ist sie nicht zumindest ein weniger diskriminierender Umstand als die Privilegien? Das ist überaus zweifelhaft. Die Bildung einer ausschließlich leistungsorientierten Gesellschaft, in der alle Rangebenen dank eigener Fähigkeit und Leistungskraft erreicht werden, würde schließlich eine gesellschaftliche Schichtung aufgrund des auch fragwürdigen Intelligenzquotienten hervorbringen. Da die Menschen dazu neigen, mit ihresgleichen zusammenzuleben und infolgedessen mit ihnen Familien zu gründen, werden die Hochbegabten die Ehe mit Hochbegabten schließen, und es entwickelte sich ein Prozeß strenger genetischer Auslese, dessen Ergebnis eine den Mittelmäßigen und Schlechten unzugängliche Gesellschaftsschicht der vermeintlich Besten wäre.

Die Chancengleichheit regt die harte Dialektik der biologischen Auslese an. Die nicht rein leistungsorientierten Gesellschaftssy-

steme hingegen, die verschiedene Arten von Privilegien mit-
schleppen, sind ein der Gleichheit relativ förderliches Element,
denn wenn der Begünstigte der auf einer bestimmten Ebene von
Reichtum usw. geborene ist, kommt es vor, daß es innerhalb
dieser Gruppe nichtintelligente Mitglieder mit mehr oder weniger künstlich aufgehaltener Tendenz zum Abstieg gibt. Und
umgekehrt wird es in den benachteiligten Schichten Hochbegabte mit mehr oder weniger gehemmter Tendenz zum Aufstieg
geben. Dieses System der Chancenungleichheit, das während
Jahrtausenden vorherrschte, war die Ursache gesellschaftlicher
Mobilität und war auch ein Faktor für eine gewisse gleichmäßige Verteilung der intellektuellen Befähigung auf die Gesamtheit der verschiedenen Klassen, da ihr jeweiliges Gengut nicht
allein der Intelligenz nach ausgelesen wurde. Wenn es auch
paradox scheinen mag, so ist doch offenkundig, daß die radikale
Anwendung der Chancengleichheit und der daraus sich ergeben-
den Leistungsgesellschaft nach einigen Generationen eine immer größere und starrere gesellschaftliche Ungleichheit entstehen lassen werden. Die Chancengleichheit, bisher vornehmlich
durch den familiären Paternalismus und den Sippengeist behindert, ist biologisch wesentlich, weil sie die Besten fördert und sie
genetisch läutert und so ihre Entwicklung zur Vervollkommnung und zur Distanzierung von den Schlechten verstärkt.

5. Ist die wirtschaftliche Gleichheit realisierbar? Ihr am ehesten
zu verwirklichender Aspekt ist die pekuniäre Gleichheit, die
mit der Verstaatlichung der Produktionsmittel, der Abschaffung
des Erbrechtes, dem Verbot der Kapitaleinkünfte und der Gleichstellung aller Löhne herbeigeführt wird. Mehr als ein halbes
Jahrhundert kommunistischer Experimente hat gezeigt, daß
nicht einmal die Einkommensgleichheit zu erreichen ist, denn
ein gewisses privates Produktionseigentum, vererbliches Vermögen, Sparzinsen und gestaffelte Lohntabellen und Anreize
mußten hingenommen werden. Aber unter der Voraussetzung,
daß die pekuniäre Gleichheit sich politisch durchsetzen ließe,
wäre dann die wirtschaftliche Gleichheit erreicht? Nein! Weil
die Wirtschaft einen weiteren Bereich umfaßt als den des Geldes. Mit den gleichen Bareinkünften kann man sich eines anderen Wohlstandes erfreuen, als wenn man Waren empfinge. Tatsächlich ist das Geld als solches beinahe ein Nichts, es ist eine
Potenz, ist die Möglichkeit, über Sachen und Dienstleistungen
zu verfügen. Diese Möglichkeit, vermittelt die politische Macht

eher als das Papiergeld. Der Regierende erhält außer seinem Lohn, der dem eines Knechtes gleich sein kann, das Recht, eine Vielzahl kostspieliger Güter zu nutzen und zahlreiche besondere Dienstleistungen in Anspruch zu nehmen. Wo eine gewisse pekuniäre Gleichheit durchgesetzt wurde, haben sich die unvermeidlichen Ungleichheiten der Macht verschärft und wirtschaftliche, vielleicht nicht geldliche, aber trotzdem eindrucksvolle Ungleichheiten geschaffen. Wäre das Konto Gorbatschows auch nicht höher als das des schlichtesten Landarbeiters, niemand könnte beider wirtschaftliche Gleichheit behaupten. Um eine derartige Gleichheit herzustellen, müßte man die politische Macht abschaffen, und das ist unmöglich.

Der Individualtrieb
Der wesentliche Trieb des Menschen ist nicht der der Erhaltung, sondern der zur Verwirklichung. Der Mensch ist nichts Beständiges, wenn es auch bestimmte Strukturen in ihm gibt, wie die Knochen, die weniger vergänglich sind als die übrigen. Daher bewahrt er im Leben nichts, sondern erneuert alles. Was den Menschen anspornt, ist nicht der Wille, in seiner bisherigen Lage zu verharren, sondern seine Fähigkeiten zu entfalten und seine Pläne in die Tat umzusetzen. Ein Mensch ist nicht ein in der Natur verwurzelter Monolith, er ist ein Wildbach, der wenn er anhält, versiegt. Alles Reale wird, aber der Mensch ist der deutlichste Ausdruck des Werdens, weil er nicht fertig da ist, er schafft sich selbst und kann seine Selbstschöpfung nicht einen Augenblick unterbrechen.

Und was tut der Mensch im Leben? Er sucht, er selbst zu sein, er erlaubt nicht, daß die übrigen aus ihm einen anderen machen oder ein Serienexemplar. Der Trieb zur Verwirklichung ist ein Drang zu eigener Identität und damit zur Unterscheidung von den übrigen, er ist radikal gegen Gleichheit gerichtet. Jeder gleichmacherische Druck von außen hingegen, sei es in der Ideologie, der Mode oder dem Rang, entfernt uns von unserem Selbst, ist ein Angriff auf das Innerste des Menschen, den Wunsch, sich unverfälscht zu verwirklichen und nicht von der Umwelt mechanisch verwirklicht zu werden.

Kaum jemand ist zufrieden, ein identitätsloser Massenmensch zu sein, aber am meisten gilt das für den Außergewöhnlichen. Die Individuen mit ausgeprägter Identität lassen die Spezies vorankommen, die, die sich der Nachahmung verweigern, das heißt die Erfinder. Die Vorhut der Menschheit bilden die, die am hartnäckigsten ihren ganz und gar individuellen und hochdifferenzierten Lebensplan zu verwirklichen suchen. Daher kommt es, daß Gleichmacherei die Besten mehr abstößt als die Schlechten und zum Schnitter und Verderber der besten Schößlinge der Art wird. Deshalb ist sie ein intellektuell, biologisch und historisch rückschrittlicher Faktor.

Es ist klar, daß in der Authentizität ein größeres Risiko liegt als im Nachahmen. Man selbst sein ist immer ein schöpferisches Abenteuer, sich machen lassen hingegen nachahmerisches Sichaufgeben. Wäre höchstes bürgerliches Streben, wie einige Marxisten behaupten, die Bequemlichkeit, die naturgemäßeste Form der Verbürgerlichung , wäre die gesellschaftliche Gleichmacherei, weil sie die Schwierigkeiten des Lebens auf ein Minimum beschränkt und die Auslieferung an den gesellschaftlichen Druck und die kollektive Verantwortung ist, der Verzicht auf den Kampf, man selbst zu sein, ein Sich-von-der-Gruppe-an-die-Hand-nehmen-Lassen. Die Ausnahmeminderheiten verlangen viel von sich selbst, und darum erdulden sie tiefgehende und heftige innere Spannungen. Man selbst sein ist eine der äußersten Unbequemlichkeiten in einer sich jeden Tag mehr entfremdenden Gesellschaft.

Die Ungleichheit ist das Produkt des radikalsten und edelsten Triebes des Menschen, dem, seine persönliche Identität auf beste Weise zu verwirklichen.

Schluß

Die Wesensgleichheit des Menschen ist eine metaphysische Unmöglichkeit: Alle sind verschiedene Individuen. Die genetische Gleichheit ist heute nicht praktikabel mit der relativen und riskanten Ausnahme der auch nicht identischen eineiigen Zwillinge. Alle Individuen des Menschengeschlechtes sind demnach physisch, moralisch und intellektuell ungleich.

Die einzige absolut machbare gesellschaftliche Gleichheit ist die Gleichheit vor dem Gesetz. Die machbare Chancengleichheit ist die Gleichstellung aller – je nach ihren Leistungen – beim Zugang zu jeder Stellung in einer Gesellschaft zu einem gegebenen Zeitpunkt. Ist aber die Chancengleichheit beim Start hergestellt, ergibt sich sogleich Ungleichheit der Reihenfolge, sodann die der Ankunft an den aufeinanderfolgenden Zielpunkten. Die Gleichheit der politischen Gewalt, der Autorität und der gesellschaftlichen Anerkennung ist in einer auch nur in einem Mindestmaß geordneten Gesellschaft undurchführbar. Und infolge dieser gesellschaftlichen Ungleichheit ist die vollständige wirtschaftliche Gleichheit nicht machbar.

Das moralische Problem ist die Wünschbarkeit bestimmter Gleichheiten und das politische, wie dem etablierten Ideal näherzukommen ist. Die genetische Gleichheit setzte die Stabilisierung der Art voraus, biologische Monotonie und das Ende der dialektischen Entwicklung. Und die Art und Weise, sie zu erreichen, müßte despotisch sein, das heißt, indem alle des Rechtes beraubt würden, ihre eigenen Kinder zu haben. Die Gleichheit der Macht bedeutete Untergang der Rangordnung und Tohuwabohu. Beide Formen der Gleichheit sind demnach keine vernünftigen Ziele.

Die Gleichheit der Autorität, des Entgelts und des wirtschaftlichen Niveaus setzten eine neue Gerechtigkeitsauffassung voraus. Diese Tugend dürfte nicht mehr bedeuten «einem jeden das Seine geben», sondern sich wandeln in ein «einem jeden einen Anteil am Volksvermögen geben, unabhängig von seinem persönlichen Verhalten». Eine solche Auffassung von Gerechtigkeit höbe die gesellschaftliche Struktur aus den Angeln und würfe außerdem das Problem der gesellschaftlichen Grenzen auf, die nicht die unterscheidenden der Nation, sondern die gemeinsamen der ganzen Menschheit sein müßten. Die Bestimmung und Zuteilung des individuellen Anteils am Welteinkommen ist heutigen Tages völlig illusorisch.

Die praktische moralische Frage ist von Rang. Die Undurchführbarkeit und Unerwünschtheit der Gleichheit moralischer, politischer und wirtschaftlicher Macht vorausgesetzt, wo liegen die gerechten Grenzen der Ungleichheit? Es ist nicht allzu schwierig, ein Minimum sittlicher Macht für alle Menschen festzulegen: die Menschenwürde; an politischer Macht: die Grundrechte; und an wirtschaftlicher Macht: ein der wirtschaftlichen Entwicklung entsprechendes Familieneinkommen. Aber es ist sehr schwierig, ein zulässiges Maximum zu fixieren. Wird es strafbar sein, ein wertvolles Bild zu besitzen, und Vorschrift, alle Kunst in den Museen zu sammeln? Wir befinden uns hier in einem Bereich von Ermessen und Relativität. Der absolute Egalitarismus ist keine Wissenschaft, er ist ein Schibboleth, eine vermeintliche Zauberformel.

Die Gleichheit gibt es nicht, und das ganze politische Problem beschränkt sich auf die Regulierung der Ungleichheiten, ohne den Trieb zur Selbstverwirklichung zu beengen, der das edelste im Menschen ist, die mächtigste Triebkraft der Geschichte und das Heilmittel gegen den Neid. Der Einzelne schafft nichts, selbst ein Mystiker ist Mystiker nur dann, wenn er es *exemplarisch* ist.

Der gleichmacherische Neid
Der Mensch ist, wie die Primaten, ein nachahmendes Tier. Die Kindheit ist ein dauerndes Kopieren der Sprechweise, des Akzents, der Gesten, und sonstiger gesellschaftlicher Sitten. Dank dieser überaus starken Imitationsmechanik assimiliert das Kleinkind das Hergebrachte und gelangt mit geringer Anstrengung auf die Höhe der Zeit, um dann den aufwärtsführenden Weg der Spezies aufzunehmen. Beim Erwachsenen ist die Fortdauer rein nachahmenden Bestrebens ein Zeichen von Infantilismus. Es ist immer der Unreifere, der dasselbe Gerät besitzen möchte, das sein Nachbar soeben erworben hat. Die Konsumgesellschaft läßt mit Propagandaüberflutung die kindlichen Neigungen zum Nachäffen wieder aufleben: «Machen Sie es genauso!»

Wenn der erwachsene Mensch fortführe, nur Nachahmer zu sein, bliebe die Spezies, wie andere höhere Tiere, sich gleich, und es gäbe keine Entfaltung. Jede Generation wiederholte die vorhergehende. Aber das Eigentümliche der Reife ist, über das Gehörte und Gesehene hinauszugehen, heißt, sich heutzutage selbst zu erschaffen, zu ergreifen und zu erneuern. Unerträglich ist vielen heutzutage das Alleinsein, die die Vorbedingung jeder fruchtbaren Versenkung in einen Gegenstand ist.

In der Wurzel des gleichmacherischen Gefühls liegt ein vornehmlich nachäffendes Moment, das mit infantilen Neigungen zusammenhängt. Dasselbe haben, tun oder sein wie der andere. Das Phänomen befindet sich in vollkommener Übereinstimmung mit der natürlichen Entwicklung. Bedenklich ist es, wenn der Nachahmungstrieb zum expropriatorischen Diebstahlswillen absinkt oder zum zerstörerischen Wunsch, daß der andere nicht mehr sei, nicht mehr tue oder nicht mehr habe. In diesem letzten Fall ist es nicht die Absicht, sich durch Nachahmen gleichzustellen, sondern den nächsten herabzusetzen. Dieser Egalitarismus, der das typische Produkt des Neides ist, stellt eine gesellschaftliche Strömung dar, die seit dem Erscheinen des

Marxismus unablässig zugenommen hat und deren wahres Antlitz sich nicht erkennen läßt, ohne ihn zu demaskieren, denn der Neid ist heimtückisch, heuchlerisch und betrügerisch. Er ähnelt einem verkappten Teufel.

Die Erfahrung hat unbestreitbar bewiesen, daß staatliches Handeln weniger effizient ist als privates. Welchen Sinn haben also die Verstaatlichungen? Vornehmlich, den Besitz wegzunehmen, das heißt, gleichmacherischen Neid zufriedenzustellen. Ebenso ist Tatsache, daß der private Kapitaleinsatz sehr viel rentabler und innovativer ist und mehr Arbeitsplätze schafft als der öffentliche, nicht subsidiäre. Warum also besteht man auf einer Vergrößerung der staatlichen Beteiligung an der Wirtschaft? Großenteils, um das Eigentum zu entpersonalisieren, das heißt, um den gleichmacherischen Neid zufriedenzustellen. Es ist offenkundig, daß der größere Teil der öffentlichen Ausgaben kein Gesellschaftskapital schafft, sondern für den Verbrauch bestimmt ist. Warum also der privaten Investition durch wachsende Besteuerung immer größere Teile ihrer Rücklagen abnehmen? Wiederum, damit es keine Reichen gibt, das heißt, um den gleichmacherischen Neid zufriedenzustellen. Gerecht ist, daß jeder Bürger im Verhältnis zu seinen Einkünften Steuern zahlt. Dies vorausgesetzt, warum läßt man vermittels des progressiven Steuertarifs einige einen bis zu zehnmal höheren Prozentsatz als andere für das gleiche Einkommen zahlen? Um die höhere Leistungskraft zu strafen, das heißt, um den gleichmacherischen Neid zufriedenzustellen. Gerecht ist, daß die Vergütungen im Verhältnis zu den Leistungen stehen. Warum besteht man dann darauf, die Löhne einander anzunähern? Damit keiner mehr als der andere verdient, und um solcherart den gleichmacherischen Neid zufriedenzustellen. Der beste Ansporn zur Steigerung der Produktivität sind die Produktionsprämien. Warum besteht man dann auf einer linearen Anhebung der Löhne? Um den Fleißigeren und besser Ausgebildeten zu strafen, womit man den gleichmacherischen Neid zufriedenstellt. Und so fort.

Der Egalitarismus ist nicht einmal eine erträumte Utopie, er ist ein unmöglicher Alptraum. Wohl ließe sich der gleichmacherische Neid vorübergehend und örtlich begrenzt zum Preise kultureller und wirtschaftlicher Rückentwicklung zufriedenstellen. Je mehr eine Gesellschaft dem Stachel des Neides verfällt, um so langsamer wird sie voranschreiten. Der gleichmacherische Neid ist das reaktionäre gesellschaftliche Fühlen schlechthin, und es ist eine semantische Fälschung, daß die politischen Strömungen sich «fortschrittlich» nennen, die diese Schwäche des Menschengeschlechtes anspornen. Der schnöde gleichmacherische Neid diktiert die dunklen Seiten der Geschichte, der schöpferische Wettstreit schreibt die strahlenden.

NACHWORT

Schon im ersten Absatz der Widmung des «Discours sur l'origine et le fondement de la diségalité» (1734; Diskurs über Ursprung und Grundlage der Ungleichheit) beeilte sich Rousseau seine These vorzutragen: «Die Natur hat die Menschen gleich erschaffen, und sie haben Ungleichheit daraus gemacht.» Die revolutionäre Botschaft wurde mystifiziert und zum Dogma erhoben. Bei Jean-Jacques' Denken, einer der unverfälschtesten Ausprägungen des universalen Zynismus, ist beinahe alles reizvolle Fiktion, aber die vielleicht unredlichste seiner Botschaften ist die von der Gleichheit. Genau das Gegenteil ist richtig: Die Natur, die hierarchisch ist, zeugt alle Menschen ungleich, und die Gesellschaft, die vereinheitlichend wirkt, sucht sie einander anzugleichen und ihre Besonderheiten zu beschneiden.

Es gibt frühreife und zurückgebliebene Neugeborene, gesunde und kranke, gierige und appetitlose, stille und Schreihälse. Jedes Menschenwesen ist ein Mikrokosmos verschiedener Potentialitäten mit einem unwiederholbaren Gencode, der, wenn er sich entwickelt, die allerverschiedensten Begabungen und Berufungen zum Vorschein bringt. Alle werden ungleich geboren, und sobald im Kindergarten die ersten Bewertungen angestellt werden, erweist sich, daß einige kräftig und andere schwächlich sind, einige beharrlich und einige willensschwach, einige hochbegabt und andere subnormal. Nahezu alle höheren Eigenschaften des Menschen verteilen sich wie auf einem Gaußschen Bogen, auf der keiner die gleiche Stelle einnimmt. Die natürliche Ungleichheit des Menschen ist absolut und zwischen Extremen bisweilen tragischer Gegensätzlichkeit abgestuft, wie der, die den Tartuffe vom Heiligen trennt und den Friseur vom Dichter. Zwei Kinder derselben Eltern, im gleichen Haushalt aufgezogen, lassen, sobald sie sich zu äußern beginnen, verschiedene und manchmal entgegengesetzte Persönlichkeiten erkennen. Und diese Verschiedenheiten verstärken sich, auch wenn sie dieselben Bücher und die gleichen Lehrer haben. Es ist absolut falsch, daß die Natur den Menschen gleich erzeugt. Wahr ist, daß sie die

Menschen mit verschiedenen und offensichtlich rangmäßig zu
ordnenden Fähigkeiten in die Welt setzt. Die von Rousseau
verkündete hypothetische Homogenität steht im Widerspruch
zu den einleuchtendsten Daten der Genetik, der Physiologie und
der Psychologie. Sie ist eine Fiktion zum Gebrauch von Demagogen und Verbrauch Frustrierter und Pharisäer. Und ebensowenig ist wahr, daß die Gesellschaft die Ungleichheiten bewirkt. Im Gegenteil, jede Gesellschaft bemüht sich nach Kräften
um Gleichstellung. Sie beginnt mit der Einführung einer Sprache samt strengen morphologischen, phonetischen und syntak-
tischen Regeln. Die Korrektheit beginnt mit der Annahme einiger allgemeiner linguistischer Regeln, und wenn jemand eine
Vokabel hartnäckig mit abweichender Orthographie schreibt
oder einen Akkusativ statt eines Dativs verwendet, reagiert die
Gesellschaft mit Strafe. Die sprachliche Gleichstellung pflegt
die des Denkens einzuschließen, einschließlich einer Reihe
grundlegender Auffassungen, unter denen das überaus problematische Kausalitätsprinzip einen bevorzugten Platz einnimmt. In
der Tat liegt im Grunde jeder Sprache eine stillschweigende
Weltauffassung. Gleichzeitig wird eine Reihe von Verhaltens-
vorschriften eingeführt: wie man sich zu ernähren hat, wie man
grüßt, sich kleidet, betet usw. Im Laufe der Entwicklung des
Heranwachsenden vermittelt ihm die öffentliche Erziehung eine
Vorstellung von der Geschichte und eine Definition des Schönen, Guten und Wahren. Wer sich von diesen gesellschaftlichen
Maßstäben löst, wandelt sich in einen Sonderling, einen Rebell
und im äußersten Falle in einen Rechtsbrecher. Die Gesellschaft
hat eine enthüllende Bezeichnung für den, der sich dem nivel-
lierenden Zwang des Milieus widersetzt: Er ist ein Nichtange-
paßter.

Im Gegensatz zu dem, was Rousseau lehrte und seine erbärmli-
chen Epigonen, insbesondere die Sozialisten, zu verwirklichen
suchten, meine ich, daß die große gesellschaftliche Aufgabe unserer Zeit nicht darin besteht, die gleichmacherischen Potentialitäten der Gesellschaft und des Staates zu verstärken, auch
nicht die Anmaßung eines Unberufenen zu beklatschen, sondern den Einzelmenschen zu fördern, ein Gesicht, nicht die
Maske.

In dem Maße, in dem das Menschengeschlecht durch die äußere
Vervollkommnung der Verbindungen Beziehungen untereinander aufgenommen und der Staat seine Zwangsgewalt ausgewei-

tet hat, hat sich die ehrfurchtslose, uniformierende Macht der
Gesellschaft bis zu ihren jetzigen weitgesteckten Grenzen ausgedehnt. Die Selbständigkeit wird immer schwieriger und folglich ist die Autonomie des Einzelnen mit jedem Tage stärker
bedroht. Die staatliche Einheitsschule, die Zensur, die massive
Propaganda und die Medien haben die Ideen standardisiert und
die Gedankenfreiheit erschwert. Die führenden Länder sind be-
strebt, ihre Moden und selbst ihre politischen Gepflogenheiten
den übrigen aufzuzwingen. Die «Hippiebewegung» und die
Punks waren eine irrationale Reaktion auf die Nivellierung im
umgekehrten Obrigkeitsstaat. Die Löwenmähne und der Lum-
penlook sind, wenn auch nur kümmerliche, Befreiungsmittel,
zu denen die weniger Phantasievollen einer fortschreitend alles
plattwalzenden Gesellschaft ihre Zuflucht nehmen. Gier, sagt
Palinurus, ist gleich der Bequemlichkeitssucht eine Art Furcht.
Ein Weg, um schlank zu werden, ist der, wieder einen Lebens-
zweck aufzustellen.

Der Reichtum des Menschengeschlechtes liegt in der Mannigfal-
tigkeit seiner Individuen und nicht in den mundtot Gemachten!
Die phylogenetischen Möglichkeiten vervielfältigen sich mit
der persönlichen Ungleichheit. Jedwede Entdeckung ist immer
ein Neues und damit etwas vom Gewohnten Abweichendes. Die
Vorkämpfer des Aufstiegs der Menschheit sind nicht die gleichförmigen Massen, sondern die überlegenen Geister, die absolute
Ausnahme von der Regel.

Die Verderber suchen den Neid auszunützen, den Mottenfraß
der Selbstbemitleidung und das Ressentiment, um über so negativen Trieben die Diktatur der Gleichmacher zu errichten. Juan
Ramón Jimenez klagte sie in einem berühmten Vers an: «Töten
wollten sie ihn, weil er anders war», und ähnlich Saint Exupéry:
«Bin ich anders als Du, anstatt Dir zu schaden, mach' ich Dich
größer.» Ins Schwarze traf der romantische Dichter Young:
«Alle werden wir als Originale geboren und sterben wir als
Kopien.» Entgegen dem, was Rousseau und Marx verfochten, ist
es die große Aufgabe des lebendigen Humanismus, zu erreichen,
daß der Einzelne frei sei, er selbst zu sein, und der Staat und die
sogenannten gesellschaftlich relevanten Kräfte ihn nicht zwingen, ein Abklatsch zu werden.

Nicht der Haß auf den «Besseren», den schöpferischen, edelmü-
tigen Mitmenschen, sondern die Achtung vor ihm oder die Zuneigung sind zu pflegen, nicht die Herabsetzung der vermeint-

lich oder tatsächlich Überlegenen, sondern die eigene Selbstverwirklichung, das besondere Aroma des Ich. Die Gleichheit
schließt immer Despotismus ein, und die Ungleichheit ist
Frucht der Freiheit. Die Verwaltung des Menschen führt zur
völligen Negation des Menschen und seiner wirklichen Bedürfnisse. Statt Langeweile empfehle ich Individualisierung, statt
Manscherei Rangordnung. Die Gesellschaft fördere persönliche
Wandlungen und sei keine klonische Gebärmutter noch ein
riesiges Rasiermesser. Anstatt des giftigen gleichmacherischen
Neides der schöpferische ordnende Wetteifer.